# 全球价值链背景下中国服务外包产业
# 竞争力测算及溢出效应研究

## Evaluation of Competitiveness and Spillover Effect of Service Outsourcing Industry in China Under the Context of Global Value Chain

朱福林　著

经济管理出版社
ECONOMY & MANAGEMENT PUBLISHING HOUSE

**图书在版编目（CIP）数据**

全球价值链背景下中国服务外包产业竞争力测算及溢出效应研究 / 朱福林著. —北京：经济管理出版社，2018.11

ISBN 978-7-5096-6289-2

Ⅰ. ①全…　Ⅱ. ①朱…　Ⅲ. ①服务业—对外承包—竞争力—研究—中国　Ⅳ. ①F726.9

中国版本图书馆 CIP 数据核字（2018）第 293484 号

组稿编辑：宋　娜
责任编辑：赵亚荣
责任印制：黄章平
责任校对：张晓燕

出版发行：经济管理出版社
　　　　　（北京市海淀区北蜂窝 8 号中雅大厦 A 座 11 层　100038）
网　　址：www. E-mp. com. cn
电　　话：（010）51915602
印　　刷：三河市延风印装有限公司
经　　销：新华书店
开　　本：720mm×1000mm/16
印　　张：20.5
字　　数：336 千字
版　　次：2019 年 7 月第 1 版　2019 年 7 月第 1 次印刷
书　　号：ISBN 978-7-5096-6289-2
定　　价：98.00 元

# 第七批《中国社会科学博士后文库》编委会及编辑部成员名单

# 序　言

　　博士后制度在我国落地生根已逾 30 年，已经成为国家人才体系建设中的重要一环。30 多年来，博士后制度对推动我国人事人才体制机制改革、促进科技创新和经济社会发展发挥了重要的作用，也培养了一批国家急需的高层次创新型人才。

　　自 1986 年 1 月开始招收第一名博士后研究人员起，截至目前，国家已累计招收 14 万余名博士后研究人员，已经出站的博士后大多成为各领域的科研骨干和学术带头人。其中，已有 50 余位博士后当选两院院士；众多博士后入选各类人才计划，其中，国家百千万人才工程年入选率达 34.36%，国家杰出青年科学基金入选率平均达 21.04%，教育部"长江学者"入选率平均达 10% 左右。

　　2015 年底，国务院办公厅出台《关于改革完善博士后制度的意见》，要求各地各部门各设站单位按照党中央、国务院决策部署，牢固树立并切实贯彻创新、协调、绿色、开放、共享的发展理念，深入实施创新驱动发展战略和人才优先发展战略，完善体制机制，健全服务体系，推动博士后事业科学发展。这为我国博士后事业的进一步发展指明了方向，也为哲学社会科学领域博士后工作提出了新的研究方向。

　　习近平总书记在 2016 年 5 月 17 日全国哲学社会科学工作座谈会上发表重要讲话指出：一个国家的发展水平，既取决于自然科学发展水平，也取决于哲学社会科学发展水平。一个没有发达的自然科学的国家不可能走在世界前列，一个没有繁荣的哲学社会科学的国家也不可能走在世界前列。坚持和发展中国特色社会主义，需要不断在实践中和理论上进行探索、用发展着的理论指导发展着的实践。在这个过程中，哲学社会科学具有不可替代的重要地位，哲学社会科学工作者具有不可替代的重要作用。这是党和国家领导人对包括哲学社会科学博士后在内的所有哲学社会科学领域的研究者、工作者提出的殷切希望！

中国社会科学院是中央直属的国家哲学社会科学研究机构，在哲学社会科学博士后工作领域处于领军地位。为充分调动哲学社会科学博士后研究人员科研创新的积极性，展示哲学社会科学领域博士后的优秀成果，提高我国哲学社会科学发展的整体水平，中国社会科学院和全国博士后管理委员会于2012年联合推出了《中国社会科学博士后文库》（以下简称《文库》），每年在全国范围内择优出版博士后成果。经过多年的发展，《文库》已经成为集中、系统、全面反映我国哲学社会科学博士后优秀成果的高端学术平台，学术影响力和社会影响力逐年提高。

下一步，做好哲学社会科学博士后工作，做好《文库》工作，要认真学习领会习近平总书记系列重要讲话精神，自觉肩负起新的时代使命，锐意创新、发奋进取。为此，需做到：

第一，始终坚持马克思主义的指导地位。哲学社会科学研究离不开正确的世界观、方法论的指导。习近平总书记深刻指出：坚持以马克思主义为指导，是当代中国哲学社会科学区别于其他哲学社会科学的根本标志，必须旗帜鲜明加以坚持。马克思主义揭示了事物的本质、内在联系及发展规律，是"伟大的认识工具"，是人们观察世界、分析问题的有力思想武器。马克思主义尽管诞生在一个半多世纪之前，但在当今时代，马克思主义与新的时代实践结合起来，越来越显示出更加强大的生命力。哲学社会科学博士后研究人员应该更加自觉地坚持马克思主义在科研工作中的指导地位，继续推进马克思主义中国化、时代化、大众化，继续发展 21 世纪马克思主义、当代中国马克思主义。要继续把《文库》建设成为马克思主义中国化最新理论成果宣传、展示、交流的平台，为中国特色社会主义建设提供强有力的理论支撑。

第二，逐步树立智库意识和品牌意识。哲学社会科学肩负着回答时代命题、规划未来道路的使命。当前中央对哲学社会科学愈加重视，尤其是提出要发挥哲学社会科学在治国理政、提高改革决策水平、推进国家治理体系和治理能力现代化中的作用。从2015 年开始，中央已启动了国家高端智库的建设，这对哲学社会科学博士后工作提出了更高的针对性要求，也为哲学社会科学博士后研究提供了更为广阔的应用空间。《文库》依托中国社会科学院，面向全国哲学社会科学领域博士后科研流动站、工作站的博士后征集优秀成果，入选出版的著作也代表了哲学社会科学博士后最高的学术研究水平。因此，要善于把中国社会科学院服务党和国家决策的大智库功能与《文库》的小智库功能结合起来，进而以智库意识推动品牌意识建设，最终树立《文库》的智库意识和品牌意识。

第三，积极推动中国特色哲学社会科学学术体系和话语体系建设。改革开放 30 多年来，我国在经济建设、政治建设、文化建设、社会建设、生态文明建设和党的建设各个领域都取得了举世瞩目的成就，比历史上任何时期都更接近中华民族伟大复兴的目标。但正如习近平总书记所指出的那样：在解读中国实践、构建中国理论上，我们应该最有发言权，但实际上我国哲学社会科学在国际上的声音还比较小，还处于"有理说不出、说了传不开"的境地。这里问题的实质，就是中国特色、中国特质的哲学社会科学学术体系和话语体系的缺失和建设问题。具有中国特色、中国特质的学术体系和话语体系必然是由具有中国特色、中国特质的概念、范畴和学科等组成。这一切不是凭空想象得来的，而是在中国化的马克思主义指导下，在参考我们民族特质、历史智慧的基础上再创造出来的。在这一过程中，积极吸纳儒、释、道、墨、名、法、农、杂、兵等各家学说的精髓，无疑是保持中国特色、中国特质的重要保证。换言之，不能站在历史、文化虚无主义立场搞研究。要通过《文库》积极引导哲学社会科学博士后研究人员：一方面，要积极吸收古今中外各种学术资源，坚持古为今用、洋为中用。另一方面，要以中国自己的实践为研究定位，围绕中国自己的问题，坚持问题导向，努力探索具备中国特色、中国特质的概念、范畴与理论体系，在体现继承性和民族性、体现原创性和时代性、体现系统性和专业性方面，不断加强和深化中国特色学术体系和话语体系建设。

新形势下，我国哲学社会科学地位更加重要、任务更加繁重。衷心希望广大哲学社会科学博士后工作者和博士后们，以《文库》系列著作的出版为契机，以习近平总书记在全国哲学社会科学座谈会上的讲话为根本遵循，将自身的研究工作与时代的需求结合起来，将自身的研究工作与国家和人民的召唤结合起来，以深厚的学识修养赢得尊重，以高尚的人格魅力引领风气，在为祖国、为人民立德立功立言中，在实现中华民族伟大复兴中国梦的征程中，成就自我、实现价值。

是为序。

王京清

中国社会科学院副院长

中国社会科学院博士后管理委员会主任

2016 年 12 月 1 日

# 摘　要

　　得益于世界经济服务化及全球化趋势的进一步加强，全球服务外包产业风起云涌。离岸外包（包括制造业和服务业外包）是跨国公司或其他企业充分利用国外资源进行分工协作、实现全球资源配置优化的重要战略。分工国际化的加剧已成为企业竞争的基本常态。①进入 21 世纪以来，全球服务外包市场展现出巨大潜力，离岸服务外包市场产业规模不断扩大，业已成为推动全球服务贸易、外商直接投资以及经济增长的重要力量。

　　一些新兴发展中国家具有成本优势，同时经过多年发展，技术水平、人才素质、信息能力、基础设施等条件不断改善，在全球服务产业链上具备了占据重要一席的能力。与制造业外包一样，服务外包也主要呈现出由发达国家向发展中国家转移的趋势，它们共同的主要推动力量就是跨国公司。与发达国家相比，发展中国家在服务要素价格上具有天然成本优势，同时能保持一定质量的服务交付，大量服务业从发达国家离岸外包给发展中国家。承接新一轮跨国公司的服务外包业务成为发展中国家利用外资、扩大服务贸易及参与经济全球化的新途径。

　　在经济全球化进程中，中国通过主动融入世界经济取得了经济超高速发展的奇迹，多年保持两位数增速，目前成为仅次于美国的第二大经济体。但 2010 年以后，中国经济逐渐展现出过度投资依赖的弊端，产能过剩、环境污染、腐败加剧等社会问题凸显。为使中国经济步入健康发展模式，国家提出"新常态"发展阶段，即中国经济将进入相对低位运行状态，不追求

---

① 离岸外包开始于制造业的国际转移，但随着经济结构的转型升级，目前离岸服务外包日益成为经济全球化的主要载体。相关资料显示，服务业 FDI 已成为全球外商直接投资的主要方式。

经济的超速度，而是要将经济增长模式由投资驱动转移到创新驱动轨道，实现内涵式经济发展。在此背景下，服务外包产业很好地满足了中国当前经济发展阶段的呼求，还能实现扩大大学生就业、提高人力资本、培育中产阶级等的正外部性效应。为此，提高中国服务外包的国际竞争力成为亟待解决的理论与现实问题。

本书根据前期国内外研究成果详细阐述了服务外包概念内涵与外延，分析了世界与中国服务外包发展趋势，运用定量分析法对中国服务外包产业竞争力进行了测算，根据企业调查问卷数据对微观服务外包企业竞争力进行了定性分析，并对竞争力与服务外包绩效之间的影响关系进行了实证检验，通过案例研究总结了中国民营服务外包企业发展规律，对发展中国家服务外包竞争力进行了比较研究。另外，服务外包竞争优势的提高应以实际经济效应为导向，因此在前几章研究的基础上，本书对中国服务外包的经济效应展开了实证检验研究，分别从理论角度探讨服务外包与产业升级、就业促进及技术溢出的影响机制，并构建模型、运用计量实证方法进行了实证研究，对中国服务外包的经济效应给出了经验结论。最后总结全书并对未来研究方向提出展望。

**关键词：** 服务外包；竞争力；产业升级；就业促进；技术溢出

# Abstract

Thanks to strengthen of service economy and the trend of globalization in the world, the global service outsourcing industry is raging like a storm. Global outsourcing (including manufacturing and service outsourcing) are strategies taken by multinational companies or other enterprises to carry out international cooperation by making full use of foreign resources, and to achieve global optimization of resource allocation. Intense international division has become the basic norm of enterprise competition. Since twenty-first century, service global outsourcing shows a great potential, and meanwhile service offshore outsourcing industry expand continuously; it has become an important driving force of global service trade, foreign direct investment and economic growth.

Some of the emerging economies have a cost advantage, and during years of development, their technology, personnel quality, information capacity, infrastructure and other conditions continue to improve, and has occupied an important seat in the global service industry chain. Like manufacturing outsourcing, service offshore outsourcing is mainly showing the same trend of transferring from developed to developing countries, and the driving force is the same multinational corporations. Compared with developed countries, developing countries naturally have a cost advantage with service factor prices, while they maintain a certain quality of service delivery, therefore a large number of services outsourced to developing countries from the developed countries. Undertaking this new round of service outsourcing by multinational corporations has become a new way for developing countries to utilize foreign capital, expand service international trade and participate in economic globalization.

In the process of economic globalization, China has achieved rapid economic development through initiatively integrating into the world economy, as a result maintained two digit growth over years, and has now become second biggest economies only behind the United States. Whereas after 2010, China economy has gradually demonstrated the drawbacks of excessive investment, overcapacity, environmental pollution, corruption and other social problems has highlighted. In order to ensure China economy developing in a healthy mode, the authority put forward the "new normal" development stage thinking, namely Chinese economy will enter a relatively low growth state, economic high speed is not the only pursuit by the government, but changing the economic growth pattern from investment driven to innovation driven, finally realize benign economic development. In this context, the service outsourcing industry can well meet the needs of current economic development stage, and also can achieve the positive effects of expanding employment for college students, and improving human capital, nurturing the middle stage as well and so on. Therefore, improving the international competitiveness of China service outsourcing industry has become an urgent theoretical and practical issue.

The book, based on the prior research results at home and abroad, described the connotation and denotation of the concept of service outsourcing, analyzed service outsourcing development trend in China and the world, and applied quantitative analysis method to calculate competitiveness of service outsourcing industry in China, and then according to the questionnaire survey data from enterprise made a qualitative analysis of the micro competitiveness of service outsourcing enterprise, and conducted an empirical test of influencing relation between it and business performance, and through case study summarized the rules of successful service outsourcing enterprises in China, and also made a comparative study of service outsourcing competitiveness between developing countries. In addition, the purpose of improving the competitive advantage of service outsourcing should be aimed to the actual economic effect, so on the basis of the previous chapters, this book launched empirical research on the economic effects of service industry in China, and it, respectively, investigated the effects and mechanism of service outsourcing and industrial upgrading, employment promoting and technology spillover from the perspective of each theory, and built several models to do the empirical research with empirical methods. And the empirical conclusion on economic effects of service outsourcing in China is provided. Finally, the whole paper is summarized and future research directions are suggested.

**Key Words**: Service Outsourcing; Competitiveness; Industry Structure Upgrading; Employment Promotion; Technology Spillover

# 目　录

# Contents

# 第一章  绪  论

从全球范围来看，大约于 20 世纪 80 年代后期美国跨国公司开始大规模开展全球服务外包业务并取得很大成功，在"滚雪球效应"的带动下其他发达国家的跨国公司纷纷仿效，并很快扩展至日本、欧盟等其他国家。目前，全球服务外包市场已形成北美、欧盟和日本为主要发包方，爱尔兰、俄罗斯、印度、中国、菲律宾等发展中国家为主要承包方的稳态格局。从国际分工角度来看，全球服务贸易之所以迅猛发展，主要原因在于发达工业国家在完成了经济结构服务化转变之后的服务产业国际转移，将经济活动的服务生产环节搬到具有成本优势的发展中国家完成。随着中国对外开放水平的不断提高，以全球价值链低端为特征的制造业外包显然不利于产业结构转型，中国制造正逐步向中高端制造业外包和现代服务外包并举发展转变。目前，外包活动正逐步从实体性活动转向非实体性活动，服务业外包由此成为新一轮国际产业转移的重点。服务外包对中国新经济力量的崛起具有不可估量的长期影响，它是中国经济结构调整和增长方式转变的重大机遇，也是在经济全球背景下中国从更深层次参与全球竞争的一次具有转折点意义的战略抉择。

## 第一节  选题背景与意义

最近几年，中国经济由两位数的超高速增长逐步转向中高速增长。2014 年 5 月 10 日，习近平同志在河南考察时首次明确提出新常态，标志着最高领导层对中国经济发展目前阶段及未来思路具有充分清醒的认识。经济新常态是中国发展的必经阶段，之所以称为"新"，主要在于未来发展思路应实施新的战略方针、创造新的制度条件、采取新的思想方法、践行新的工作理念。新阶段的特点突出地体现为以提高经济发展质量和效益为中心。新常态的提出一是顺应经济发展规律，中国经济不可能一直保持在10%以上高增长状态，当发展到一定阶段，要素、技术等生产及成本结构势必会出现边际递减效应，同时又面临质量提升等客观要求，因此速度不再像低物质水平阶段那样得到同等强调。新常态就是在保证一定增速的前提下注重增长质量与品质，更加注重产业结构的合理化布局，通过牺牲一定的速度来保证经济内涵式增长，使物价水平与生产生活品质相对应。二是中国经济过去30多年是以基础设施及房地产等硬件投资为主的增长，通过大量投资中国许多产业的基础设施得到加强，这种以投资为主的增长模式对于处于短缺经济时代的国家来说是非常必要的。但投资边际效率递减规律的存在及对能源、资源与环境的过度消耗导致这种高增长模式难以为继。另外，国家经济实力很多时候体现在消费对经济的贡献，消费对经济增长拉动的含义不同于投资拉动，因为市场经济的基本原则是顾客核心潜在价值的实现，生产如果不以消费为最终目的，而仅是为生产而生产必然会导致巨大的产能过剩与浪费。而消费地位的提升与第三产业即服务业的发展相呼应，没有服务业的充分发展就很难实现消费是经济增长主要贡献者的目标。因此，发展现代服务业及提升传统服务业水平对未来中国经济结构转型、城市化、小康生活等具有重要意义。

离岸服务外包的兴起为发展中国家的经济增长带来了又一次全球化红利，抓住机遇积极承接服务外包，不仅为提升中国"世界工厂"出产质量打下良好的产业配套基础，而且有可能使中国成为第二个"世界办公室"。服务业具有知识密集、就业拉动强、需求收入弹性大等产业特征，服务外包的发展是国际服务产业链的全球整合，在最需要的地方出现效率最高的生产者。通过加入服务外包全球价值链，发展中国家可以通过多种外溢途径获得直接收益之外的经济外部性。因此，很多发展中国家都采取各种优惠政策，希望通过大力承接国际服务外包获得全球化收益。对仍未完成工业化的中国来说，发展服务外包有助于解决诸多经济与社会问题，因此提高服务外包国际竞争力成为一个关键手段和目标。

# 第二节 研究内容、思路与方法

## 一、研究内容

本书主要围绕两大主题进行研究：一是服务外包竞争力，从国家、城市、企业等角度对中国服务外包竞争力情况进行了分析。服务外包竞争力是一个重要的现实问题，全球服务外包产业处于由 1.0 向 2.0 过渡的关键阶段，国际服务外包市场竞争加剧，能否成功转型就要看竞争力能否提高上去。众多发展中国家都争相挤占离岸服务外包市场，中国作为世界第一大发展中经济体更应积极发展服务外包产业，因此要提高服务外包产业竞争力，尽可能多地从欧美、日本及其他地区承接高质量的服务外包，以扩大服务外包的经济效应。目前，中国的人口红利正在下降，成本优势也逐渐不明朗，但中国的人力资本素质与科技水平在不断提升，只有承接中高端的服务外包才可能承受不断上升的成本压力。同时，中国的中高端服务外包承接能力在不断提高，也具备了承接一定中高端服务外包的实力。二是服务外包的经济效应。国际服务外包是世界经济发展到一定阶段的客观需求，承接国际服务外包能给东道国带来诸多十分诱人的正外部效应。否则，也不可能有那么多发展中国家积极创造条件努力抢取国际服务外包市场。国际服务外包是全球范围内资源与要素的进一步整合，发展中国家通过承接服务外包参与国际价值链的运作。根据国际溢出理论，这一过程有可能产生大量可观的溢出效应，如技术溢出、就业扩大及产业升级效应。而这些溢出效应对于亟须转变增长模式的中国来说具有重要作用。

本书共分为 12 章，第一章为绪论，主要介绍了本书的选题背景与意义、主要研究内容及创新之处。第二章首先从服务外包概念出发，总结了国内外文献中有关外包、离岸服务外包等相关概念的基本含义，解释了服务外包的成因，概括了服务外包的分类与作用，以及外包管理过程中面临的一些挑战。第三章介绍了世界服务外包发展现状与趋势，分别对经济技术背景、经济服务化、全球服务外包特点及主要国家服务外包政策进行了阐述。第四章着重分析了中国服务外包发展现状与趋势。在回顾了对中国服务外包具有相当推动力的政策之后，对中国服务经济趋势、服务外包现状（包括进程、规模、产业及企业）进行了细致解读。第五章基于前人理论成果构建了服务外包影响因素指标，运用数据及实证分析方法对中国服务外包宏观总体竞争力进行了实证研究；接着对服务外包竞争力与影响因素相关性运用灰色关联法进行了分析；然后基于商务部委托独立机构所做的研究成果对服务外包示范城市的竞争力进行了分析。第六章基于课题组调研问卷数据及商务部《中国服务外包报告2015》等资料，对中国企业服务外包竞争力进行了详细分析、论述及实证研究。第七章选取了文思海辉和博彦科技作为案例研究对象，通过资料质性分析法总结了中国民营服务外包公司的成功经验。第八章对发展中国家服务外包竞争力进行了比较研究，先介绍了典型服务外包发展中国家的发展现状，然后对10多个发展中国家的服务外包产业竞争力进行测算，最后对印度服务外包产业竞争力及其影响因素进行了实证研究。第九章在剖析了服务外包促进产业升级的理论机制基础上，测量了中国产业升级度指数，并运用计量方法对服务外包与产业升级之间的关系进行了实证检验。第十章基于中国宏观时间序列数据，运用计量方法研究了服务外包产业对国内就业的影响。第十一章运用时间序列实证方法研究了中国服务外包的技术溢出效应。第十二章对全书进行了总结。

## 二、研究思路

本书具体研究思路如图1-1所示，全书从服务外包基本理论开始，后续研究按两条主线展开。第一条主线是中国服务外包竞争力。在分析中国服务贸易与外包发展现状基础上从多个维度对中国服务外包竞争力进行定量研究。本书对中国服务外包竞争力发展情况及影响因素进行了探究。由于竞争力概念层次分明，因此本书分别收集宏观数据、现有研究成果及调查资料等对中国宏观、城市及企业层面的竞争力进行了深入研究。第二条主线是中国服务外包或可产生的溢出效应。服务外包是基于全球产业转移及中国服务化经济特征下的必然结果，通过承接服务外包有可能会给东道国带来可观的经济效应。因此，本书针对服务外包是否产生技术溢出、就业拉动及产业升级这三个问题采集数据，运用计量方法进行了实证检验。

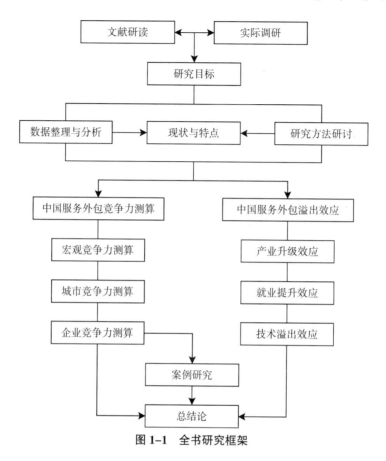

图 1-1　全书研究框架

## 三、主要研究方法

本书运用到的方法主要有：①归纳和演绎法。通过综合和归纳，掌握研究动态，把握学术前沿，理清国内外学者对服务外包相关问题的论述，以及通过数据总结中国服务外包产业发展现状等；通过演绎法，分析中国服务外包竞争力的影响因素、经济效应及对策等。②实证分析与规范分析相结合的方法。实证分析回答"是什么"或"怎么样"的问题，规范分析回答"应该是什么""应该怎么样"的问题。本书用此方法分析当前中国服务外包竞争力的含义及定量测算，以及与产业升级、技术溢出及就业之间的实证检验，并相应地提出中国承接离岸服务外包的合理建议。③静态分析与动态分析相结合的方法。本书结合静态与动态分析法对中国服务外包竞争力现状展开立体式论述。在对服务外包竞争力进行测算及对产业升级、技术溢出等经济效应进行实证分析时，既有对现状的静态分析，又有对变量发展过程的动态分析。④计量方法。通过因子分析、线性回归、时间序列协整及结构方程模型等方法对相关问题进行定量测算、检验等实证研究。

# 第三节　研究创新与不足

## 一、研究创新

有关服务外包的研究不胜枚举。截至 2016 年 11 月，在中国知网（CNKI）按主题词搜索"服务外包"，结果显示有 2.4 万多条。据搜索结果，国内有关服务外包的论文最早出现在计算机相关领域的杂志，这与服务外包所依托的 IT 行业基础有关。与现代服务外包概念十分接近的一篇文章为 1997 年发表于《微电脑世界》上的《Trust Bank 将 IT 运作全部外包》。自 20 世纪 90 年代随着互联网及 IT 技术的蓬勃兴起，国内外学者纷纷从各个可能角度对服务外包相关问题展开了十分有价值的探究，本书毫无疑问是建立在前人卓越研究成果基础上的又一次探讨。随着科技及市场的变化及实践的发展，问题与讨论焦点也不断更新，理论知识也要跟上时代的步伐并为服务于实践而努力，与时俱进、保持理论与实践的有机结合是学者们应尽的义务。另外，随着行业迅速发展，相关统计、行业标准也逐渐完善，一些数据与研究报告也不断涌现，因此与之前相比，可利用的研究资料更为丰富，有利于发掘更多规律性的东西。就创新点来说，本书与前期研究相比在以下三个方面具有一定新意：

1. 对服务外包概念与外延进行了较为详细的梳理

本书在前人研究基础上对服务外包概念与外延进行了较为全面的整理，首先从外包的产生推演出服务外包的概念，然后对服务外包的本质、外延及经济理论基础进行了归纳，概括了服务外包的概念、成因、种类、作用、风险等问题。服务外包实践与理论的发展业已走过二三十年，在这期间国内外学术界对服务外包展开了大量研究，因而对服务外包概念进行梳理已十分必要，从这个意义上来说本书对服务外包概念与外延的总结具有一定意义。

2. 从不同维度对服务外包竞争力进行了定量研究

本书从国家、城市及企业三个层面对中国服务外包竞争力进行立体式研究。根据服务外包理论并借鉴国际知名咨询公司服务外包竞争力评价指标的设计思路，融合前期服务外包影响因素研究成果，构建了三个层次上的中国服务外包竞争力评价体系，并收集相应数据、运用统计方法对中国服务外包竞争力进行测算，根据结果详细分析了中国服务外包三个维度的竞争力水平、发展趋势及其影响因素。另外，之前与服务外包竞争力相关的国际比较研究大都以定性为主，本书通过从世界银行国际数据库收集发展中国家的面板数据，采取因子分析法，对中国与印度、爱尔兰等 10 多个发展中国家服务外包产业竞争力综合得分进行了测算，通过实证分析对服务外包竞争力进行了国际比较研究。

3. 对服务外包的外溢效应进行了实证检验

目前有关服务外包的经济效应是本领域的理论与实证研究热点。服务外包作为一种新兴业态和新型国际贸易方式，影响着全球产业布局。对发展中国家来说，积极承接发达国家产业转移是实现本国技术进步与充分就业的重要途径。经济全球化背景下各国企业都被无形地卷入全球价值链创造过程中，资本的跨国运作将最有效率的环节安排到最合适的国家或地区，对当地经济效益、就业、人才培养等产生十分重要影响。那服务外包对中国的经济意义究竟何在？这是我们必须弄清楚的问题。本书针对服务外包的产业升级、就业促进、技术溢出三个经济效应进行较为翔实的研究，针对这三个内容均构建了模型进行实证检验，对前期相关研究观点做出了有益补充。本书在服务外包竞争力定量研究基础上，通过公式对产业升级指数进行测算，回答了服务外包与产业升级之间的实证关系；并且，在梳理并分析了服务外包对就业促进与技术溢出效应的影响机制基础上，构建变量与模型对服务外包的技术溢出效应、就业促进效应也进行了实证研究。

## 二、研究不足与展望

本书对服务外包定义、竞争力及经济效应展开了研究，运用定性、定量及计量等分析方法对相关问题进行了较为深入的讨论。服务外包竞争力其实是一个比较复杂的问题，但又是一个非常关键的问题。有关竞争力的排名往往备受关注，每年众多全球权威研究机构都会在各自研究领域纷纷推出指数排名研究成果，国内一些著名学术组织也在不断发布国内各种竞争力排名指数。国内外研究机构之所以如此钟情于代表竞争力的排名研究，很大原因可能在于竞争力确定意味着很多东西。本书通过数据收集及定量研究从宏观、城市及企业三个层面探讨了中国服务外包产业竞争力情况，基于数据的指数研究虽较为客观，也有前期研究成果作支撑，但指标的选取不可避免地存在个体主观性，因此排名结果应与基于实践的判断相结合，才有可能更加接近竞争力真实状况。但在无法穷尽的限制下，竞争力指数仍是一个不错的衡量标准。另外，有关服务外包经济效应的研究面临的一个很大局限是数据问题，由于服务外包统计标准、分类及内容还存在诸多不确定性，究竟哪些业务可以包含在服务外包统计范围之内，仍然是一个众说纷纭的事，导致在统计实际操作中出现左右为难的情况。本书在具体研究过程中，仿照前期相关研究的做法，或采用服务贸易数据，或运用成熟公式进行测算，得到所需服务外包变量，从而使实证研究得以开展。由于研究角度的原因，在探讨服务外包经济效应时，本书主要运用时间序列计量方法对相关问题进行了实证研究。

目前，与服务外包相关的研究仍受到很大关注，而且问题的切入点不断细化，一些学者从较小角度出发试图揭示服务外包形成、运营及交付绩效的影响因素。与之相比，本书主要在宏观层面对服务外包竞争力及其经济效应进行了论证，偏向于经济角度，对于服务外包的微观运行机制等问题并未予以较多的关注，诸如发包方与接包方应具有什么样的契约关系才能顺利完成外包，合约性质、合同期限及合作关系等对外包具有怎样的影响，如何定义成功的服务外包等，这一系列问题还处于不断探索之中，还需后续研究以个体跟踪、案例研究、对比研究等管理学研究方法进行深入探讨。

# 第二章　服务外包概念与外延

世界上任何一个企业为赢得竞争优势都在尝试各种减少或控制成本的努力，对利润的无限追求与对成本的苛刻要求构成企业发展的基本动力。作为现代生产方式的一种创造，外包就非常切合企业的这一目标。举例来说，一家汽车制造工厂，其核心业务是汽车的生产，但这家企业还必须处理诸如办公室行政、人事管理、库存控制以及会计等相关辅助性的必要工作，有时这些辅助工作可能牵扯企业很多精力。这时如果通过外包将一些非核心业务交给第三方提供商来完成，该企业就可以集中自己的资源和优势专注于生产汽车的细节。由此可见，外包实际上是一种通过深度分工达到节约成本、维持比较优势的企业生存方式。

## 第一节　服务外包概念演化

### 一、外包

现代意义上的外包（Outsourcing）兴起于20世纪七八十年代，当时还主要在国内厂商之间展开。随着信息技术的发展及产品分工的进一步细化，当代外包已经呈现出一些新型发展趋势：第一，外包已不局限于制造业、生产领域，越来越多的服务业公司，尤其是以网络信息技术为主的公司大量采用外包方式，最典型的就是软件开发。第二，外包已经不再受限于地理位置，突破本土向海外扩展，特别是发展中国家积极参与新一轮服务外包产业转移，已形成势头强劲的离岸外包。据估计，美国本土90%企业的60%的软件开发外包到了印度。第三，外包不是公司能力不行或弱小的标志，而成为客观地提高组织绩效的战略方法，大公司与小企业皆可从外包中得到竞争力提升。第四，以往企业往往将核心业务留在本国，而将非核心业务外包给海外企业，但随着核心业务概念的不断模糊，这种明显的国别区分也变得日渐淡化。总的来讲，服务外包对世界贸易或世界生产格局产生巨大影响，并使世界经济结构发生巨变。

截至目前，虽然外包的定义还不存在统一说法，但也基本认可外包是一种为降低成本从外部供应商获取产品或服务的一种经济活动。因而外包的定义基本上可以归结为发包方通过责任转移为核心内容的某种合约从接包方持续获得产品或服务以提高自身竞争优势的一种企业经营方式。因此，从更深层来看，外包合约明显超越了普通的采购或咨询合同，因为外包不仅意味着工作移交，还意味着人力、设施、设备、技术及其他企业职能也移交了。而且做决策的责任也同时移交了，在外包合约履行过程中，专业的第三方合同制造商需要自己负完全责任。从对象上来分，外包可以分为制造业外包和服务外包。制造业外包主要分布在零部件的加工、制造或组装等环节。如果外包对象是作为投入的生产性服务活动则是服务外包。Atkinson（2004）对美国 IT 服务外包进行研究，认为外包是由一家公司与其他公司签订合同去经营指定商业任务的过程，可外包给美国本土公司，也可外包给其他国家的公司。

与外包相对的是一体化，当资产专用性很高时或外部提供没办法得到时企业只好采取一体化战略，然而外包是一种趋势，因为分工不可阻挡。但具体到某一项业务究竟是采用外包还是一体化也需要具体对待，易于理解的、高标准化的活动可以交给专业的商业伙伴来完成，但与整个工艺整合难度大、需要大量信息来回流动的不确定性活动则不应该外包（见表2-1）。

表2-1　供应商关系结构的框架

| | 纵向一体化（不外包） | 一臂之长的关系（贸易或外包） |
|---|---|---|
| 协调 | "凌乱"的对接：相似的任务需要高度的适应性和无保留的知识交流以及在工作中学习。工作任务所需的信息特殊 | 相似的任务有标准的对接：任务所需信息标准（价格、质量、交付日期等） |
| 战略控制 | 高度控制：为维持持久关系进行的巨大投资、完成任务所需的特殊资产。如果关系转让，则投资得不到回报；专用设施的配置对品牌的投资、大量所有权的学习曲线在特殊研发项目上的长期投资 | 很低：资产对于那些有大量潜在供应商和客户的公司是可以获得的 |

续表

| | 纵向一体化（不外包） | 一臂之长的关系（贸易或外包） |
|---|---|---|
| 知识产权 | 不清晰的、较弱的知识产权保护；易于模仿的技术；包含不同技术成分的"凌乱"对接 | 较强的知识产权保护；不易模仿的技术；不同技术之间的清晰的界限 |

资料来源：［美］理查德·蔡斯、罗伯特·雅各布斯、尼古拉斯·阿奎拉诺：《运营管理》，机械工业出版社 2007 年版，第 374 页。

# 二、服务外包[①]

有关服务外包的定义还未形成共识，但学术界所讲的服务外包必须依赖于信息技术（即 IT），这也是服务外包之所以成为现代生产方式的重要原因。正是由于信息技术的发展使服务这一原先不可贸易的活动发生根本转变，服务"可贸易革命"应运而生，如此才涌现了大量的服务外包热潮。虽然外包具体包括制造业外包和服务外包，但通常的理解，在未明确指出的情况下，外包在蕴意上更多地被指向服务外包，而且很多时候是指离岸外包。许多人痛恨的"outsourcing"其实是"offshoring"。因为如果仅将工作外包给本国其他企业，而不是海外，则工会、反全球化组织等相关机构就没有正当充分理由拒绝这一商业行为。

Loh 和 Venkatraman（1992a，1992b）提出一个有关信息技术外包（ITO）的早期概念，即由具有物资和（或）人力资源的外部供应商所做的参与使用者机构（发包商）全部或特定部分 IT 基础设施的重要贡献。他们指出，"outsourcing"是由外部供应商所分担的实物和（或）人力资源及与两者相关的、消费者组织中 IT 基础设施的特定组成部分。这个概念强调了 IT 基础设施，它将目前大多数研究所讨论的有关 IT 的应用发展排除在外。一些学者认为，ITO 涉及职能、财产、责任和（或）人力向供应商的转移或移交（Apte and Sobol，1997；Cheon et al.，1995）。显然，这个概念强调的是转移，使用这个定义意味着把不涉及转移的业务排除。还有一些学者将外包定义局限于原先内置于企业的服务或功能的外部提供（Lacity

---

① "外包"一词最早出现于 1979 年《皇家社会科学杂志》的一篇文章中，指的是英国汽车工业把工程设计工作通过合同包给一家德国企业去做。

and Hirschheim，1993），从而将原先就由第三方提供、一直处于外置的外包工作排除在外。另外一些认为，ITO 是一种企业授予或签约第三方运行其资源的行为（Fitzgerald and Willcocks，1994），言下之意为企业仍拥有这些资源。但资源占有呈多种变化可能且客户机构可以不保留全部或部分资源基础。还有的研究直接将外包形容为供应商向客户提供服务（Klepper and Jones，1998）或由第三方提供 IT 产品或服务（Hancox and Hackney，1999），因此任何通过第三方可做的事都包含在内，与 Williamson（1985）产生共鸣。

Rothery 和 Roberson（1996）认为，外包是指由外部机构来从事原先内置于公司的一些职能的一种行为，它能引起管理、行政及活动发展的转移，也就相当于由其他公司分担了除生产提供之外必需的一部分人事管理、领导等基本管理职能。Casani 等（1996）认为，外包是一种与外部专业公司通过涉及一些挑选出来的活动或任务的发展而形成的长期联结，最终变成战略合作伙伴。Mol 等（2005）将外包定义为一个着眼于提高竞争优势的战略决策，通过外部合约或协议将商品生产与服务提供过程中必不可少的某些商业流程或局部职能交给更高能力和效率的企业来从事。

应当指出的是，我们通常所说的服务外包是一种基于 IT 的服务由第三方供应的形式，即 ITES（Information Technology Enterprise Service）。并不是所有由第三方提供的服务都属于服务外包。比如，去外面就餐是由家庭内部服务转向外部采购的一种形式，但这种经济形式属于普通服务业分工，是一种服务经济的表现形式。服务外包显然不只是一种简单的服务分工，而且通过外包满足企业对职能活动运行的最佳利益追求，而传统的服务业不参与企业内部职能分解与整合。NASSCOM 指出，服务外包就是 IT 基础上的服务交付，业务流程外包（BPO）同样也需基于 IT，因此有时也称 IT-BPO 或 IT-BPM。因此，确切地说，包含在服务外包范围之内的仅仅是通过 IT 技术完成的服务交付部分，尤其在跨境交付时基本采用互联网等形式完成。显然，传统服务业活动不应包括在内。

有的研究认为，服务外包是指企业将价值链中原本由自己提供的具有基础性的、共性的、非核心的 IT 业务和基于 IT 的业务流程外包出去，由专业服务提供商来完成的经济活动。但这一定义显著忽视了服务外包的复杂性，有些企业通过服务外包旨在增强自己的企业实力，因此现代服务外包有时也表现为一种强强联合，虽然将不重要的环节外包出去仍是服务外包的一个主要方式，但通过服务外包加强持续竞争优势成为重要方略，因此不光是基础性的、共性的、非核心的业务才外包，只要是对企业竞争优势具有帮助的业务外包都可能发生。

## 三、离岸服务外包

全球服务外包是国际分工进一步发展的体现，生产阶段的碎片化是目前国际分工的一大特点。许多学者在国际贸易理论框架下探讨了这一新型分工方式（Dixit and Grossman，1982；Jones and Kierzkowski，1988，1997，2000；Deardoff，1998，2001；Cordella and Grillo，1998；Amiti and Wei，2005）。与之前的国际分工相比，在技术革命的推进下，生产环节、工序等原本不可分享的步骤进一步细化并模块化，从而可通过其他国家的优势资源来满足，这种现象还被称为国际生产分享（international production sharing）、全球化生产（globalized production）、本地化降解（de-localization）、价值链切割（slicing up the value chain）和离岸外包（offshoring）。还有一些学者进一步根据生产环节所属国家不同进行区分，当国外活动由国内同一家公司控制时就是垂直型 FDI 或公司内部贸易，如果是由独立的外国公司持有，则被认为是正常贸易（arm's-length trade）或国际外包（international outsourcing）。

最早提出现代意义上离岸外包概念的是 Kotabe 和 Omura（1989）。Kotabe 和 Swan（1994）的实证研究发现国际服务外包对美国公司的重要性在增加。Robinson 和 Kalakota（2004）认为，离岸外包是一种企业将价值链的部分或全部转移到低成本地区的考虑并采取行动，是否离岸外包取决于劳动力或技术套汇引起的管理成本。Rodriguez 和 Robaina（2006）指出，离岸外包涉及在不同国家设立生产过程以服务于多个市场，或在全世界范围内购买和组装零部件、配件及产成品。Levy（2005）认为，通常来讲，离岸外包是将特定的生产商业活动转包给外国公司或供应商，尽管不需要是独立企业。这个概念将跨国公司海外母公司与国外子公司的内部贸易也包含在内。Mohiuddin（2014）在其博士论文中，基于前人观点将离岸外包总结为从国外机构获取特定职能，而这些国外机构在外包职能活动上更有效率、更有竞争力，或与公司形成互补优势，从而对企业总体竞争优势有所贡献。离岸服务外包涵盖聚集于战略和长期的部件、产成品和隐性知识国际间管理的流动来服务本土和国际市场。

随着离岸服务外包的发展，国内学者也对服务外包给予了高度关注。詹晓宁和邢厚媛（2005）认为，服务外包是指作为生产经营者的业主将服务流程以商业形式发包给本企业以外的服务提供者的经济活动。王晓红（2007）指出，离岸服务外包的本质是企业以价值链管理为基础，将其非核心业务通过合同方式发包、分包或转包给本企业之外的服务提供商，以提高生产要素和资源配置效率的跨国生产组织模式。服务外包的发包方可以是企业、政府和社团组织等。外包不局限于企业，非营利的社会组织基于效率考虑也大量采用外包服务。他们还指出，通常来讲，外包是以合同为基础的过境支付的形式进行，也就是指离岸服务外包。服务外包的本质是企业以价值链管理为基础，将其非核心业务通过合同方式发包、分包或转包给本企业之外的服务提供者，以提高生产要素和资源配置效率的跨国生产组织模式。服务外包是跨国公司"归核化"（refocusing）战略调整的副产品。显然，非核心服务外包是这一定义的重要着眼点。正是由于外包的是非核心业务，因此技术含量和附加值相对较低，因此发展中国家在承接这一块服务外包方面具有低成本优势。而且这一定义未提到基于 IT 技术，因此仍存在改善空间。

　　离岸服务外包的基本格局表现为发达国家发包、发展中国家接包。但同时也存在着大量发达国家之间的国际服务外包，以及发展中国家发包、发达国家接包的国际服务外包。随着全球离岸服务外包的发展，企业离岸外包的性质、目的、内容与模式等也都在发生着深刻变化。进入 21 世纪以来，离岸服务外包增势进一步加大，很多离岸外包并非单纯追求降低成本，而是基于提高核心竞争力的考虑。离岸外包模式也增加了许多发达国家企业承接发展中国家企业发包的事件，许多发展中国家企业通过反向离岸外包获得了大量高质量的服务中间品，提升了产品层次与形象。核心与非核心的概念也日渐模糊，尤其是发展中国家在缺乏核心优势的情况下，一些核心业务往往采取外包来实现。考虑到当前发达国家与发展中国家在国际分工中的地位，我们通常所讲的离岸外包是指发达国家企业发包、发展中国家企业接包的国际服务外包。

## 四、服务外包是国际贸易的一种新形式

　　服务外包是一种新的国际贸易形式，有学者称之为服务加工贸易，因

此与服务自然贸易还有一定区别。根据赫克歇尔—俄林（H-O）国际分工理论，发达的 G7 国家显然是属于资本与技术充裕、加工劳动短缺的国家，而印度、中国等发展中国家则属于加工劳动充裕但资本与技术相对稀缺的国家。服务所需要的两种生产要素（资本与劳动）的流动性是不一致的。劳动的跨国流动是比较难的，而资本在国际间的流动则相对容易。在信息、通信、互联网技术未能普及之前，由于服务贸易本身具有的适时性、不可分割性等特征，服务贸易受到很多限制。而随着信息技术的深入，服务外包作为一种当代流行的国际贸易新形式迅速发展起来。既然是国际贸易分工，亚当·斯密的绝对优势理论和托伦斯、李嘉图的比较优势理论仍有极大发挥空间。我们可以通过分解软件的生产与运行过程来解析服务外包作为一种国际贸易形式的客观必然性（见图 2-1）。

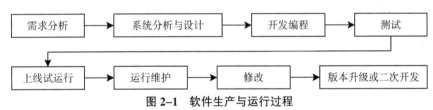

**图 2-1 软件生产与运行过程**

资料来源：刘磊：《中国服务外包业的经济学解析》，《财经科学》2012 年第 3 期。

由于发达国家是世界先进技术的发源地，G7 国家在软件生产运行任何一个环节都拥有技术方面的绝对优势，但印度、中国等发展中国家与 G7 国家相比在劳动生产力上的差距在每个环节上是不一样的，在系统分析与设计方面两边的生产率差距是巨大的，但在编码、测试、试运行等方面的差距相对较小。因此，在这些技术差距较小的环节上，印度、中国就具有一定的比较优势。

# 五、服务外包的经济理论基础

### 1. 国际分工理论新进展

斯密、李嘉图提出的古典比较优势是现代国际贸易理论的基础。服务外包是基于人力资源要素的产业，对服务外包来讲，由于不同国家或地区在人力资源相对稀缺度和相对价格上存在差异，在转移条件允许的前提下，把不同类型的服务活动进行拆分，并配置到它们各自所需人力资本价格相对较低的丰裕国家，能够大大节省成本，实现全球比较优势共享。由于不同发展水平的国家之间人力资本要素的相对价格差异较大，因此，建立在比较优势基础上的国际分工在全球离岸服务外包市场表现更加显著。

传统国际分工理论是从国家和产业层面来解释贸易发生的内在原因及对社会福利的促进影响。基于"二战"后国际贸易发展经验，Helpman 和 Krugman（1985，1980）提出新贸易理论，他们在方法和假设上逐步放宽，放弃了古典国际贸易理论关于完全竞争市场和规模报酬递减的理想假设，引入规模报酬递增和垄断竞争条件，从微观层面对同一产业内，而不是产业间发生国际贸易的成因进行挖掘，从而解释了"二战"之后三四十年日益壮大的产业内贸易现象。但基于产业内贸易视角的新贸易理论仍无法很好地解释一些更加微观层面上的企业发展差别现象。为什么在一国的同一产业内有的企业通过出口获得利润，而其他企业却只能守住国内市场等。显然，必须进一步放宽假设才能进一步解释。在现实中，企业在生产规模、组织结构、产品质量、人力资本及生产率等方面都是有差异的，这些特征被经济学家称为企业的异质性（Heterogeneity）。而传统贸易理论没有考虑到企业异质性问题，也就是假设企业是同质的，这明显与事实不符。新新贸易理论代表人物 Melitz（2003）在 Krugman 产业内贸易模型基础上，在垄断竞争模型中考虑了企业生产率的差异性，打破了之前国际贸易理论企业同质性的假设，从而拓宽了国际贸易理论研究的新领域。Melitz 等构建了一个包含异质性企业的国际贸易模型，在一般均衡框架下，运用动态产业分析方法对 Krugman 的垄断竞争模型进行了扩展，从而得以将企业生产率差异纳入模型框架，进一步将国际贸易理论延伸到微观企业层面，从而确立了新新贸易理论的基本理论思想。

新新贸易理论及模型将企业异质（主要是生产率差异）内生于模型之内，从微观视角很好地说明了国际贸易是如何通过微观竞争机制而逐渐演化。但这一理论仍存在一定局限：一方面，企业的异质性不仅体现于生产率方面，还体现在组织结构、企业国际化等方面；另一方面，早期的异质性企业贸易模型以对称性国家、市场规模一定为前提，并未考虑到重要的政策因素。基于此，后续大量研究者对其进行了多个视角的扩展。Antras（2003）较早地运用不完全合约理论来解释国际贸易的发生，尤其通过提出企业内生边界模型解释了企业对国际化经营方式（FDI、出口或合资等）的选择决策。而后，Antras 和 Helpman（2004）在异质性企业贸易模型和企业内生边界模型合并基础上，从企业组织结构差异这个异质角度对企业国际经营行为进行阐述，从而对国际贸易模式提出了较好的解释。而后，他们进一步放宽假设，在模型中又引入合约摩擦，指出企业组织形式的战略选择受到企业生产率水平的重要影响。

2. 交易成本理论

服务外包的理论思想也可追溯到科斯和威廉姆森的交易成本理论。1937年和1960年科斯分别发表了经济学论文《企业的性质》与《社会成本问题》，开创了制度经济学和经济分析法的先河。通过这两篇经典论文，科斯指出，以企业的形式进行生产或从事某种服务所引起的组织成本和企业的成立所节约的交易成本在边际上应该是相等的，这决定了企业边界。当代服务外包的兴起其实印证了科斯的判断。当IBM、HP、Citibank等超级企业发展越来越大时，它们的组织成本也随之升高，当超过了外部提供与一体化均衡点时，外包就成为一种最佳选择。

自制与外购一直是企业战略及运营管理面临的重大抉择。从传统交易成本理论来看，交易之所以发生主要考虑导致交易成本最小化的交易结构的匹配问题。企业内交易和市场交易是两种基本的交易结构，不同的交易成本应对应不同的交易结构以获取交易成本最小化。外包其实就是市场交易结构的高级组织方式。根据交易成本理论，对于非专用性的交易，如偶然性的或平常性的契约应交给市场结构来完成。威廉姆森（1985）用资产专用性观点解释企业对交易结构的选择，他认为，在资产专用性最佳水平处于极低的情形下，企业则应选择较为有利的市场交易；当某一技术资产专用性最佳水平极高时，则通过内部交易结构实现对企业比较有利；而当资产专用性处于中间状态时，可根据成本差异进行混合治理，可采取"部分采购、部分内部"的方式来完成。

3. 全球价值链（Global Value Chain，GVC）

竞争理论之父迈克尔·波特另辟蹊径，提出价值链理论，并作为分析企业竞争优势来源的一个工具。价值链理论认为，企业竞争优势来源于产品设计、生产、营销、交货等基本过程及辅助过程中的活动，这些活动都是创造价值的重要组成部分。通常来进，产业竞争的基本活动包括内部后勤、生产作业、外部后勤、市场和销售、服务；辅助活动包括四种基本类型，即采购、技术开发、人力资源管理、企业基础设施。虽然从大的方面看，企业活动的划分类似，但各自的联结方式不一样，每个企业的价值链都是独特的。研发、设计、采购、生产、库存、营销到运输等环节构成一条完整的企业价值链，然而，一个企业不可能在整个价值链上的所有活动都很厉害，某些环节比较强，另外一些环节较弱。因此，在资源有限的前提下，企业应该集中于具有优势的核心活动环节，而将竞争优势较弱的业务活动外包，而第三方供应商通过规模效应能获得成本优势和专业优势，企业通过外包也能获得竞争优势。

在经济全球化及信息技术不断推进的背景下，跨国企业获取和配置资源、参与竞争的方式已经打破了以往的地理区域和行业领域的限制，价值链的创造也突破地域限制，开始了全球化运作。价值链生成方式的不同决定了"全球化"与"国际化"在融合上的差别。国际化可追溯到早期资本主义在全球寻找原材料及市场的殖民时代，可看作价值链全球布局的初级阶段，而全球化不仅是地理界限的突破，而且是一种组织上的国际融合，体现为国际价值链构造上的升级。Kaplinsky（2001）给出了全球价值链的概念。他认为，全球价值链是指为实现商品或服务价值而连接生产、销售、回收处理等过程的全球性跨企业网络组织[1]。它包括所有参与者和生产销售等活动的组织及其价值利润分配。Gereffi（1994，1999）界定了全球价值链从组成要素到制度层面存在的四个维度[2]：①从投入产出结构维度来看，全球价值链表现为价值增值活动按照顺序依次串联起来的一系列流程；②从空间布局维度来看，跨国公司将核心能力以外工作环节外包给他国，整个价值链由分处不同国家的环节组成；③从治理结构维度来看，全球价值链是一种被赋予特定产业功能的组织，由相互联系的各环节通过竞争筛选组成，在其形成过程中一些成员处于主导地位，对各环节进行统一组织和协调，使整个价值链职能得以实现；④从体制框架维度来看，主要是指价值链，在各个环节上，受到国内和国际的体制，诸如政策、法规、正式和非正式制度的影响。

---

① Morris B. M.，"A Handbook for Value-chain Research"，MIMEO，International Development Research Centre，http：//www.ids.ac.uk/ids/global/pdfs/vchnov01.pdf，2001.

② Gereffi G.，"The Organization of Buyer-driven Global Commodity Chains：How U. S. Retailers Shape Overseas Production Networks"，in Gary Gerffi and Miguel Korzeniewicz（eds.），Commodity Chains and Global Capitalism，London：Praeger Press，1994，p.97.

——"A Commodity Chains Framework for Analyzing Global Industries"，American Behavioral Scientist，（1999），http：//www.ids.ac.uk/ids/global/pdfs/gereffi.pdf.

全球化、边境开放及科技进步加快了全球范围内商品与服务的交换及其他生产要素的流动，最终产品由来自不同国家的分处于价值链上的中间活动完成，并且企业通过专注于价值链中自己最擅长的某一环节而获得竞争优势。世界贸易逐渐由"商品贸易"向"活动或任务贸易"转变（Bems and Johnson，2012）。[①]通过竞争机制，全球价值链上分布的都是该环节最有竞争力的厂商，这些价值链活动更趋分散且流动性增强，而且在最有效率的国家与企业里开展，全球价值链在更多的地理空间内被分解（Mudambi and Swift，2012）。[②]全球价值链已成为世界贸易领域的显著特征，使发展中国家、新兴国家及发达国家之间的相互依赖增强。在这条价值链上，各国分别凭借各自比较优势在研究、生产、营销、分销、商业流程及顾客服务等活动上占据一席之地，产品或服务从概念到最终客户的全方位活动在全球范围内铺开。

4. 生产性服务链理论

生产性服务理论认为，随着生产过程被分布于不同国家、通过各国生产区段合作，市场对具有纽带功能的生产性服务需求就会大幅上升，从而大大促成国际生产性服务贸易。[③]在开放经济条件下，各国凭借比较优势占据国际分工体系中的一席之地。然而，一个国家有可能在某种商品或服务上具有总体比较优势，但很难做到在该种商品或服务的所有生产区段和服务链都具有比较优势，为此，精于打算的企业必定将生产过程中的多个区段分散到国际范围。生产区段在不同国家进行运营、由不同国家的服务提供者完成，通过服务链进行跨国连接。以软件、电信、金融为代表的现代化生产性服务迅速发展，大大降了国际服务链的相对成本，从而极大地推动了生产区段的国际化经营，由此，生产性服务国际贸易获得快速增长。

从图2-2中可以看出生产过程不断分化和复杂的变化。图中的a阶段

① Bems R. and Johnson R. C., "Value-Added Exchange Rates", NBER Working Paper, No.18498, 2012.

② Mudambi R. and Swift T., "Multinational Enterprises and the Geographical Clustering of Innovation", Industry and Innovation, Vol.19, No.1, 2012, pp.1-12.

③ Jones, R. W. and Kierzkowski, H. "The Role of Services in Production and International Trade: A Theoretical Framework", in Jones, R. and Krueger, A (Eds.), The Political Economy of International Trade: Essays in Honor of Robert E. Baldwin, Basil Blackwell, Oxford, 1990, pp. 31-48.

表示最初的单一生产区段，所有组合活动均在同一个区位完成。服务主要是区段的内部协调及企业与消费者之间的运输与营销业务。而 b 阶段开始分化为两个生产区段，这时需要通过服务活动连接不同的区段。更进一步地，c 阶段生产性服务链延伸。d 阶段显示出一种新组合，有关生产区段形成"并联"运行的状态。在开放条件下，各国在比较优势框架内参与国际分工，一国不可能在所有区段都具有比较优势，总有一些区段放于其他国家更能节约成本，从而生产区段分布于不同国家，生产性服务链就是由多个国家的服务供应商组成，因而也就大大促进了世界生产性服务国际贸易的发展。

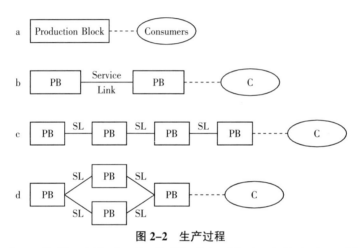

**图 2-2　生产过程**

资料来源：Jones，R. W. and Kierzkowski，H. "The Role of Services in Production and International Trade：A Theoretical Framework"，in Jones，R. and Krueger，A（Eds.），The Political Economy of International Trade：Essays in Honor of Robert E. Baldwin，Basil Blackwell，Oxford，1990，pp. 31-48.

# 第二节　服务外包的成因

有关服务外包的成因率先成为国内外学者关注的话题。Loh 和 Venkatraman（1992）认为，服务外包的发展动因分为不同的层次：在宏观经济层面，暂时的经济周期推动企业通过签订外包合同来实现 IT 基础设施管理的合理化；在行业层面，市场的竞争压力迫使企业与重要的服务外包供应商建立"以伙伴关系为基础的"关系；在企业层面，追求竞争优势推动服务外包的发展。[①]Sanchez（1996）认为，技术和生产组织方式的创新为外包的发展创造了条件。[②]在知识系统日趋复杂的现代竞争体系中，单个企业已不可能将全部知识和创新资源置于控制之下，在此背景下，通过知识分工，将复杂知识实现模块化制造，并借由标准化界面对各个模块进行对接，这一过程已成为世界范围内重要的技术创新模式。而不同类型企业之所以能共享创新资源与成果，外包是一种重要的实现方法。Uffelen 和 Groot（1998）以交易成本理论为基础，通过研究发现，降低交易成本、实现规模经济、节省劳动成本以及满足企业的战略需求这四个方面的利益诉求构成企业服务外包发展的主要原因。其中，降低交易成本是跨国公司采取外包方式的关键动因。[③]Lacity 和 Willcocks（2001）认为，服务外包的原因有财务原因、业务原因、技术原因、政治原因。[④]Costa（2001）则强调成本降低、技术因素及增强核心竞争力等外包原因。还有学者探讨服务发包国选择外包接收地时的考虑因素。[⑤]Yeats（2001）认为这些因素有贸易壁垒、劳动力成本、基础设施和运输成本、政府影响、语言相似性。[⑥]Grossman 和 Helpman（2005）认为生产率、工业规模、合同的完备性、工资水平是影响发达国家选择接包国的重要因素，并指出高工资水平并不构成流入阻碍。[⑦]综合来看，服务外包之所以产生及发展可归为以下几个方面的原因：

## 一、技术原因

现代信息、网络技术的发展为服务外包产业壮大提供了基础，互联网

① Loh L. and Venkatraman N., "Diffusion of Information Technology Outsourcing Influence Sources and the Kodak Effect", Information Systems Research, Vol.3, No.4, 1992, pp.334–358.

② Sanchez R., "Strategic Product Creation: Managing New Interactions of Technology, Markets, and Organizations", European Management Journal, Vol.14, No.2, 1996, pp.121–138.

③ Uffelen R. L. M. V. and Groot N. S. P. D., "Floriculture Worldwide; Patterns in Production, Trade and Consumption Patterns Show Market Opportunities and Challenges", Paper for Apo Seminar on Development of Sustainable Commercial Floriculture, 1998.

④ Lacity M. and Willcocks L., "Global Information Technology Outsourcing: Search for Business Advantage", Chichester: Wiley, 2001.

⑤ Costa C., "Information Technology Outsourcing in Australia: A Literature Review", Information Management & Computer Security, Vol.9, No.5, 2001, pp.213–224.

⑥ Yeats A. J., "Just How Big is Global Production Sharing?", in Arndt, S. W. and H. Kierzkowski (eds.), Fragmentation, New Production Patterns in the World Economy, 2001, pp.108–143.

⑦ Grossman M. G. and Helpman E., "Outsourcing in a Global Economy", Review of Economic Studies, Vol.72, No.1, 2005, pp.135–159.

的出现颠覆了传统的国际信息处理模式。计算机、通信等技术的发展大幅度降低了信息处理与传输的成本，国际间信息传输不再像没有互联网时那么昂贵；网络技术的迅猛发展大大提高了信息传输速度，扩大了信息储存容量，收集和应用信息不再受到传统的时空限制，信息安全可靠的传输得到保证，为不同国家的服务外包参与方之间迅速、安全地交流信息建立了技术支持。现代通信、网络技术的发展已极大地消除了地理位置、自然资源对跨国公司的物理约束，通过新兴技术市场可以快捷地延伸至全球，为服务外包跨越时空提供了十足便利。网络、信息技术大幅降低了跨国交流成本，成为国际服务外包之所以产生并蓬勃发展的关键因素，尤其是离岸服务外包需要接发包双方不断地沟通，对外包服务业务的理解达到高度一致，包括前期谈判，外包过程中的不确定性等都需要企业进行跨国通信，如果没有技术革命推动所引起的跨国交流成本的巨幅下降，则包括离岸外包在内的许多跨国经济活动都无法开展。

服务作为一种无形产品其交付可通过信息技术的发展变得可分割，有人称之为服务的"可贸易革命"。信息技术的发展可以让一些服务作为独立的模块被单独供应，从而可以由地球另一端的企业来完成。

## 二、经济原因

大量实践证明，发展中国家的成本优势仍然是跨国公司新一轮服务业国际转移的主要驱动因素。[1] 离岸服务外包之所以产生，主要还是基于成本比较优势基础上的跨国公司的劳动力及其他资源的套利行为。一些国际机构的调查与研究也得到相同结论。[2] 纽约业务外包研究所对企业外包动机进行调查发现，节约经费是企业外包的重要原因，有64%的企业由于经费问题选择外包。德勤会计师事务所的TMT服务小组曾对全球固定通信、移动通信领域的42家通信网络运营商的调查结果显示，53%的企业受访者认为，外包的主要动力是能消减成本。有研究表明，在世界建筑和机械设计行业中，电脑系统、软件、办公场所和绘图设备都需要公司大量投资，为了减少开支，应将资源运用到能产生较高利润额的工作中去。因

---

①② 王晓红：《全球服务外包发展现状及最新趋势》，《国际贸易》2011年第9期。

此，把重复性的劳动密集型过程外包是最好的选择，以集中精力专注于设计等高利润环节。

ITO 可追溯到 20 世纪 60 年代。当时，计算能力还是一项比较昂贵的业务，许多机构只能从大型 IT 制造商经营的各类计算机办公室购买数据处理等服务。显然，早期的 ITO 就是一种节约 IT 基础设施高昂费用的管理变革思维。随着信息技术成本降低变得可以承受，许多机构开始自行组建信息技术服务能力，但到 1989 年左右，一些大公司开始反思自行组建 IT 功能是否走得太远。

外包与全球产业转移趋势密切相关，随着经济全球化及全球产业结构的调整，发达国家通过跨国公司最早转移制造业，20 世纪七八十年代以后随着经济服务化的加深，服务业国际转移成为重要趋势。发达国家产业仍然具备高端优势，而发展中国家优势仍在低端，在发达国家从事低端工作就不如干脆外包给发展中国家。随着发展中国家科技、教育等软实力的提升，开放经济不断深入人心，许多发展中国家已具备承接具有一定技术要求的服务外包的能力。

## 三、管理原因

服务外包的管理思想由来已久，其实质是服务国际分工的进一步深化。Prahalad 和 Hamel（1990）在阐述其核心竞争力的理论时，首次明确提到外包的概念：企业应专注于自身核心业务与核心资源的管理和发展，而将非核心业务分包给具有专业化优势的外部企业，从而实现并保持自身的核心竞争力。[①]

服务外包的主要动因是基于人类对性价比的不断追求，一定质量基础上的服务外包不仅可以降低公司产品成本及免除一体化的复杂管理费用等，还可通过对核心业务的专注不断增加核心竞争力优势。但随着工艺日趋复杂及市场个性化、多样化需求压力加大，服务外包已不再是简单地寻求成本降低的手段，而是逐渐演化为新型跨组织运营模式，从而实现资源融合、合作联盟及强化控制力等经营目的。正如 Pactera（文思海辉）公司

---

① Prahalad C. K. and Hamel, "The Core Competence of the Corporation", Harvard Business Review, 1990, (March–April), pp.79–91.

首席执行官 Tiak 在 2013 年北京服务贸易交易会全球服务论坛发言中指出的，外包已成为一种必需（Necessity）而不仅仅是需要（Needs）。这一观点与其公司官网业务宣传一脉相承，外包已逐渐从简单劳动力套利转变为追求更广泛的转变的战略举措。Quelin 和 Duhamel（2003）指出，服务外包通过对核心业务的专注、寻求资本费用的降低、管理运营成本的节约和外部技术的获取等方式达到质量的提升，因此不仅是一个价值实现过程，而且能创造价值转移，从而导致企业将非核心业务进行外包。[1]Bergkvist 和 Johansson（2007）概括了服务外包的三大管理动因：首先，外部竞争环境变迁迫使企业聚焦核心业务。当外部竞争环境发生变化导致市场行业竞争的重心由一般技术转向核心技术，或由一般资源转向专有资源时，企业通常会进行归核化经营。其次，跨国公司国际化运营的需要。跨国企业为了保持或扩大国际市场占有率，不得不充分有效地利用别国有价值资源。但由于跨国沟通受到文化、政策等不可逆因素的制约导致国际贸易无法实施，因此跨国公司采取服务外包这种方式来完成。最后，是基于控制的考虑。随着信息、网络技术的发展，现代企业的竞争已不再局限于某一企业，而是延伸到全供应链系统之间的团队竞争，为稳住与上下游节点企业的长期合作关系，以保证业务的连续性，大型核心企业不时通过关联业务的外包对这些企业实现更好的把握。[2]Vitasek 和 Manrodt（2012）认为，服务外包的主要原因在于对长期稳定合作关系的考虑，因此外包双方应将结果作为关注要点而非交易过程本身，应努力洞察真实的交易目的、合作机制等而非仅仅观察，对双方的利益应尽可能平衡而不是一味测算。[3]

需要指出的是，虽然公司越来越看重服务外包带来的诸多组织变革、企业边界扩展等增值的好处，但成本控制仍是众多因素中的核心与基础，如果成本得不到节约，离岸外包可能也不会大规模发生。Everest Group 就服务外包所能带来的附加值所做的调查研究显示，2007 年，42% 的访问者

[1] Quelin B. and Duhamel F., "Bringing Together Strategic Outsourcing and Corporate Strategy：Outsourcing Motives and Risks", European Management Journal，Vol.21，No.5，2003，pp.647-666.

[2] Bergkvist L. and Johansson B., "Evaluating Motivational Factors Involved at Different Stages in an IS Outsourcing Decision Process", The Electronic Journal Information Systems Evaluation，Vol.10，No.1，2007，pp.23-30.

[3] Vitasek K. and Manrodt K., "Vested Outsourcing：A Flexible Framework for Collaborative Outsourcing", Strategic Outsourcing：An International Journal，Vol.5，No.1，2012，pp.4-11.

第二章 服务外包概念与外延

仅考虑成本节约，50%会在保持成本节约的基础上期望获得更多附加增值，仅8%的受访者选择即使不节约成本也要选择服务外包来增值。2012年，三者比例依次变化为36%、60%和4%。这说明市场环境的变化客观上导致企业希望通过服务外包获得增值的压力增加，企业希望通过服务外包能带来更多的非成本上的价值增值。但不顾成本的比例由8%下降到4%，说明绝大部分企业不希望牺牲成本从外部获得增值服务。[1]

针对管理上的原因，Daft（1992）认为，企业通过外包能获取其发展所需的内部或外部稀缺资源，维持其在业内的竞争优势。[2]Henri（1998）认为，由于专业化能够实现规模经济，从而降低成本，且第三方专业提供商效率高，因而外包是交易成本和代理成本与成本降低之间的权衡。[3]Grossman、Helpman 和 Szeidl（2004）在新贸易理论基础上，从规模经济视角考察了服务外包的动因，他们指出，高度复杂的产品如果由单个企业生产其所需部件则成本过高，而如果转向外部专业制造商提供则可以大幅降低成本。[4]因此，学者意识到服务外包是一种"他山之石，可以攻玉"的策略。而且第三方服务提供商由于长期从事自己擅长的业务，容易达到效率高且成本低的目的。

## 四、制度原因

包括服务外包在内的国际贸易的发展很多时候还要归因于国际制度的变迁。一方面，在世界贸易组织（WTO）及各种双边、多边贸易协定下（如《服务贸易总协定》），国际间贸易投资更加便利化，服务业开放领域进一步扩大。如以色列早在20世纪70年代和90年代与欧盟、东欧成员国签署了自由贸易协定，并在21世纪与北美自由贸易区成员国签署了自贸协定，后又与日本签订了GSP（一般特惠制）的协定，这些协定为以色列

① Karthik H., "Global trends in outsourcing/offshoring", UNCTAD meetings presentation Panel A: Outsourcing becoming a necessity more than a need, 2013.

② Daft R. L., "Orgnization Theory and Design", New York: West Publishing Company, 1992.

③ Henri L. E., "Macroeconomic Consequences of Outsourcing", De Economist, Vol.149, No.1, 1998, pp.33-51.

④ Grossman G. M., Helpman E. and Szeidl A., "Optimal Integration Strategies for the Multinational Firm", Journal of International Economics, Vol. 70, No.70, 2004, pp.216-238.

服务外包的快速发展奠定了基础。另一方面，关税降低、国际经贸对话机制日趋完善、公平贸易的实施进一步加强，对国际贸易产生巨大推动作用。越来越多的国家逐渐认识到服务外包发展带来的红利，纷纷制定有利于服务外包产业发展的优惠政策。在国际多边协议框架下，一些国家在知识产权保护法律制定与执行方面取得很大进展，可以满足服务外包对技术保密的要求。同时，参与国际游戏规则不可避免地会调整、修正或废除一些不合时宜、与开放趋势相违背的法律法规，大大促进了本国参与国际经济交流的可能性，以及增强了其他国家对该国贸易投资的信心与意愿。如印度、以色列、爱尔兰等国在关税优惠、税收激励、知识产权保护、服务外包产业园建设等方面大力推进，加快了本国服务外包产业的发展。

如果没有制度上的改善及保障，服务外包也不会这么发达。制约服务贸易发展的制度因素仍然存在，因为一些发展中国家将一些服务部门作为敏感部门实施保护，以国家经济安全为由阻挡国外竞争。随着 TPP 新一轮国际经贸秩序安排的推进，服务贸易多边谈判将进一步拉开帷幕，如果进展顺利将为服务外包的发展奠定高规模制度基础。

总体来说，随着经济全球化和区域经济一体化进程加快，各国体制改革不断调整、市场经济不断完善、对外开放不断演化、贸易自由化力度加大，为全球服务外包，尤其是离岸服务外包发展提供了制度便利。

# 第三节　服务外包的种类

根据服务外包定义，即跨国公司将原先置于内部运作的职能在技术成熟后进行模块化整合然后以合约形式转向外部第三方专业供应商，因此目前学术界主要依据外包的内容、业务及发包方与接包方地理区位来划分服务外包的类型。首先，按照业务类型来看，服务外包可分为信息技术外包（Information Technology Outsourcing，ITO）、业务流程外包（Business Process Outsourcing，BPO）以及知识流程外包（Knowledge Process Outsourcing，KPO）。[①]

---

① 詹晓宁、邢厚媛：《服务外包：发展趋势与承接战略》，《国际经济合作》2005 年第 4 期。

实际上，KPO 属于 BPO 的一种，但是是比较高端的 BPO，不同于一般的业务流程，其技术和知识含量更胜一筹。就目前发展阶段来看，全球 KPO 市场主要集中于 R&D 外包这一块。

其次，就具体内容来看，根据中国商务部、Gartner 和 NASSCOM 等几家服务外包领域著名机构的观点，ITO 主要包括向客户提供 IT 基础设施或企业应用服务外包，有技术支持、系统操作、系统应用等，属于服务代工模式；BPO 则把一个或多个 IT 密集型业务流程委托给服务外包商，为发包企业提供内部管理、业务运作等流程设计服务，包括 IT 咨询、供应链管理、业务数据分析、业务处理与整合等，属于产品创新模式；KPO 是把建立在研究与分析、技术与决策技能等基础上的业务流程交给服务外包提供商，具体包括数据挖掘、行业咨询、知识产权研究，属于服务创新模式。另外，NASSCOM 提出，服务外包，即 ITeS，包含多个行业（银行、金融、保险、出版、研发、医疗、制造业等）和应用层次（数据采集、归纳、整理、分析、抽象、数据应用）的基于信息技术集成和流程全过程应用的行业解决方案，属于自主创新模式。

最后，按照第三方服务供应商区位不同，服务外包可分为在岸外包（境内）和离岸外包（境外）两种，国际服务外包一般指离岸服务外包，通常所说的服务外包也主要是指离岸或国际服务外包。还有一些文章提到"近岸外包"，这是离岸服务外包的一种，主要是指相邻或比较相近的国家之间发生的国际外包，如美国对墨西哥的服务外包就可称为近岸外包，美国对印度的服务外包就是离岸外包。就中国来说，来自日本、韩国、东南亚的服务外包可归为近岸外包，来自欧美的则无疑是离岸外包。

# 第四节 服务外包的作用

## 一、获得成本优势及专业化利益

对于发包企业来说，离岸服务外包能大大降低成本，一半以上的网络运营商选择离岸服务外包的初衷就是削减成本。采取离岸服务外包的企业可以在劳动力开支、招聘费用、国家保险费用和房租等方面节省大量成本。对于发达国家企业来说，如果不采取外包模式这将是一笔很大的支出。就劳动开支这一项来说，印度、中国员工的薪酬可能只有美国同等员工的 1/10 左右。总的来看，发展中国家的工资与员工福利比发达国家要少得多。同时，发展中国家人力资源、技术条件等要素水平不断提高，也能满足发达国家对相关外包业务质量的要求。跨国企业通过外包实现了成本缩减的目标，对其他企业来说既是一种压力，也是一种激励。通过外包获得成本优势是世界分工的一个重要趋势，顺应这一趋势的企业就能获得发展，如 DELL 公司。

接包公司作为第三方运营的专业化公司将分工专业化利益转移至发包商，直到发包商客户。相对来讲，接包的专业公司由于更容易获得规模效应及学习效应，比单个发包商更熟悉本领域业务知识，因此它们对相关工作的处理能力可能强于发包商。例如，虽然很多公司内部设置人力招聘岗位，但与专业的人力资源外包服务商相比，在掌握人才的数量、招聘过程的把握及人才的识别、考核等方面可能不如专业公司厉害。但这又存在一个问题，专业性公司由于未必真正了解该公司的人才需求，而不一定挑选到合适的人。因此，需要发包商与接包商进行协调，而这正是服务外包的一个挑战，我们将在后面进行分析。

## 二、服务外包有助于企业创新

创新对企业的重要程度不言而喻，管理大师彼得·德鲁克说过，企业的两项基本职能是创新和营销。无论是什么形式的创新，都是以知识生产与组合为基础，企业所掌握的知识在一定程度上决定着企业创新绩效的大小。而且当今企业创新很多时候需要外部知识的摄入，通过外部社会关系网络获得企业创新所需知识已成为一种重要创新路径模式。通过服务外包，企业可以增加与外部世界的联系，及时了解专业动态、市场机会等重要知识，从而有利于创新的开展。

做你最擅长的，其余的让别人去做。服务外包增强了组织灵活响应迅速变化的全球经济所必备的能力，同时使组织为应对激烈的市场竞争将主要精力集中于核心竞争力的提升。服务外包商在获取规模经济效应、增长经验知识及掌握最新技术等方面具有诸多优势，而这些市场能量是单个组织难以企及的。德鲁克曾预言："在 10~15 年之内，任何企业中仅作后台支持而不创造营业额的工作都应该外包出去，任何不提供向高级发展的机会和活动、业务也应该采用外包的形式。"服务外包扩大了组织的边界，促进了伙伴关系、战略联盟的出现，其本身就是组织形式的创新。同时，服务外包开拓了新的市场，创造了新的需求，提供了新的资源和服务，这些都是创新。所以说，服务外包是一种新思想、新方法、新手段、新的组织形式，其本身就是一种管理创新。作为一种新的管理思想，《哈佛商业评论》曾将服务外包看作过去 75 年来产生的最重要的管理思想之一。

## 三、服务外包的技术扩散效应

服务外包是社会分工专业化和精细化程度不断加深的结果，在服务外包业务交付过程中发包方与接包方通过一段时间的合作共同完成外包目标。随着企业间无形边界不断模糊，外包已不再单单是将业务直接交给外包方来做，而是双方之间进行紧密沟通与合作的过程（Kohli and Grover，2008）。[①] 承包方在接包的过程中通过满足发包方的要求，还借机与发包方互动合作、努力学习，从而有可能积累并提升本企业的创新能力（Alcacer and Oxley，2014）。[②] 服务外包活动主要由技术先进的跨国公司在全球进行资源配置与布局而推动，相应的技术有可能向国外转移，发展中国家的企业通过承接服务外包可实际接触到跨国公司生产组织经验，从而具有了可模仿与参照的现实对象，这对于发展中国家来说非常重要。

另外，当发展中国家将一些国内无法获得满足的高端服务，如研发、设计等向发达国家提供商发包时，这种服务外包对发展中国家的溢出效应可能更大。喻美辞（2008）总结了服务外包技术外溢的四个途径 [③]：①服务外包可增加中间品投入种类，从而可提升国内的技术水平和服务提供能力；②发包商有时为了更好地完成其外包任务，向东道国接包企业提供技术顾问与指导或员工培训等，从而为双方技术交流、落后方学习技术提供

---

① Kohli R. and Grover V., "Business Value of IT: An Essay on Expanding Research Directions to Keep Up with the Times", Journal of the Association for Information Systems, Vol. 9, No.1, 2008, pp.60–69.

② Alcacer J. and Oxley J., "Learning by Supplying", Strategic Management Journal, Vol.35, No.2, 2014, pp.204–233.

③ 喻美辞：《国际服务外包、技术外溢与承接国的技术进步》，《世界经济研究》2008 年第 4 期。

了机会；③发包商在外包时通常会制定一些服务标准或服务蓝图，这些显性知识可直观地被承接商获得；④在国际接、发包过程中有一些研发方面的创新成果可能会向技术落后方溢出。一些学者通过实证研究也肯定了服务外包具有显著技术溢出效应，如刘绍坚（2008）发现，中国企业通过承接国际服务外包获得了本土软件行业研发能力提升的技术外溢效应。[①]

# 第五节　服务外包的管理挑战

目前，各界对服务外包的诸多优点进行了大量探讨以及肯定，服务外包的快速发展是国际贸易领域的重要成就。但服务外包在为跨国公司等企业带来竞争优势的同时，它本身存在着不可忽视的潜在风险。也绝不能认为服务外包能"一包就灵""包治百病"，不是所有业务或职能都可以外包，也不能盲目跟随外包趋势，必须也要认识到服务外包可能产生的挑战与风险，谨慎将适合外部提供的业务进行外包。首先，质量的保证与协调在不同国家企业之间是比较困难的，对于操作复杂、难以控制的业务，发包商必须制定严格的业务程序以妥善监控产品开发及客户支持活动，但有时控制处于另一个国家的公司按质完成可能也不是易事。其次，由于语言、价值观及文化差异，包括知识产权在内的法律运作方面的不同导致国内外发、接包商之间沟通存在一定困难。例如，在签订合约方面，这些差异可能会影响沟通效率或产生误会，阻碍工作进度。最后，发达国家进行外包有时会裁减员工，容易遭到国内相关利益团体，如工会、反全球化人士及内部员工的反对。发达国家也会面临发展中国家知识产权保护不到位导致技术泄露、接包商业务不熟悉而导致无法保质按量地及时完成业务进而导致外包投资付诸东流等挑战。

对于服务外包的挑战，有专家指出，有时厂商可能有多种选择，在综合考虑之下不应把离岸外包作为唯一方案。在某些情况下，组织通过对某项程序或业务顺序的调整与改善，就达到管理绩效提高的目的，所获得的

---

[①] 刘绍坚：《承接国际软件外包的技术外溢效应研究》，《经济研究》2008 年第 5 期。

综合效益可能比外包还要好。从各个角度来看，外包尤其是离岸外包，是一个重要的包含众多考虑因素的复杂商业决定，发包企业必须做到事前充分了解与细心研究。对发包企业来说，既要对离岸外包带来的机遇进行把握，也要了解相关业务外包所带来的风险与挑战。马振华等（2015）指出，发包企业在服务外包实践中由于受到来自自身（即发包商）、服务供应商和交易活动中的各种因素的影响而面临诸多风险：①决策风险，如分不清核心与非核心业务从而造成核心业务流失的风险；过度依赖供应商而被锁定的风险。②契约风险，如由于信息不对称和外包后期的不确定性，在执行及未来业务确定方面存在委托—代理框架下的道德风险。③运作风险，如由于沟通不及时、监督不力和控制不完善导致外包目标无法完成，对于供应商可能会采取降低服务水平、泄露核心技术与信息来赚取利润的行为有时很难控制。①

　　离岸服务外包由于涉及与境外企业的合作，还可能面临着国家风险、政策风险等宏观风险。发包企业还可能会承担相当一部分搜寻费用，包括前期征信调查、厂商选择等。

---

① 马振华、黄玉杰、韩瑞香：《服务外包风险：控制机制与实证分析》，《国际经济合作》2015 年第 4 期。

# 第三章  世界服务外包发展
# 现状与趋势

　　服务外包是世界经济发展的一个大趋势，是国际产业活动中相当重要的一部分。人类社会在经历了农业、工业时代之后逐步向服务时代迈进，服务作为一种要素与产业在国民经济中的比重加大，国际产业转移也逐步转向以服务产业为重点。20世纪70~80年代，随着世界上发达国家经济率先进入服务时代，大型企业的业务流程从北美和英国转移到爱尔兰等中等发达国家；90年代后期，基于性价比的考虑又逐步大量迁移至印度、菲律宾等发展中国家。进入21世纪，ITO、BPO及一些新兴服务外包进一步向发展中国家转移。越来越多的跨国公司把一些类似语音服务、会计服务等后台服务岗位逐渐转向低成本国家供应。服务外包作为一种不可阻挡的潮流对国际产业分工、全球价值链的重新构建及各国经济都带来了重大机遇与挑战。

　　2008年金融危机之后，全球服务外包逐年保持平衡增长态势。据IDC数据，2014年全球服务外包市场规模达13698.4亿美元，较2013年增长5.4%。其中，全球离岸服务外包市场规模达到1829.8亿美元，同比增长8.6%，增速优于全球服务外包总体规模。虽然世界经济发展的干扰因素仍有很多，但在美国经济复苏势头良好、英国经济增长表现不俗、欧盟逐渐走出债务危机、日本推行刺激性经济政策等一些利好局面的带动下，服务外包仍将有很大的发展空间。2014年，全球服务出口增速达4.2%，高于同期货物贸易的增速，服务贸易已成为全球贸易增长的重要引擎。其中，计算机和信息服务、金融、通信、旅游等服务出口增长尤为突出。全球多边及双边和区域自贸协定谈判持续推进，全球贸易投资自由、开放的努力不断加大，以TPP等为标志的新一轮谈判对服务业制定了更加大幅度的开放标准，这些都为服务外包的发展奠定了坚实的基础。

　　印度无疑是全球最大离岸服务接包国。据NASSCOM，2015财年印度承接离岸服务外包业务980亿美元，占全球接包市场的56%。中国是全球离岸服务外包市场上的第二大接包国，2014 年承接离岸服务外包 559.2 亿美元，与印度的差距进一步缩小。爱尔兰正大力实施数字化战略，数字及软件科技产业发展迅速，2014 年爱尔兰计算机服务（以软件为主）出口521 亿美元，已成为名副其实的欧洲离岸服务外包中心。2014 年菲律宾服务外包收入达到 180 亿美元，其呼叫中心外包服务居全球领先地位。墨西哥服务外包市场迅速发展，在科尔尼全球服务地理指数排名中列第四，在拉美地区列第一，是美国最主要的近岸外包目的地。

中国在将服务业发展提高至国家战略高度后，推行了一系列发展服务经济的优惠政策，服务外包产业得到快速发展，并成为全球服务接包大国。中国的服务外包产业激励比爱尔兰、印度等国要晚，但自进入 21 世纪之后逐步认识到国际服务外包产业转移的大好机遇，并结合加入 WTO 服务业开放承诺、银行、保险、电信等服务领域的限制进一步缩减，知识产权保护立法与执行力度也在加大，服务贸易环境得到进一步改善。"十一五"规划中明确提出要在全国建设若干服务外包基地，有序承接国际服务产业转移。而后 2006 年商务部等部委实施了服务外包"千百十工程"，2009 年又推出服务外包示范基地，从税收、人才培养等方面进行了大力扶持，释放了中国服务外包产业的动能，与印度服务外包差距进一步缩小。有关服务外包产业的支持政策每年都有推出，2016 年国务院将中国服务外包示范城市从 21 个增加至 31 个。作为全球最大的发展中经济体，劳动力数量、人均 GDP 和劳动生产率、基础设施均高于印度，因此具备较强的承接国际服务外包的优势与实力。面对具有巨大潜力的全球服务外包市场，中国应充分挖掘和发挥自身优势，提高服务外包产业竞争力，争取在未来全球服务外包市场中占据更大的份额，并通过承接服务外包获得更多的产业发展、就业及经济增长等好处。

# 第一节　服务外包发展的国际经济技术背景

随着新一轮以服务业国际转移为主的全球化浪潮加剧，服务贸易与服务业国际直接投资发展迅速。以服务外包带动的价值链环节转移正如火如荼地改造着全球产业结构。世界经济服务化趋势日益明显，全球产业服务化转型机制加深。目前，全球范围内服务业已占全球 GDP 的 70% 左右，发达国家已全面进入服务产业主导社会，发展中国家服务业比重也逐渐提高。随着服务业在世界经济的地位不断提高，服务贸易也得到迅速增长，服务贸易总额占世界贸易总额的比重由 1980 年的 1/7 增长到 2015 年的 1/5。UNCTAD 数据显示，世界服务贸易额占世界贸易总额的 22%。2015 年世界贸易总额出现 5 年来最低的降幅，商品贸易出口同比下降 13%，服务贸易出口同比下降 6%。由于实体经济仍未完全走出 2008 年经济危机的影响，再加上近来欧洲遭受了难民危机、恐怖主义等社会问题的困扰，以及美国经济仍不明朗等因素，致使发达国家、转轨国家及低发展水平国家商品与服务贸易进出口均出现不同程度的下降。进入 21 世纪，服务业国际直接投资成为全球 FDI 的重点领域，从总流量来看，服务业 FDI 已占到全球 FDI 的 2/3，从存量来看也占到 1/3。跨国公司业务服务化的步伐及服务化转型也不断加快，一些服务型跨国公司的实力不断加强，另外，一些原先制造领先的跨国公司转向以提供服务为主导。在这一过程中，服务外包成为服务产业全球化的重要载体。① 总体来说，服务产业的全球化趋势加强是世界服务外包市场出现的国际宏观背景。

对于美国、日本、欧洲等发达经济体来说，制造、服务外包业务发展比较成熟，信息技术、金融保险、研发、人力资源管理、会计法律等专业性外包服务得到大量使用。从国际宏观背景看，在通信与网络技术不断发展、贸易制度不断开放等利好因素的推动下，世界经济重心开始转向服务业为主，服务业全球化趋势日益加强。特别是 IT、网络、通信等现代联通方式的科技革命大大降低了国际通信成本，从而极大地提高了跨国交流便捷程度，过去那种因物理、地理距离造成的信息交流不畅已不再是大难题，因此客观上信息技术等科技的发展进一步提高了全球资源配置效率，也起到了全球化加速器的作用。总部位于不同国家的母公司可以很便捷地利用全球质优价廉的合适要素，构造起新的适应时代的比较优势组合。进入全新竞争时代，现代产品的国际化生产与销售离不开通信技术的支持，而且网络技术在世界范围内的大面积普及进一步打破了时空界限，对推动国际化交流起到关键性作用，从而为国际服务外包提供了十分有利的外部

① 对外经贸大学课题组：《国际服务外包发展趋势与中国服务外包业竞争力》，《国际贸易》2007 年第 8 期。

技术环境。

从微观市场主体利益最大化角度来看，跨国公司是全球服务外包市场发展过程中重要的推动力量。只要存在一天，企业就一直要面对顾客对性价比无尽追求的压力。当服务"可贸易革命"产生后，市场竞争促使企业以更低价提供更多高质量服务或更多高性能的产品，从而迫使企业选择外包。各国企业无论是出于主动应和还是被动参与都卷入了这一巨大全球化生产方式浪潮。服务外包与制造外包经历了一个相似的国际化过程，在20世纪70~80年代见证了国际旅行与交流成本的大幅下降，从而导致制造业外包的大量涌现。资料显示，制造业外包最早发生于美国的纺织业。当时，随着机械化技术的不断提高，全球纺织生产能力迅速增加，而在一定出口率水平下需求是相对稳定的，导致全球纺织品价格低廉，来自发展中国家的低价纺织进口商品充斥美国市场，在美国本土继续生产已无利润可寻，因此迫使美国不得不将纺织生产能力转移到海外。同样的事情也发生在钢铁行业、电子产业等劳动密集型行业。随着国际分工继续发展，到20世纪90年代中后期，在各项经济技术条件逐渐成熟的前提下，这一外包趋势渐渐拓展到服务业。另外，随着经济全球化和区域经济一体化的趋势不断加强、《服务贸易总协定》的推行，相关国际贸易协定不断加深，国际服务贸易自由化不断得到加强，外包现象由传统的制造业逐步扩展到新兴服务业。在全球互联的网络时代，企业的地理位置不再像传统经济背景下那样重要，企业能很方便地把知识型工作通过数字化处理分发到世界任何地方，从而可以大幅降低人力成本。在美国，知识型雇员的雇佣成本为每小时12~18美元，而同样层次的人才在中国或印度等发展中国家只要每小时2~3美元。而且，除了成本降低效应之外，发达国家的许多企业意识到，将大部分不重要的后台工作进行外包可集中精力做强最擅长的，比如品牌运行、营销等。起初，发达国家少数大型跨国公司通过服务外包获得了很好效果，对其他国家的跨国公司或国内企业产生了强烈的刺激效应，全球服务外包顺势壮大起来。从经济学分析角度来看，服务外包主要归于比较优势和规模经济的发挥，是斯密等专业化分工理论在服务产业国际化发展中的必然结晶。①

---

① 对外经贸大学课题组：《国际服务外包发展趋势与中国服务外包业竞争力》，《国际贸易》2007年第8期。

# 第二节　世界服务经济发展趋势

## 一、世界经济服务化显著

按服务业创造的财富在 GDP 中比重超过 50% 为标准，英国是最早进入服务经济时代的国家，早在 1907 年，英国服务业的增加值占 GDP 的比重就达 58%。但若按服务业就业占比超过 50% 为标准，英国的服务经济时代还要往后推迟，1971 年英国的服务业劳动者就业比重为 59.2%。①从全世界范围来看（见表 3–1），服务业已超过工业、农业成为全球经济的主要推动者。世界银行数据显示，早在 1995 年全世界服务业增加值占 GDP 比重就达 61%，预示着全球服务经济时代的全面到来。在世界经济服务化进程中，发达国家仍是主要推动者，它们的服务业占 GDP 比重平均水平在 1998 年超过 70%，有些甚至达到 90% 以上。但应当提醒的是，发达国家国内服务业比重的增加与它们在全球范围内开展资源配置进而将许多生产制造环节进行国际转移有关，这些被转移至其他国家的工业制造部门仍属于发达国家所有，是其国民收入（GNP）的重要组成部分，切不可一厢情愿地认为发达国家工业效率表现不行，进而得到发达国家只有服务业、没有工业的"制造空心"的结论。在目前经济全球化时代，一个国家如果能在其他国家以更低的成本实现某些经济职能显然是市场经济竞争规律的体现，其最终结果是提高了全球的消费者剩余、增加了全球居民福利，这也正是其全球产业张力的重要表现。

全球服务经济时代的另一个标志是发展中国家服务产业的兴起。发展中国家服务业增加值的贡献率低于全球水平，与发达国家差距更是明显。但对于中低收入国家来说，2001 年服务部门创造的财富已超过 GDP 的 51%，而且增速高于同期发达国家，显示出发展中国家服务产业发展空

---

① 夏炎德：《欧美经济史》，生活·读书·新知三联书店 1991 年版。

表 3-1 世界服务业增加值占 GDP 比重（按收入组别）

单位：%

| 年份 | 2001 | 2002 | 2003 | 2004 | 2005 | 2001~2005 年服务业增加值比重增幅 | 2006 | 2007 | 2008 | 2009 | 2010 | 2001~2010 年服务业增加值比重增幅 |
|---|---|---|---|---|---|---|---|---|---|---|---|---|
| 世界 | 67.85 | 68.50 | 68.52 | 68.25 | 68.38 | 1.01 | 68.28 | 68.53 | 68.94 | 70.67 | 70.11 | 1.03 |
| 高收入组 | 71.42 | 72.17 | 72.25 | 72.03 | 72.12 | 1.01 | 71.94 | 72.03 | 72.44 | 74.17 | 73.49 | 1.03 |
| 高收入组：非 OECD | 59.83 | 59.58 | 58.76 | 57.40 | 56.34 | 0.94 | 56.66 | 57.61 | 57.43 | 60.57 | 58.23 | 0.97 |
| 高收入组：OECD | 72.21 | 73.03 | 73.17 | 73.04 | 73.21 | 1.01 | 73.00 | 73.00 | 73.45 | 75.08 | 74.55 | 1.03 |
| 中等收入组 | 51.52 | 51.80 | 51.58 | 51.05 | 51.36 | 1.00 | 51.60 | 52.12 | 52.07 | 53.77 | 53.72 | 1.04 |
| 中等偏上收入组 | 48.08 | 48.83 | 49.15 | 49.13 | 49.57 | 1.03 | 49.81 | 50.04 | 50.04 | 50.81 | 52.44 | 1.09 |
| 中低收入组 | 51.44 | 51.71 | 51.49 | 50.98 | 51.26 | 1.00 | 51.51 | 52.03 | 51.97 | 53.66 | 53.61 | 1.04 |
| 低收入组 | 45.28 | 45.41 | 45.32 | 46.31 | 44.70 | 0.99 | 45.58 | 46.34 | 45.73 | 46.60 | 46.04 | 1.02 |

资料来源：世界银行 WDI 数据库。

间、潜力巨大。尤其是进入 21 世纪以来，发展中国家服务业可能受惠于国际服务产业转移、服务贸易、服务外包及国内政策导向等多种因素的支持增长迅速，2001~2010 年，中等偏低收入组别的服务业增加值比重增幅最大，达 1.09%，超过世界平均水平（1.03%）。发达国家可能由于率先进入服务经济"拐点"，服务业增加值比重增速有所放缓，似乎说明发达国家经济已经进入服务经济"新常态"。一些发展中国家如印度、爱尔兰等通过承接服务外包成功实现产业升级，IT 产业成为其国民经济的重要支柱，拉动了经济增长。这表明世界经济服务化进程经济效能的突出释放，也证实了服务经济基础不断扩大，如果没有全球服务经济变迁产生很强的内源性动力，可能不足以对一个国家的产业结构及经济增长产生如此明显的促进作用。

## 二、世界服务贸易发展迅速

"二战"后，尤其是 1972 年经济合作与发展组织（OECD）正式提出"服务贸易"概念以来，国际服务贸易得到快速发展。其中一个重要表现就是服务贸易的增长速度开始超过货物贸易的增长速度。自 1986 年 10 月"乌拉圭回合"将服务贸易谈判纳入议程并取得一定成果以来，国际服务贸易的发展更是日新月异，服务贸易的增长率多数时期超过商品贸易与世界经济的增长率（见表 3-2）。其中，服务出口增长率的表现尤其突出，在各个时期均高于货物出口增长率，出口作为拉动世界经济的"三驾马车"之一，是各国尤其是发展中国家经济得以保持增长的重要驱动力，服务出口推动世界经济增长的拉动作用显著加强。服务进口增长表现稍逊于服务出口，服务进口增长率在一些时期还低于货物进口的增长率。从总体来看，服务贸易的增长优于货物贸易的增长。尤其是 2005~2010 年，服务出口、进口及服务贸易平均水平均达到 10% 以上的增长速度，而货物贸易增长速度仍保持在 6% 左右水平。

由于各国服务业及其生产条件存在差异，从而促成了国际服务贸易的发展。世界经济实力的分布是不平衡的，各国在资源要素、技术条件、产业结构等方面具有很大的差异性，因而服务贸易的国际区位发展也不平衡。发达工业化国家在服务贸易中占据主导地位，发展中国家由于技术、人力资本弱势而处于从属地位。WTO 公布的 2012 年全球服务贸易排行榜

### 表3-2 世界服务贸易与货物贸易增长率比较

单位：%

| 年份 | 1990~1995 | 1990~2000 | 1990~2010 | 1995~2000 | 1995~2005 | 2000~2005 | 2000~2010 | 2005~2010 |
|------|-----------|-----------|-----------|-----------|-----------|-----------|-----------|-----------|
| 货物出口 | 7.65 | 6.71 | 8.13 | 3.65 | 6.56 | 11.42 | 10.89 | 6.27 |
| 服务出口 | 10.11 | 6.95 | 8.47 | 5.64 | 8.62 | 14.03 | 11.01 | 10.93 |
| 货物进口 | 7.09 | 6.64 | 8.08 | 4.03 | 6.72 | 11.27 | 10.64 | 5.93 |
| 服务进口 | 9.12 | 6.32 | 7.94 | 6.94 | 7.96 | 11.09 | 9.72 | 10.90 |
| 货物贸易 | 7.37 | 6.68 | 8.11 | 3.84 | 6.64 | 11.35 | 10.77 | 6.10 |
| 服务贸易 | 9.62 | 6.64 | 8.21 | 6.29 | 8.29 | 12.56 | 10.36 | 10.91 |

资料来源：UNCTAD 数据库（2016 年 7 月采集），经计算整理。

显示（见表3-3），除印度、中国之外，位列世界服务贸易前十的国家全是发达经济体。在发达国家中，美国表现最突出，服务出口占世界服务出口的 14.1%，服务进口占世界服务进口的 10.2%，是唯一占比达到两位数的国家，且存在巨额服务贸易顺差。其他发达国家如英国、德国、法国、日本都是世界上排名前几位的服务贸易强国。发展中国家服务贸易规模与发达国家相比普遍较小，但随着印度、中国等发展中国家服务业经济实力的增强，服务贸易的世界格局也受到一定的冲击。在世界服务贸易排名变化中最显著的就是中国服务贸易地位的快速上升。2007 年中国服务贸易出口、进口分别排世界第 7 位和第 5 位，2012 年服务贸易出口与进口均上升了两个位次，分别上升至第 5 位和第 3 位。但就中国来看，服务贸易与货物贸易、总体贸易及经济增长之间存在一定的不相称性，货物贸易与总体贸易均长期保持强势顺差，与服务贸易的长期逆差形成鲜明对比，与中国第二大经济体的地位似乎不符。

### 表3-3 2012 年世界服务贸易出口和进口前十位国家

| 排名 | 出口国家（地区） | 金额（亿美元） | 比重（%） | 增长率（%） | 排名 | 进口国家（地区） | 金额（亿美元） | 比重（%） | 增长率（%） |
|------|------|------|------|------|------|------|------|------|------|
| 1 | 美国 | 6860 | 14.1 | 3 | 1 | 美国 | 4540 | 10.2 | 4 |
| 2 | 英国 | 3290 | 6.8 | 4 | 2 | 中国 | 3820 | 8.1 | 16 |
| 3 | 德国 | 2670 | 5.5 | 5 | 3 | 德国 | 3270 | 6.9 | 1 |
| 4 | 法国 | 2630 | 5.4 | 4 | 4 | 法国 | 2440 | 5.1 | 6 |

续表

| 排名 | 出口国家<br>(地区) | 金额<br>(亿美元) | 比重<br>(%) | 增长率<br>(%) | 排名 | 进口国家<br>(地区) | 金额<br>(亿美元) | 比重<br>(%) | 增长率<br>(%) |
|---|---|---|---|---|---|---|---|---|---|
| 5 | 中国 | 2222 | 4.6 | 8 | 5 | 日本 | 1900 | 4 | 12 |
| 6 | 日本 | 1580 | 3.3 | 19 | 6 | 英国 | 1890 | 4 | -1 |
| 7 | 荷兰 | 1560 | 3.2 | 11 | 7 | 荷兰 | 1650 | 3.5 | 8 |
| 8 | 印度 | 1540 | 3.2 | 4 | 8 | 爱尔兰 | 1420 | 3 | 16 |
| 9 | 西班牙 | 1350 | 2.8 | 5 | 9 | 新加坡 | 1300 | 2.7 | 0 |
| 10 | 爱尔兰 | 1330 | 2.7 | 9 | 10 | 印度 | 1240 | 2.6 | -1 |

资料来源：WTO 与联合国贸易发展会议秘书处，中国商务部。

# 三、制造与服务融合加深

随着现代信息技术的快速发展，制造业与服务业日趋融合，日益成为现代产业发展的主流趋势，也是推动全球产业升级的主要驱动力量。服务业与制造业之间呈现出融合互动、相互依存的共生态势，制造与服务需要相互支持才能实现更高级的发展。制造与服务的融合不断助推产业结构由产品经济向服务经济、由传统制造方式向服务化制造的生产体系转型。

制造业的服务化趋势体现在：一是制造业的投入产出呈服务化趋势。相关研究表明，服务中间投入占制造企业中间投入的成本达到 70%左右，对生产性服务的需求有近 70%来自第二产业。2010 年以来，发达国家生产性服务业占全部服务业的比重普遍在 60%~70%，生产性服务业占 GDP 比重约为 43%。[1]经济越发展，对生产性服务的有效需求越大。[2]二是制造企业价值创造的服务环节增强。在工业品价值及附加值创造中，加工及组装等传统制造环节占比越来越低，而研发、设计、物流等服务占比越来越高。许多跨国公司的主营业务、增值方式、管理模式、利润来源也均转向以服务提供为主。大约有 20%的跨国制造企业其服务收入超过总收入的

---

[1] 王晓红：《制造业与服务业融合发展的六大趋势》，《中国经济周刊》2014 年 7 月 1 日。

[2] 1966 年美国经济学家 H. Greenfield 最早提出生产者服务（Producer Services）的概念。生产者服务产品包括保险、银行、金融以及为其他公司生产提供的服务产品，如广告和市场研究、会计、法律服务、研究与开发等；而消费者服务产品则指直接向消费者提供消费的服务产品。

50%，从而成为名副其实的服务型企业。

与制造业不断服务化趋势同时发生的是，服务业制造化倾向也日益加强。一是生产性服务业的大量产生以制造业为主要市场，为制造业提供服务必须考虑到制造业的固有特点。研发、金融、物流等服务部门对制造业支持越来越强，从而在服务提供过程中增加了制造因素。二是服务企业产业链向制造业延伸。在价值链上处于主导地位的一些跨国服务型公司，凭借其技术、管理、销售等优势，通过贴牌生产、影响制造内容等方式嵌入制造生产体系。甚至一些服务型企业由于掌握行业的关键技术或核心业务，自行开发出一套高效率制造系统，如研发型企业拥有自己的发明专利、设计公司拥有很多设计创意、物流公司掌握销售网络，它们相对于单纯制造业在很多方面具有优势，从而为它们参与制造提供了诸多便利。

制造与服务的融合体现在制造业服务外包步伐的加速。SourcingLine（2012）一项针对美国涉及业务外包的企业的调查显示，制造业是从事外包的最大部门，占到53%，信息技术服务业占43%，研发部门占38%，而呼叫中心仅占到12%，低于预期。①

# 第三节　全球服务外包发展特点

来自联合国贸发会议（UNCTAD）的一份报告指出，服务外包已成为全球跨国直接投资的主要引擎。2009年，即使全球经济面临巨大挫折，该机构仍认为未来几年全球外包市场将保持每年30%~40%的增速，说明服务外包具有较好的抗干扰特性。而且在全球1000家最大的跨国公司中，仍有70%的公司没有将任何业务外包到低成本地区，因此全球服务外包的发展潜力巨大。

受世界金融危机的负面影响，2009年全球服务外包市场陷入低谷，但2011年随着欧美等国经济缓慢复苏，服务外包又逐步回升。IDC数据显示，2014年，全球服务外包市场规模为13698.4亿美元，同比增长5.4%，

---

① SourcingLine. Top Outsourcing Countries, http: //www. sourcingline.com/top-outsourcing countries, 2012.

增幅高于同期全球 GDP 2.6%和贸易 3.4%的增速。其中，全球离岸服务外包市场规模达 1829.8 亿美元，同比增长 8.6%，高于同期总体服务外包增速 3.2 个百分点。2011~2015 年，全球离岸服务外包市场复合增长率达 18%，高于同期总体服务外包 5.4%的增幅，说明离岸服务外包活跃程度增强。另外，全球离岸服务外包中 ITO、BPO、研发服务外包三大领域复合增长率分别达 16%、17.9%及 22.2%，说明离岸服务外包业务结构不断向高端迈进，跨国公司的服务外包战略不仅是简单的服务加工转移，更高附加值的知识型服务外包正在兴起。离岸服务外包的这些特点说明服务全球价值链趋势日益增强。

# 一、新技术推动服务外包多元化

大数据、云计算、物联网、第三方平台等新兴网络信息技术的发展，将加快服务外包的内容创新、交付方式创新与商业模式创新。[①]尤其是"大数据"时代的到来对服务外包行业带来很大冲击。IDC 曾预测，2014 年大数据爆炸式增长，开支超过 140 亿美元，增长 30%，增长的重点将转移到分工工具与应用。"大数据"时代背景下，全球互联网巨头们通过实际行动纷纷证实了大数据的重要意义，包括 EMC、惠普、IBM、微软在内的全球 IT 巨头均通过收购"大数据"相关企业实现技术融合。在行业互联网化的新 IT 时代，对大数据的需求成为关键，建设数据中心已成为众多行业信息技术工作最为关注的一环。在全球范围内，数据增长的速度已经远超 IT 设计发展的速度。用户要求服务提供商为自己快速捕捉有用的数据，进行有效的分析，从而实现数据化生产与管理，这已经成为企业应对行业互联网化的必经之路。

另外，基于大数据、云计算的平台经济促使接包企业提升服务层次，服务外包向价值链高端攀升，为发包方提供以数据存储、数据分析等为基础的平台解决方案和 KPO、BPO 业务。同时，基于云平台和云模式的云外包日渐成为行业发展的主流趋势，制造业与服务业的信息化与智能化将推动外包企业转型升级。平台技术还能促使外包由单一模式向众包模式发

---

① 王晓红、于倩：《全球经济治理视野的服务外包产业转型》，《改革》2016 年第 4 期。

展。在云计算等技术的推动下，欧洲服务外包市场上一些大型企业不再通过长期协议把大块重要业务发包给单一服务供应商，而是根据不同环境和业务类型将其分解，发包给一些规模相对较小，但在本细小行业领域更加专业的服务供应商。众包以平台为基础，发布各类外包信息，有效整合政府、企业、接包方、发包方等资源，发包企业将业务项目细化承包给自愿接包的企业或个人，在此平台市场上，可充分利用各类技术人才提高生产率，为发包企业提供更加灵活、专业、丰富的项目。①

## 二、服务外包业务高端化趋势明显

### 1. 服务外包业务类型最新发展趋势

随着全球经济服务化趋势的加强及经济结构的不断软化，国际分工日趋细化，导致服务外包产业链正加速向上下游两端高附加值环节，尤其是上游的研发设计及下游的售后服务环节延伸，服务外包业务类型逐渐由基础信息技术层面向较高层次的流程外包业务拓展。服务外包业已涵盖 IT、金融、通信、研发、企业管理、人力资源、咨询、文化创意等各个领域，尤其是高技术含量、高附加值环节所占比例逐渐提高。②

2014 年全球服务外包发展保持平稳增长态势，市场规模达到 13698.4 亿美元，较 2013 年增长 5.4%。其中，ITO、BPO、R&D 外包占比分别为 54.1%、27.2%、18.7%，ITO 依然是全球服务外包市场的主要构成，但与 2013 年相比，ITO 占比略有下降，R&D 外包占比上升，2014 年 R&D 外包市场同比增长 8.2%，成为全年服务外包增长最快的业务领域。同年，全球离岸服务外包市场规模达到 1829.8 亿美元，同比增长 8.6%，高于全球外包市场总体规模增速。其中，ITO、BPO 和 R&D 规模分别为 899 亿美元、397 亿美元和 533.8 亿美元，占比分别为 49.1%、21.7%和 29.2%，增长速度分别为 5.1%、4.5%、18.6%，离岸 R&D 增长显著，说明全球知识和技术流动性增强。可以看出，R&D 外包在离岸服务外包中的占比要高于其在总体外包中的占比，说明 R&D 活动的国际化率正在提高，将可能产生十分可观的知识、技术外溢效应。

---

① 王晓红、于倩：《全球经济治理视野的服务外包产业转型》，《改革》2016 年第 4 期。
② 王晓红：《全球服务外包发展现状及最新趋势》，《国际贸易》2011 年第 9 期。

**2. 服务外包行业基础支撑增强**

从目前服务外包结构来看，ITO 仍是服务外包的主要行业，主要是信息技术的应用，以信息技术为基础进行与此软件开发、测试等信息产业链相关的服务外包。作为全球服务外包发展过程中出现最早和市场份额最大的 ITO，在 2008~2009 年金融危机中仍实现逆势增长，表现出较强的抗危机性，坚定地支撑了全球服务外包市场的持续发展。在服务外包发展进程中，IT 和金融这两个产业的服务外包最先获得较快发展。随着数字经济的到来，作为知识时代最重要的两种生产要素——技术与信息，在世界经济发展中发挥着越来越重要的作用，不断成为各国实现产业升级、提高国际分工地位甚至综合国力的重要方式。不难发现，在国际市场上，信息和技术的取得与传递是国际商品贸易和服务贸易顺利进行的条件，在经济全球化中发挥着重要作用。在竞争日益加剧的今天，信息与技术成本通过第三方可实现较高性价比的获得，因此很多企业基于专业化角度考量，主动或被动地向外部专业化技术和服务提供商寻求商务合作，已成为新竞争环境下企业广泛采取的战略运营方略。

在经贸全球化进一步加深及新的信息技术不断发展的前提下，各国、各地区之间经济相互开放、相互依存、相互联系而形成全球经济一体化过程。作为经济的一个关键部门，金融业的地位获得大幅提升，由于其复杂的内部结构对数据的运营管理提出更高要求，通过服务外包可实现专业化分工带来的效益提升及规模经济效应，因而成为使用信息技术最为深入的一个行业。由于主营业务占据大部分精力，一个金融企业自身很难配备不同类型的人员完成所需数据整理、信息技术、售后处理等业务，从而需要利用服务外包来实现低成本运营。很多金融企业通过外部提供商建立银行数据中心、股票交易数据中心、保险和理赔处理中心、金融分析中心等，从而可能将更多资源聚焦于银行主营业务。众所周知，现代金融业已经日益发展成知识和信息技术密集型行业。由于全球金融业对数据外包的需求巨大，导致 IT 业与金融业交叉和融合速度加快，这一趋势进一步增强了服务外包的离岸趋势。

**3. 服务外包结构日趋高端**

在全球经济进一步互联互通以及国际服务产业纵深发展的背景下，随着资本、科技与产业的不断融合，服务产业聚焦的技术和知识含量不断提高。随着新兴信息技术的大量涌现及企业竞争需求的不断深化，传统的

ITO 和 BPO 已不能很好地满足发包商的高质量要求，从而必须向更高附加值方向过渡。在这一过程中，知识服务外包（KPO）市场获得发展，近来一直保持了较快增速，对 ITO 和 BPO 形成重要补充，更高知识水平的服务外包的出现进一步推动服务外包的技术水平和专业化水平的提升。实际上，随着市场竞争加剧及组织变革条件的完善，服务外包业务层次必须跟进提高。IDC 数据显示，目前 KPO 主要是研发服务外包为主。随着 KPO 在服务外包业务结构中的比重不断增加，服务外包的知识结构含量与层次进一步获得提升。

从表 3-4 中服务外包市场发展情况可以发现，服务外包发展经历了技术含量由低向高、价值链环节由低向高的不断演进进程。随着全球经济产业的融合进一步加深，现如今服务外包已不再局限于简单业务，而是向更高级别、更高技术水平的服务外包方向发展，开始向价值链更高端的位置，如法律服务、会计审计、税务服务、设计研发、创意产业及新兴信息技术基础设施等生产性服务领域演进。随着高端业务进一步的国际分工以及服务外包的高端化演进，市场空间得到扩大，服务附加值快速增长，东道国接包方的营业利润率获得提高。但必须指出的是，随着高端化服务外包需求的来临，服务外包市场的竞争日益加剧，也只有那些具有人才优势、较强项目管理经验的接包企业才能获得这些附加值空间比较大的外包，而对于处于低端的服务外包商来说，生存环境压力将有所增加。

### 表 3-4　2005~2010 年全球 BPO 市场发展情况

单位：亿美元

| 年份 | 2005 | 2006 | 2007 | 2008 | 2009 | 2010 | 2011* | 2012* | 2013* |
|---|---|---|---|---|---|---|---|---|---|
| 人力资源 | 127.16 | 146.8 | 170.11 | 198.36 | 231.64 | 263.51 | 206.70 | 222.83 | 242.22 |
| 采购 | 9.4 | 11.04 | 13.05 | 15.49 | 18.30 | 21.12 | 31.34 | 35.21 | 39.43 |
| 金融与会计 | 147.68 | 160.44 | 177.09 | 198.35 | 223.36 | 246.49 | 294.84 | 320.01 | 344.63 |
| 售后服务 | 252.17 | 283.26 | 317.35 | 355.94 | 391.95 | 426.24 | 663.30 | 708.35 | 768.39 |
| 物流 | 1799.42 | 2002.39 | 2230.07 | 2497.45 | 2808.38 | 3152.41 | — | — | — |
| 市场营销 | 1466.87 | 1569.97 | 1665.50 | 1762.70 | 1865.82 | 1972.58 | — | — | — |
| 培训 | 42.50 | 52.90 | 63.48 | 75.44 | 87.22 | 97.30 | 73.72 | 78.69 | 82.26 |
| 合计 | 3845.2 | 4226.8 | 4636.65 | 5103.73 | 5626.67 | 6179.65 | 1270.54 | 1365.09 | 1476.93 |

注：2011 年之后与前期的统计分类有所差别，"—"表示数值缺失。
资料来源：国际数据公司（IDC）。

## 三、世界服务外包国家格局趋于集中

目前，全球服务外包集中化趋势比较明显。北美是全球服务外包最主要的发包市场，美国、加拿大是世界主要服务外包发包国，其中美国在世界发包市场占据第一位置。欧洲也是全球服务外包的主要发包市场，发包需求仅次于北美，英国、德国、法国、奥地利、瑞士是该地区的主要发包国。亚太地区的服务外包业务需求也不断快速增长，日本是该地区最大的发包国。

由于经济服务化程度较高及管理、技术先进等原因，北美、欧洲和日本一直是全球主要的发包区域。据 IDC 数据，2010 年在全球外包发包市场中，美国占到约 2/3，欧盟和日本合在一起占近 1/3，其他发包国家所占比例较小。[①] 2013 年，来自北美、西欧和日本的发包总额占全球的 88%，其中日本排在第三位，占 8.7%。虽然这些发达经济体受到金融危机的影响，经济发展放缓，贸易萎缩，经济步入缓慢恢复阶段，但服务外包市场发展仍很坚挺。受到金融危机的影响，以印度为首的亚太地区承接国际服务外包业务量有所缩减。而以中国为代表的新兴国家（地区）通过主动对接，逐渐形成以软件与信息服务外包为主的特色领域。

但受文化及组织形态等影响，美国、欧盟和日本跨国公司所采取的服务外包模式是有区别的：①在美国，由于大型跨国公司广泛实行事业部体制，外包决策在事业部层面就可以做出，各事业部之间相对独立且各自拥有较大的权利，而且美国的外包涉及业务范围较广、技术含量较高，整体性外包的利润也较大，但要求也相对严格。②日本的外包模式受到其国内"金字塔"形企业关系的影响而采取的是逐级分包的模式，位于金字塔顶端的企业处于支配地位，以下逐级为一级接包商、二级接包商，以此类推。由于日本最终用户在发包时，比较注重总接包商具有很深的行业知识与业务咨询能力，并与本企业有良好的信任关系，以及足够的资金抗风险能力和在日本本土承担法律责任的能力，处于前端的接包商大多选择本地规模较大的企业，往往当细分到三、四级的时候才可能实行离岸外包。③欧盟

---

① IDC《全球服务外包报告（2011 年）》。

也实行事业部管理制，但与美国不同的是，各事业部之间相互联系紧密。由于担心技术外露和大规模工作岗位流失，欧盟跨国公司一般将各事业部业务所属的价值链环节中附加值低的业务进行重新组合后，形成一个新的服务于整个公司的外围业务事业部，再将新事业部中的绝大多数符合法律规定的业务进行离岸外包。欧盟国家法律与工会一度成为企业实行外包的最大制约，但欧盟跨国公司越发明显地觉察到企业正在全球竞争中因专业化不够而失去优势，德国等正在寻求工会方面的让步并重新制定法律，为离岸服务外包铺路。①

以中国、印度为代表的发展中国家是全球服务外包业务主要承接地，其中，中国和印度日益成为全球两个最大的外包基地，两国共同承担了全球 80% 以上的离岸服务外包。爱尔兰是欧洲最大的接包国。不过，越来越多的发展中国家都逐渐意识到国际服务外包的好处并出台政策培育自己独特的服务外包产业以争取国际市场份额，有的经济体通过成本、区位或技术人才优势在全球外包市场已取得一定成绩。除了传统服务外包强国爱尔兰、中国、印度之外，后起之秀如菲律宾以及俄罗斯等发展中国家的壮大加剧了全球服务接包市场的竞争。然而，从经济整体实力、发展速度等多方面来看，中国和印度是目前国际服务外包市场中当之无愧的承接大国。相对而言，印度的服务外包产业发展技术及国际化水平更高。印度软件与服务业协会（NASSCOM）数据显示，2015 年印度服务外包承接额预计达980 亿美元，同比增长 13%，占全球 55% 的份额。印度凭借出色的接包能力在国际发达市场承接大额服务外包订单，然后再外包给发展中国家，从而自己发展成发包商，其中，巴西就是通过印度发包获得发展的受益者。随着全球服务外包业格局进一步细化及接包方自身的不断努力，未来新兴经济体将成为发达国家制造业和服务业外包的重要选择对象。

## 四、亚太地区服务外包增速加快且竞争加剧

亚太地区拥有相对低廉的劳动力，且人力资源素质不断提高，再加上一些国家推行市场化改革开放，吸引外资业务成为它们促进经济发展的重

---

① 谭力文、田毕飞：《美日欧跨国公司离岸服务外包模式的比较研究及启示》，《中国软科学》2006 年第 5 期。

要方式。Helliwell（1996）针对亚洲国家的实证研究进一步证实开放是导致亚洲一些国家经济发展出现差异的关键原因。[①]2014 年，亚洲地区服务进口约为 1.68 万亿美元，同比增长 9.5%，大额外包合同金额同比增长 45%，高于美洲和 EMEA（欧洲、中东和非洲）地区的增长水平。高纬环球的研究显示，在全球业务流程外包前 10 名的国家中有 4 个来自亚太地区。另据著名咨询公司 A. T. Kearney 2015 年全球服务位置指数（GSLI），根据金融吸引力、人员技术与可得性及商业环境三个指标得到竞争力排名前十的国家中亚太地区占到 6 席，依次分别为印度（1）、中国（2）、马来西亚（3）、印度尼西亚（5）、泰国（6）、菲律宾（7）[②]，充分显示了亚太地区服务外包竞争力在全球的地位。

从接、发包方业务规模来看，亚太地区也是全球服务外包市场的重要一环。日本是主要发包国，拥有发达的服务外包市场，主要面向以中国为主的周边国家。2014 年，日本服务贸易总额为 3544 亿美元，占全球服务贸易总额的 3.4%；离岸服务外包规模为 145.5 亿美元，占到全球服务外包市场总额的 10% 左右，居全球第三。此外，新加坡、澳大利亚、新西兰、韩国等国的服务外包市场也在不断扩大，正逐渐发展成为重要的服务外包发包国。从接包业务规模来看，亚太地区更显优势。印度是全球最大的离岸接包国，其中 90% 的业务来自美国和欧洲，且主要承接了金融、高科技、电信等高端领域的外包业务。2015 年印度服务外包产业约为 980 亿美元，同比增长 12%。中国是全球第二大离岸接包国，2015 年，中国承接离岸服务外包达 646.4 亿美元，与印度在规模上的差距进一步缩小。越南、菲律宾、泰国等国家凭借各自优势，如低廉土地成本、政策推动、语言优势等逐渐成为全球服务外包优选地，2014 年菲律宾服务外包收入增长 16.8%，增速超过印度，成为其国民经济的支柱产业。

---

① Helliwell J. F., "Economic Growth and Social Capital in Asia", Mathematical Methods in the Social Sciences, No.1049, 1996, pp.76-95.
② 括号内数字为各国在 GSLI 排名中的对应名次。

# 第四节　世界代表性国家服务外包政策

产业迅速发展很多时候是政策推动的结果，很多发展中国家之所以快速成长为全球服务外包市场中的一支重要力量，大都得益于国内产业政策对服务外包的促进。尤其是在产业初期，在市场还不十分确定的情况下，政府和政策的支持与鼓励对产业的发展具有重大推动作用。一般来说，各国服务外包的政策实施主要从规划指导、减免税收、提供专项基金、建立园区及加强知识产权立法等方面展开。①

## 一、印度服务外包产业政策

印度是世界上较早预见并迎接服务外包产业到来的国家之一。通过政策引导及受惠于殖民地语言与法制环境遗产，以及 20 世纪 90 年代政府推行自由开放经济政策等，印度服务外包产业获得很大成功，通过多年积累一大批印度服务外包企业已具有国际品牌效应，服务外包产业的发展的重要成果是培养了大量国际服务外包产业人才。印度服务外包的成功与其政策环境及支持是分不开的。

1. 产业政策

早在 1986 年，印度政府就出台了《计算机软件出口、软件发展的软件培训政策》，明确提出了印度软件产业发展的战略目标，是最早将服务外包上升到战略地位的国家之一，并对从事软件与信息出口的印度企业给予诸多税收上的优惠政策。

印度政府也注意到自身薄弱的基础设施建设可能会成为一大阻碍，于是较早推行了"电信港"规划，通过巨额投资，印度建成了庞大的网络系统，完善了服务外包产业发展的技术基础，其中包括服务外包赖以发展壮大的高宽带通信设备、数字交换与传输设备、跨国通信网络以及卫星地面

---

① 中国服务外包中心：《国际代表城市服务外包政策梳理》，http://coi.mofcom.gov.cn/article/ckts/ckqita/201206/20120608191735.shtml，2012 年 6 月。

站等。通过这些先进网络基础设施，使国内软件企业和海外的研发机构可以实现稳定的数据通信连接，从而大大地促进了印度服务外包国际化经营便利程度。

服务外包涉及严格的知识产权保护问题。为扫除发达国家在法律方面的顾虑，1994 年印度议会以国际惯例和 WTO 的有关协议为原则彻底修订了之前的版权法，在 20 世纪末又相继通过了《版权法》《信息技术法》《半导体集成电路设计法》等法律，使印度成为发展中国家中知识产权保护最为严格的国家之一。不仅如此，2005 年印度开始推行新专利法，从而使印度的知识产权制度与国际标准全面对接，这一举措使印度的知识产权保护法系列逐渐与世界接轨，在发展中国家中处于领先地位，进一步增强了服务外包的制度优势。

成立于 1988 年的印度信息与服务业企业协会（NASSCOM）是印度信息技术和软件业最具影响力的非政府组织，并且具有较高的国际知名度，一些知名的全球服务外包企业均是该协会会员。据 NASSCOM 年度报告（2014~2015），目前企业会员数超过 1800 个，占行业产值的 95%。在印度软件业不断突破的各个历史阶段，该协会发挥了不可替代的引领者、推动者和组织者的作用。

2. 税收优惠

众多发展中国家均采取了税收优惠政策鼓励本国服务外包产业的发展。印度政府是最早实施企业所得税减免政策的国家，此举大大提高了印度服务外包企业的国际竞争力，为印度服务外包产业注入了活力。早在 1986 年，印度政府就推出前五年减免、后五年减半、再投资部分三年减免等优惠税收政策，以吸引国际服务外包巨头的进驻。而后在 20 世纪 90 年代，印度又更大胆地实施了"零赋税"政策，明确规定在 2010 年之前对软件产品免征流转税，对软件与信息服务出口企业免征所得税、出口关税。同时自 2000 年 3 月起，在全国范围内先后批准设立 140 个经济特区，入驻企业 10 年经营期满后仍可延续享受经济特区税收优惠政策。通过这一系列税收优惠措施，印度政府大大降低了企业经营成本，造就了印度服务外包产业的成本比较优势。

3. 园区建设

服务外包产业园通常构成一国服务外包产业发展的重点区域。印度政府积极推行科技园区及行业组织的建设，为服务外包产业获得快速发展提供了重要支持。印度政府于 1991 年提出并实施了"软件技术园区（STP）计划"，现发展到国家级软件技术园区的达十多个。2000 年，印度的软件园建设突破国门，建到了美国硅谷，通过这一举措，印度服务外包产业的出口获得了保障，方便了中小企业对美国发包商的出口，更为重要的是，通过这个国外产业园，可加强印度服务外包企业与美国金融、投资、贸易等机构的沟通与交流，可以赢得大量订单。此外，印度软件产业园还实施了税收减免政策，包括企业进口关税、所得税、劳务税等多个税种均获得减免。在外资政策方面，印度政府很早就规定可以设立外商独资企业，且可自由汇出合法所得收入。以此来看，印度政府对国内外服务外包企业采取了不干预的自由经济政策，从而为印度服务外包产业提供了良好环境。除了园区的优惠政策之外，科技园还为服务企业提供了很多便利。园区管理中心可以为企业提供快速审批、简化出口和低价出租与公共服务等一系列便捷服务。

20 世纪 90 年代初，在班加罗尔诞生了印度第一个计算机软件技术园，经过多年的发展，班加罗尔从一个贫困的小渔村发展成世界第五大信息科技中心，被称为"印度硅谷"。此外，印度国内规模不一的软件园有 20 多个，在这些园区中培育了诸如塔塔咨询服务公司等世界知名服务外包商。

## 二、爱尔兰服务外包产业政策

目前，爱尔兰被称为欧洲"软件之都""欧洲硅谷"等，但之前的爱尔兰曾被认为是"欧洲乡村"。爱尔兰通过承接欧美服务外包完全改变了"气质"，这一华丽转身引起了其他发展中国家的羡慕。爱尔兰计算机软件产业的异军突起始于 1994 年，通过 20 世纪 80 年代产业扶持及引导，爱尔兰计算机软件的国际竞争力显著提高，带动了爱尔兰经济长期高速增长。爱尔兰政策咨询委员会数据显示，1990~2006 年，受益于服务外包的崛起，爱尔兰就业增长 61%，GDP 增长翻两番，人均 GDP 达到 3.3 万欧元，居欧洲前三位。[①]这一系列突出经济成就都与其服务外包产业发展密不可分。

---

① 徐兴锋：《印度、爱尔兰软件产业扶持政策及其对我国的启示》，《国际贸易》2007 年第 5 期。

1. 产业政策

1981 年爱尔兰政府制定和实施了"国际服务业鼓励计划"；爱尔兰于 1991 年成立了国家软件发展指导委员会，制订科技发展计划，设立专项研究基金。

2. 税收政策

在欧盟同意并将其作为后起国家可以享受特殊政策的前提下，爱尔兰的企业所得税仅为 12.5%，同时享受"零增值税"照顾。在加工贸易中，进口货物作为原材料或中间品免征进口税，同时鼓励研发活动，对研发提供高达 20% 的税收信用金。此外，爱尔兰还与 44 个国家签署了税收协定，从而保证了税收优惠的独特性。在此背景下，爱尔兰长期以低税率吸引了大量外资，是欧洲具有一定技术基础的低税港。

爱尔兰通过税收鼓励企业增加投资，对厂房、设备及建筑物等均给予相当大的折旧补贴，且免赋税；通过免征专利开发产品的所得税鼓励企业在爱尔兰进行创新活动。公司所得的合法收入可自由汇出。在爱尔兰自由贸易区内的公司进口主要设备等均享受免征增值税的优惠政策。

3. 法制建设

与印度一样，为了更好地吸引国际服务外包进驻，爱尔兰加大了知识产权保护法的立法及执行政策。1997 年发布《信息自由法》，2003 年进行了修订。1988 年及 2003 年的《数据保护法》为处理个人数据时所必须依从的保护原则提供了法律框架。

《2000 年版权及相关权利法案》大幅度修订了爱尔兰版权及相关权利的立法，而且首次把道德权利、表演者权利、租赁及出租权利、数据库权利列入爱尔兰法律，使其版权法可与其他欧盟国比拟。爱尔兰立法还明确将计算机软件作为文学作品来保护其版权。《2001 年工业设计法案》大幅修订了爱尔兰有关工业设计保护的法律，使它们与欧洲设计法律接轨。2002 年通过《通信管理法》。

4. 园区建设

创建于 1959 年的爱尔兰香农开发区是世界上最早的经济开发区之一，紧随其后，世界上第一个免税工业区和第一个自由贸易区也相继在爱尔兰成立。香农开发区主要以吸引外资为目的，发展速度大大高于全国。通过发展外向型经济该区域由贫穷走向富有。相关资料显示，香农开发区的外国公司有 120 多家，包括英特尔、GE 等在内世界 500 强企业在区内均有投资，有些外国公司设立大规模研发中心、服务企业等，涉及先进现代服务行业如航空业、信息通信技术、计算机软件和电子产品、国际服务、工程配送、化学及制药等。通过外资的进入带动了本土公司的发展。总体来看，香农开发区通过政策优势吸引大量外国高科技研发投资，以及服务外包企业获得很大成功，使其成为当今世界最负盛名的服务外包基地之一，同时也是爱尔兰最大的 FDI 聚焦区。香农开发区的发展还得益于政府土地管理模式的创新，通过爱尔兰政府向开发区土地管理公司投入资金，然后由该公司以长期合约方式低价获得建设土地，再以低价向开发区入驻企业转租，保证了开发区土地价格保持长期稳定及低地价优势。

## 三、菲律宾服务外包产业政策

近几年，菲律宾服务外包产业发展迅速，一方面得益于其优越的英语语言环境，另一方面得益于政府的高度重视及政策的促进。经过几年发展，菲律宾的呼叫中心业务已成为其优势产业，并且其他 BPO 产业也发展迅速。

1. 产业政策

菲律宾服务外包取得飞速发展，菲政府的引导、鼓励和支持也发挥了较大的促进作用。菲律宾政府专门启动了"投资优先计划"，将服务外包业纳入优先发展产业，并推出一系列具体优惠措施。2004 年菲律宾政府推出"投资优先计划"，其中，对信息和通信技术领域提出了优先发展计划，包括：①信息与通信技术服务，包括软件应用与开发、固件与中间件、动画制作；②信息与通信技术应用服务，包括呼叫中心、工程设计、医疗电子记录；③信息与通信技术支持的活动，包括网络教学服务、公共信息检索设施（限于欠发达地区）。

2. 税收优惠

菲律宾同样通过税收优惠发展服务外包产业。设立经济开发区，如果外国公司在区内开展服务外包业务，前 6 年可享受免税政策，期满后可继续享受一些优惠待遇，如只交 5% 的营业税。公司还可免税进口特殊设备及材料，免交码头使用费，在当地购买的货物和服务免交 12% 的增值税。

3. 法制建设及知识产权保护

菲律宾政府也意识到知识产权在服务外包过程中的关键作用，为此，通过一系列法律法规对服务外包产业的知识产权与数据信息安全进行立法保护。菲律宾政府先后颁布了《知识产权法》和《数据安全和隐私法》，通过制定相关法律大大提升了离岸服务外包企业的国际接单成功率。

4. 人才培养

菲律宾政府还注意到服务外包人才的重要性。为增强菲律宾本土人才的竞争力，各级政府通过专款拨付成立了以服务外包产业为导向的"应用型人才培训基金"，菲律宾政府已多次向上述培训基金拨款，每次额度达1000万美元。同时，通过免费发放培训券的形式为达不到公司录用标准的求职者继续提供技能培训，同时还将经过国家培训后获得工作的人员所付出的个人所得税再次补充到培训基金池。针对菲律宾的优势服务外包项目，2007年菲律宾政府还特别为7万个呼叫中心职位及其他商务流程外包行业工人拨款800万美元。

# 第四章 中国服务外包发展现状与趋势

近 10 年来，中国服务外包产业经历了从小到大快速发展的起步阶段。从产业方向来看，中国服务外包产业以承接国际服务外包业务为主。美国、欧洲、日本等发达国家和地区是中国服务外包传统的主要国际市场。随着"一带一路"倡议的实施和中国传统产业尤其是制造业的转型升级，"一带一路"相关国家服务外包业务加速释放，在岸市场规模也快速增长。中国服务外包产业已初步形成发达国家、新兴国家和国内市场"三位一体"的产业新格局。据中国服务外包研究中心统计，目前全国已有 130 多个地级以上城市发展服务外包产业，正在形成服务外包全国"一盘棋"的生动发展局面，对国民经济和服务贸易增长的贡献度有望进一步提升，持续为中国产业转型与宏观经济的健康发展注入动力。

## 第一节 中国服务外包产业主要国家政策回顾

中国政府从印度实践中意识到服务外包对经济发展的巨大促进作用，21 世纪以来加大了对服务外包的政策支持力度，希望通过发展服务外包产业，尤其是承接国际服务外包来带动当地经济与就业的增长，促使产业结构服务化，并在一定程度上缓解大学生就业难的社会现实问题。在中央政策的大力引导下，多地政府积极推出一系列优惠政策来扶持服务外包产业发展壮大，并涌现出一批具有一定特色的服务外包产业聚集区。现对涉及服务外包的国家级政策做简单梳理，具体如表 4-1 所示。

表 4-1　主要服务外包产业国家政策

| 年份 | 文件 |
| --- | --- |
| 2006 | 《关于实施服务外包"千百十工程"的通知》 |
| 2009 | 《关于促进服务外包产业发展问题的复函》 |
| 2010 | 《国务院办公厅关于鼓励服务外包产业加快发展的复函》 |
| 2013 | 《关于进一步促进服务外包产业发展的复函》 |
| 2014 | 《关于促进服务外包产业加快发展的意见》 |
| 2016 | 《关于新增中国服务外包示范城市的通知》 |
| 2017 | 《国际服务外包产业发展"十三五"规划》 |

资料来源：根据商务部等官网整理。

2006 年 10 月，商务部颁布了《关于实施服务外包"千百十工程"的通知》，这是响应《国民经济与社会发展第十一个五年规划纲要》关于"加快转变对外贸易增长方式，建设若干服务业外包基地，有序承接国际服务业转移"的要求，目标是在"十一五"期间，在全国建设 10 个具有一定国际竞争力的服务外包基地城市，推动 100 家世界著名跨国公司将其服务外包业务转移到中国，培育 1000 家取得国际资质的大中型服务外包企业，实现 2010 年服务外包出口额在 2005 年基础上翻两番。

2009 年 1 月，国务院印发了《关于促进服务外包产业发展问题的复函》（国办函〔2009〕9 号），批复将北京、天津、上海、重庆、大连、深圳、广州、武汉、哈尔滨、成都、南京、西安、济南、杭州、合肥、南昌、长沙、大庆、苏州、无锡 20 个城市确定为中国服务外包示范城市，并在这 20 个试点城市实行优惠政策措施，包括税收试点、特殊工时工作制、资金支持、基础设施建设扶持、通关监管模式、融资、保险、证券等方面的金融支持政策，以及建立国际服务外包业务人才库和服务外包人才网络招聘长效机制等人才政策。而后又将厦门增列为第 21 个示范城市。

2010 年，《国务院办公厅关于鼓励服务外包产业加快发展的复函》（国办函〔2010〕69 号）文件发布，降低了服务外包优惠政策门槛，加大了政策覆盖的范围，简化了申报核准程序，为加快服务外包产业的发展奠定了良好的政策基础。其政策要点有：对技术先进型服务企业所得税优惠政策放宽认定条件，将服务业务收入占本企业总收入 70% 的比例降低到 50%；取消企业需获得国际资质认证的要求，简化申报核准程序。将营业税免税政策扩大到示范城市所有离岸服务外包业务；对于全部面向国外市场的服务外包企业经营呼叫中心业务（最终服务对象和委托客户均在境外），在示范城市实施不设外资股权比例限制的试点。

2013 年，国务院办公厅发布《关于进一步促进服务外包产业发展的复函》，该文件主要是对 2009 年、2010 年两个《复函》的精神延续，表明中央将继续维持对服务外包产业在资金、税收等方面的优惠政策。其中，进一步放宽技术先进型服务企业认定条件，将离岸外包业务收入占企业总收入的比例由 50% 调整为 35%，通过降低技术先进型企业标准扩大了政策优惠覆盖面。

2014 年 12 月，国家出台了《关于促进服务外包产业加快发展的意见》，以指导未来一段时间服务外包产业的发展。《意见》指出，到 2020 年，中国服务外包产业实现国际、国内两个市场的协调发展，规模显著扩大，结构显著优化，企业国际竞争力显著提高，成为中国参与全球产业分工、提升产业价值链的重要途径。文件提出，从明确产业发展导向、实施国际市场多元化战略、优化国内市场布局、培育壮大市场主体、加强人才队伍建设五个方面培育竞争优势，为此从强化政策措施及健全服务保障两个角度提出了具体推进建议。

2016 年，为进一步落实国务院《关于促进服务外包产业加快发展的意见》的文件，商务部会同发改委、教育部等部门下发了《关于新增中国服务外包示范城市的通知》，根据服务外包产业聚集区布局，统筹考虑东、中、西部城市，将中国服务外包示范城市数量由 21 个有序增加到 31 个，经国务院批准同意将沈阳市、长春市、南通市、镇江市、宁波市、福州市（含平潭综合实验区）、青岛市、郑州市、南宁市和乌鲁木齐市 10 个城市确定为中国服务外包示范城市，享受现有服务外包示范城市的中央财政专项资金、技术先进型服务企业税收优惠等支持政策。

# 第二节　中国经济服务化发展分析

## 一、中国产业结构服务化趋势

人类社会发展的客观规律证明，服务经济时代是人类社会发展的必经阶段，经历了农业经济时代和工业经济时代之后，必然要迈向服务经济时代。中国目前尚处于工业经济时代，距服务经济时代还有很长的路程要走，构建中国服务贸易强有力的产业支柱问题已成为紧迫的事情（杨圣明，2008）。[1] Shelp（1984）曾指出，农业、采掘业和制造业是经济发展的"砖块"，而服务业则是把它们黏合起来的"灰泥"。

国家统计局数据显示（见图 4-1），2012 年中国服务业占 GDP 比重首次超过工业，成为第一大经济部门，在一定程度上表明中国经济开始向服务化主导迈进。从大的方向来看，中国经济增长带来三次产业结构的变化，但三次产业维持着一种比较稳固的比例关系，似乎处于一种胶着状态，2005~2014 年 10 年间工业与农业占比的变化率分别为 4.2% 和 2.5%，工业与农业下降的比例正是服务业占比增加的比重。但对于中国这样一个大国，只有发展基于工业与农业基础上的服务业才是比较合理的策略，单纯的服务业比率的提高并不是唯一目标，而应通过经济的深层次发展促使工业与农业对服务业需求逐步提高进而催生服务业，如此才能增强生产性服务业对工业与制造效率的提升效应，并且可以实现生产性服务业与生活性服务业的协调发展。

服务业表现出较强的城市聚集属性与区域不平衡特征，这在全世界都是一个普遍规律。城市化就是人口加服务业的聚集，城市人口的大量涌入为服务业提供了巨大的需求基础，而服务业通过大量人口需求支撑可实现多样化、规模化等绩效。在距离北京不远的河北小县城，体积很小、10

---

① 杨圣明：《当代世界服务业发展新趋势》，《经济学动态》2008 年第 9 期。

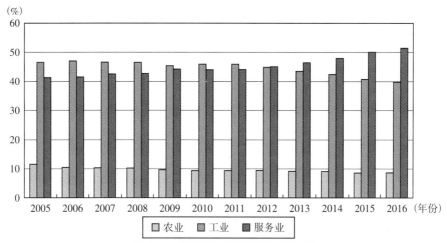

**图 4-1　中国三次产业结构比例关系**

资料来源：中国国家统计局。

座以下的公交车就可以满足当地居民需求，但在北京，加长版的公交车随处可见，造价昂贵的地铁里程逐年增加，出租车、私车运营等交通方式众多，北京的交通产业是这些小县城所望尘莫及的，这都得益于人口的聚集所产生的大量购买力。[①]无论从服务业产值还是就业占比标准来看，北京、上海、广州和深圳这四个城市的服务化程度均可达到发达国家平均水平。但中国二元经济结构、城乡差距、东中西部差距、政策不平等等整体不平衡导致各地区服务产业发展水平落差很大，这种差距的扩大容易产生局部"虹吸效应"，人才、资源、教育等优质资源往服务产业最高地集中，从而导致中小城市服务产业水平提高乏力及大城市出现"城市病"等问题。

随着中国经济的发展，产业结构并不满足"配第—克拉克"定理，服务业长期处于低水平状态。江小涓等（2004）认为，虽然中国服务业没有取得预期的高速增长，但中国经济仍保持全球最高增长速度，说明服务业发展滞后并没有成为整个国民经济的障碍。[②]这种说法固然有一定道理，因

---

① 据国家统计局数据，2014 年北京市总人口达 2152 万人，是 2000 年 1364 万人的 1.58 倍。2015 年，按人均每天 2 元计算，北京一天的交通业产值就达 4000 多万元，足见人口聚集对交通产业规模化运营的巨大好处。其他服务产业同样如此，只有人的聚集才是真正的经济发展动力。

② 江小涓、李辉：《服务业与中国经济：相关性和加快增长的潜力》，《经济研究》2004 年第 1 期。

为中国承接的制造业国际转移主要以简单劳动为主，国内自发制造也处于低水平阶段，两者都对高质量生产性服务不具较大需求。但同时也要看到，中国服务贸易长期处于逆差，经济发展带来的服务需求很大一部分需要通过进口来满足，而这些服务的国内供应严重短缺。事实上，中国经济的高速增长已经为服务业的大量生产提供了一定的市场空间，只是由于国内服务业要素、行政垄断等因素导致国产服务业过度压抑，从而导致服务要素供应不足，需要外部市场供应。而且体制障碍等制度原因导致人力资本的创造力不足、房地产过度投资进一步压制实体经济增长、国内居民需求高级化程度有限等，造成国内服务业高端化路径受阻，国内无法提供企业和居民所需的提高人文水平档次的服务产品等局面。

## 二、中国服务贸易迅速发展

"十二五"期间，中国服务贸易年均增速达到 14.5%，为世界平均增速的 2 倍，2015 年服务进出口额达到 7130 亿美元，同比增长 14.6%，居世界第二位。近年来，中国服务业全面快速发展，服务需求持续扩大，推动经济转型升级，改造提升传统产业，生产性服务进口需求明显增加。居民消费结构由物质型消费向服务型消费升级，旅游、文化、娱乐、健康等生活性服务需求快速上升。"十三五"时期，中国服务贸易将迎来全面发展的黄金期。在 2016 年第四届京交会全球服务贸易峰会上，时任中国商务部部长高虎城表示，到 2020 年，中国服务进出口额将超过 1 万亿美元，为世界各国服务企业带来巨大的商机。

从表 4-2 中可以看出，中国服务贸易长期以来保持较高速增长趋势，1982~2014 年，中国服务贸易进出口总额增长了 136 倍多，年均增长率为 16.6%。2010 年以后仍保持两位数增速，尤其是服务进口增速仍持续高位，比服务出口的增速还要高。中国服务贸易进、出口及总额占世界服务贸易比重均在提高，2014 年总额占比为 6.3%，服务出口为 4.6%，服务进口占到 8.1%。可以看出，无论从增速还是占比来看，服务进口均大于服务出口。目前，中国的比较优势还不足以支持其成为服务出口大国，国内经济的发展对生产性服务的巨大需求缺口通过服务进口得到满足。正因如此，1995 年以后，中国服务贸易历年持续逆差，2013 年逆差额突破 1000 亿美元，达 1185 亿美元，2014 年逆差额再创新高，达 1599 亿美元，2014

年逆差额同比增加35%左右。逆差持续扩大的原因仍在于中国经济发展所需的服务中间品无法通过国内得到满足，需要借助外国的知识与技术服务来弥补国内供求失衡局面。不难发现，在服务贸易进口中，专利与特许费、咨询及其他商业服务等是除运输、旅游服务之外的其他服务贸易中比重较高的服务分项。

表4-2 中国服务贸易进出口情况

| 年份 | 中国服务贸易进出口额 | | | 中国服务贸易出口额 | | | 中国服务贸易进口额 | | |
|---|---|---|---|---|---|---|---|---|---|
| | 金额<br>(亿美元) | 同比<br>增长<br>(%) | 占世界<br>比重<br>(%) | 金额<br>(亿美元) | 同比<br>增长<br>(%) | 占世界<br>比重<br>(%) | 金额<br>(亿美元) | 同比<br>增长<br>(%) | 占世界<br>比重<br>(%) |
| 1982 | 44 | — | 0.6 | 25 | — | 0.7 | 19 | — | 0.5 |
| 1983 | 43 | -2.3 | 0.6 | 25 | 0 | 0.7 | 18 | -5.3 | 0.5 |
| 1984 | 54 | 25.6 | 0.7 | 28 | 12 | 0.8 | 26 | 44.4 | 0.7 |
| 1985 | 52 | -3.7 | 0.7 | 29 | 3.6 | 0.8 | 23 | -11.5 | 0.6 |
| 1986 | 56 | 7.7 | 0.6 | 36 | 24.1 | 0.8 | 20 | -13 | 0.4 |
| 1987 | 65 | 16.1 | 0.6 | 42 | 16.7 | 0.8 | 23 | 15 | 0.4 |
| 1988 | 80 | 23.1 | 0.7 | 47 | 11.9 | 0.8 | 33 | 43.5 | 0.5 |
| 1989 | 81 | 1.3 | 0.6 | 45 | -4.3 | 0.7 | 36 | 9.1 | 0.5 |
| 1990 | 98 | 21 | 0.6 | 57 | 26.7 | 0.7 | 41 | 13.9 | 0.5 |
| 1991 | 108 | 10.2 | 0.6 | 69 | 21.1 | 0.8 | 39 | -4.9 | 0.5 |
| 1992 | 183 | 69.4 | 1 | 91 | 31.9 | 1 | 92 | 135.9 | 1 |
| 1993 | 226 | 23.5 | 1.2 | 110 | 20.9 | 1.2 | 116 | 26.1 | 1.2 |
| 1994 | 322 | 42.5 | 1.6 | 164 | 49.1 | 1.6 | 158 | 36.2 | 1.5 |
| 1995 | 430 | 33.5 | 1.8 | 184 | 12.2 | 1.6 | 246 | 55.7 | 2.1 |
| 1996 | 430 | 0 | 1.7 | 206 | 12 | 1.6 | 224 | -8.9 | 1.8 |
| 1997 | 522 | 21.4 | 2 | 245 | 19 | 1.9 | 277 | 23.8 | 2.2 |
| 1998 | 504 | -3.4 | 1.9 | 239 | -2.5 | 1.8 | 265 | -4.5 | 2 |
| 1999 | 572 | 13.5 | 2.1 | 262 | 9.6 | 1.9 | 310 | 17 | 2.3 |
| 2000 | 660 | 15.4 | 2.2 | 301 | 15.2 | 2 | 359 | 15.8 | 2.5 |
| 2001 | 719 | 9 | 2.4 | 329 | 9.1 | 2.2 | 390 | 8.8 | 2.6 |
| 2002 | 855 | 18.9 | 2.7 | 394 | 19.7 | 2.5 | 461 | 18.1 | 3 |

续表

| 年份 | 中国服务贸易进出口额 | | | 中国服务贸易出口额 | | | 中国服务贸易进口额 | | |
|---|---|---|---|---|---|---|---|---|---|
| | 金额<br>(亿美元) | 同比<br>增长<br>(%) | 占世界<br>比重<br>(%) | 金额<br>(亿美元) | 同比<br>增长<br>(%) | 占世界<br>比重<br>(%) | 金额<br>(亿美元) | 同比<br>增长<br>(%) | 占世界<br>比重<br>(%) |
| 2003 | 1013 | 18.5 | 2.8 | 464 | 17.8 | 2.5 | 549 | 19 | 3.1 |
| 2004 | 1337 | 32 | 3.1 | 621 | 33.8 | 2.8 | 716 | 30.5 | 3.4 |
| 2005 | 1571 | 17.5 | 3.2 | 739 | 19.1 | 3 | 832 | 16.2 | 3.5 |
| 2006 | 1917 | 22 | 3.5 | 914 | 23.7 | 3.2 | 1003 | 20.6 | 3.8 |
| 2007 | 2509 | 30.9 | 3.9 | 1217 | 33.1 | 3.6 | 1293 | 28.8 | 4.1 |
| 2008 | 3045 | 21.4 | 4.1 | 1464 | 20.4 | 3.9 | 1580 | 22.2 | 4.5 |
| 2009 | 2867 | −5.8 | 4.5 | 1286 | −12.2 | 3.9 | 1581 | 0.1 | 5.1 |
| 2010 | 3624 | 26.4 | 5.1 | 1702 | 32.4 | 4.6 | 1922 | 21.5 | 5.5 |
| 2011 | 4191 | 15.6 | 5.2 | 1821 | 7 | 4.4 | 2370 | 23.3 | 6.1 |
| 2012 | 4706 | 12.3 | 5.6 | 1904 | 4.6 | 4.4 | 2801 | 18.2 | 6.8 |
| 2013 | 5396 | 14.7 | 6 | 2106 | 10.6 | 4.6 | 3291 | 17.5 | 7.6 |
| 2014 | 6043 | 12.6 | 6.3 | 2222 | 7.6 | 4.6 | 3821 | 15.8 | 8.1 |

注：遵循 WTO 有关服务贸易的定义，中国服务进出口数据不含政府服务。

资料来源：WTO 国际贸易统计数据库（International Trade Statistics Database）；中国商务部、国家外汇管理局。

客观来讲，服务贸易对 GDP 在量上的贡献是十分有限的。从全世界范围来看，2014 年世界服务贸易进出口总额占世界 GDP 的比重为 13% 左右。同年，美国服务贸易进出口总额占 GDP 的比重仅为 6.7%。但对于以金融和贸易等第三产业为主的一些小型国家和地区来说，服务贸易的占比很高，如 2014 年新加坡服务贸易进出口总额占 GDP 的比重为 92% 左右，同年中国香港为 62%，以服务外包产业著称的爱尔兰 2013 年的这一比重为 94% 左右。从中可以看出，一定程度上服务贸易的比重反映了一国经济增长所依赖的产业结构。目前，中国仍将处于一个较长的工业化时期，虽然是工业化后期但还未完成，因此制造工业仍是促进中国经济增长的主要动力。但即使工业化完成以后，由于国内对有形物质产品的巨大需求，制造工业仍然是推动经济增长的重要产业。但服务贸易的对象是服务，而服务作为一种中间投入对生产制造及其他产业部门具有非常关键的"黏合剂"作用[①]，这是服务的独特之处。Shelp（1984）早就指出，农业、采掘业和制造业是经济发展的"砖块"，而服务业则是把它们黏合起来的"灰泥"。因此服务贸易虽然在量上仍十分有限，但它交易的是具有不可替代性的中间品要素，因此服务贸易仍具有很重要的独特经济功能。

## 三、中国制造业服务化趋势加强

随着"工业4.0"时代的到来，制造业服务化的趋势日益明显。当今制造活动中，服务已成为一个至关重要的竞争手段，并且提供了巨大的竞争潜力，传统制造业公司都加入到服务创新行列中来，服务已成为制约或促进制造业发展的重要因素。[②]许多知名跨国公司纷纷向服务化方向转型，公司的制造业务以变卖或重组等形式进行剥离调整，甚至完全变成服务公司。跨国公司服务化趋势相当明显，直接表现为：一是服务型跨国公司的实力不断增强；二是制造型跨国公司向服务型转变。

从理论上来看，制造业是服务业发展的前提与基础。服务业是制造业生产率获得提高的重要前提条件，没有发达的生产性服务业就不可能形成竞争力很强的制造部门。服务业的发展很大程度上源于经济运行环境的日益复杂所带来的制造业较高层次的需求。越来越多的制造业以服务增强来获得竞争优势、提高产品竞争力、获取新的利润来源。服务增强已成为制造企业提升竞争力与盈利水平的有效途径。

制造与服务的融合始于20世纪90年代中后期，服务在制造企业中的比重不断提升，服务型制造成为一种不可逆转的潮流。制造业越往高级发展，越离不开先进生产性服务中间品的供应。服务型制造在概念的演化上经历了服务增强型制造（Service-enhanced）、服务嵌入型制造（Service-embedded）和服务导向型制造（Service-oriented），都认同制造服务化给企业带来竞争优势。此外，学者们还提出了诸如新型制造等概念。中国学者孙林岩教授在《21世纪的先进制造模式——服务型制造》一文中提出，服

① Shelp R., The Role of Service Technology Developments in Service Industries and Economic Development——Case Studies in Technology Transfer, New York: Praeger Publishers, 1984, pp.1–17.
② 郑吉昌、夏晴：《现代服务业与制造业竞争力关系研究——以浙江先进制造业基地建设为例》，《财贸经济》2004年第9期。

务型制造是知识资本、人力资本和产业资本的聚合物，是三者的黏合剂。知识资本、人力资本和产业资本的高度聚合，使服务型制造摆脱了传统制造的低技术含量、低附加值的形象。[1]当然，一些服务产品的供应也要得到先进制造业的支持，有时服务业对顾客价值的创造与实现必不可少地需要依赖一些硬件设备的支持，而制造水平则间接影响着厂商提供服务的便利性及满意度。

制造服务化趋势也体现在服务外包产业结构上。据《中国服务外包报告（2015）》，2014年无论是离岸市场还是在岸市场，来自制造业客户的BPO合同数量及合同金额均位列第一；在离岸市场中，超过信息与软件业成为最大的BPO业务，金额占到30.1%，超过第二位的信息与软件业（18.4%）约12个百分点。这说明随着服务经济时代的到来，制造业企业也越发意识到传统"大而全"的局限性，从而通过分享和外包的模式实现技术提升，导致研究环节的外包不断增加，主要集中在R&D环节。2013年，R&D服务外包主要来自制造业和能源两个垂直领域。

中国服务外包应充分挖掘现有制造业优势。目前，中国成为名副其实的"全球制造中心""世界工厂"，拥有较强的生产技术基础、技术开发力量、产业综合配套能力、庞大的产业工人队伍、较完善的基础设施。事实上，只有制造业发达到一定程度才有可能产生大量的服务外包需求。中国制造业基础雄厚、门类齐全，在大力吸引国际服务外包的同时，完全可以利用自身的制造业优势充分发展中国本土制造企业的服务外包，即内需型服务外包。在岸外包与离岸外包的双重叠加是其他发展中国家所无法比拟的。

---

① 孙林岩、李刚、江志斌等：《21世纪的先进制造模式——服务型制造》，《中国机械工程》2007年第19期。

# 第三节　中国服务外包发展现状

## 一、中国服务外包发展进程

1. 中国服务外包缓慢起步阶段（1978~1990 年）

改革开放后的一系列举措，包括科技计划的实施（如"863"高科技计划），以及由国家出钱向欧美、日本派遣留学生，加上中国与欧洲、美国、日本等国关系的改善为服务外包的发展提供了历史机遇。中国对日本的服务外包很大程度上得益于中日人才交流的开展，1989 年日本修改《出入境管理及难民认定法》，适时调整政策，逐渐让具有技术、技能和知识的外国劳动者进入日本。中国科学院等科研院所及各地政府科委相继向日本派遣研修生，赴日本工作研修，积累了对日业务的经验，部分人员回国后，也将一些业务带回国内，帮助客户做测试、研发、汉化等工作，为日本企业提供技术服务支撑，这些都是中国当今对日服务外包模式的雏形。目前，中国重点对日开展的服务外包企业的创业者大都经历过这个发展阶段。日本长期以来占据中国服务外包来源地重要地位也与这一段国际人才交流历史密不可分。

1978 年恢复高考之后，中国不仅与日本展开了国际人才交流服务，而且向欧美国家也派遣了不少留学生去学习先进知识与技术。这些人才交流项目为服务外包产业积累了一批具有国际视野的专业经济人才，在中国的现代化进程中起到了不可或缺的作用。有些留学人员利用国外学到的先进科技知识回国创业并取得成功。这些留学人员日后在服务外包产业中也成为重要推动力量。

2. 中国服务外包产业逐渐加快发展（1990~2000 年）

这一阶段是中国经济市场化突飞猛进的重要历史时期，这主要得益于中国开辟出一条具有中国特色的市场经济道路。中国的市场化其实就是政府将自身控制的经济权还给人民，承认并鼓励私有经济的发展。1992 年，党的十四大报告明确提出建立社会主义市场经济体制的改革目标，以利于进一步解放和发展生产力。应该说，90 年代的市场化改革对后来中国经济跻身世界第二具有重大贡献。但当今出现的一些社会问题也与那时改革不到位或某些领域过度市场化有关。

得益于市场化改革及民营企业政治地位的确认，在世界互联网革命的带动下，中国科技型民营企业开始萌芽并壮大。1994 年以后，作为科技型民营企业的重要组成部分，中国服务外包企业破茧而出，发展速度逐步加快，成为中国推动经济增长的重要力量。该阶段是中国服务外包产业从萌芽到发展的 10 年。文思创新、软通动力、博彦科技、海辉软件、中讯软件等一批富有活力的高成长性企业相继成立，公司当时规模普遍为一两百人，逐渐成为跨国公司的合作伙伴。1988 年，IBM 公司开始向中国转移系统软件的汉化工作。此后，微软、惠普等欧美企业也相继通过类似技术转移为中国服务外包企业提供了市场机会。当时受到技术能力、人员素质等方面的制约，服务外包企业承接的业务主要以软件的汉化、本土化、代码编程和单体测试等为主。

典型企业就是博彦科技，公司于 1995 年成立，开始与微软合作，承接的第一个项目是 Windows 95 操作系数的本地化与测试。与 IT 巨头合作所带来的声誉使博彦的核心客户扩大到 HP、IBM、SAP 等全球著名公司。经过多年发展，博彦科技实现了服务单一行业到多个行业甚至全球企业、从单纯服务供应到 360 度合作伙伴、从 ITO 到 BPO 的转变。2006 年，博彦科技通过 CMMI3 国际认证，成为国内首批通过此认证的 IT 服务提供商之一。2007 年，公司收购印度 ESS 公司，开始 ERP 业务。2010 年，公司收购美国 ExtendLogic 公司，包括智能手机系统及前端应用、移动嵌入式软件及后端应用平台系统的开发及测试的咨询业务，进一步完善了业务框架及全球布局，提升了研发能力和国际形象。经过努力，博彦科技一步步成长为中国服务外包企业的领军企业。

3. 中国服务外包产业迅速发展阶段（2000 年至今）

进入 21 世纪以来，中国改革的任务是进一步深化改革开放、转变经济增长方式，解决和化解在市场化过程中产生的各种负面问题。同时，中国服务外包进入快速成长期，2000~2005 年，中国服务外包领军和成长型企业中，有 48.2% 的服务外包企业在此期间成立。

进入 21 世纪后，中国政府更加重视服务外包产业的发展，印度 IT 服务的成功让中国政府开始看好这一行业的发展前景，自 2006 年以来持续制定并发布一系列产业促进政策，在财税、金融、人才培养等多个方面对服务外包产业发展进行了有力的支持。服务外包产业也不负重望，在推进中国产业结构升级、加快经济结构转型、促进大学生就业等方面均发挥了重要作用。2006 年，中国商务部等联合其他三个部委启动了服务外包"千百十"工程，成为中国服务外包发展的里程碑。2007 年，党的十七大报告中系统完整地提出了经济社会发展的根本指导思想——科学发展观，提出不断深化国有企业公司制股份制改革，健全现代企业制度，继续推进非公有制经济的发展，进一步拓展对外开放。2013 年，中国政府提出"宏观调控要立足当前、着眼长远。要着力调结构、促改革，推动经济转型升级"，"稳增长、促改革、调结构"成为当时中国宏观经济调控的三个关键词。

软通动力正是在此阶段成立并发展壮大的服务外包领军企业。2001 年，软通动力信息技术（集团）有限公司正式成立，总部位于北京，业务范围涵盖咨询及解决方案、应用维护、软件产品工程、网络/基础设施服务及业务流程外包服务等，是金融、电信/高科技、能源/交通/公用事业等行业的 IT 综合服务提供商。2003 年，中国政府启动了"中国软件欧美出口工程"，这是政府第一次介入这个行业。软通动力是当时首批 29 家试点企业之一。2005 年，软通动力成功融资 1400 万美元，与联合创新泛网络技术有限公司合并，在规模上迅速进入行业前 20 名，随后几年以超过100% 的速度不断增长。2008 年，公司在美国通过收购方式实现扩张。2009 年组建欧洲团队。2010 年在纽交所上市。在短短 10 年内，软通动力从无到有，从零到上亿美元的海外业务收入，员工人数在过去 5 年翻了20 倍，在中国、美国、英国、德国、日本及韩国等 20 多个国家拥有实施和销售中心，拥有逾 80 家全球 500 强客户及 200 多个长期客户，全球化已初具规模。

总体来说，中国服务外包经过 20 世纪 80 年代的萌芽、90 年代的发展以及 21 世纪的快速发展之后，服务外包竞争优势得到大大提高。中国的服务外包产业是跨国公司国际化、全球经济一体化的重要结果。第一阶段，跨国母公司先是在中国成立子公司或办事处，招募一些本地人才为母公司提供服务支持活动。由此，中国的一些科技精英们嗅到市场先机，在国内成立技术服务型公司，开始承接跨国公司在华子公司的业务。随着中外业务直接接洽变得频繁，跨国在华子公司的作用日益式微，中国本土服务外包企业开始直接承接来自跨国母公司的服务活动并赢得好评。第二阶段，在外资企业服务外包活动的带动下，国内一些大型公司受到鼓舞也尝试将服务外包交给中国本土服务外包企业。通过承接国际服务外包积累起来的行业声誉也使中国本土服务外包企业获得中国大企业的认可。通过"滚雪球效应"，国内外参与服务外包的发包、接包企业越来越多，形成了非常可观的局面（见图4-2）。

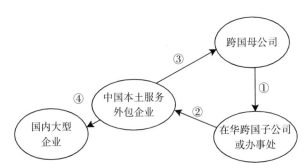

**图4-2　中国服务外包企业接包演变路径进程**

## 二、中国服务外包总体规模

2014年12月，国务院发布了《关于促进服务外包产业加快发展的意见》，提出到2020年，服务外包产业国际国内市场协调发展，规模显著扩大，结构显著优化，企业国际竞争力显著提高，成为中国参与全球产业分工、提升产业价值链的重要途径。这一目标一方面响应了全球服务外包市场规模继续扩大、需求升级及竞争日趋激烈的客观现实，另一方面也响应了中国服务外包产业经历二三十年，尤其是近十多年来的迅速发展而取得的较好成绩。2016年中国离岸服务外包金额达704.1亿美元，同比增长9%（见图4-3）。2007~2016年中国离岸服务外包发展相当迅速，此期间年均增长47.8%，增幅达近33.6倍，而同期印度年均增速为11.4%，增幅为2.6倍。这种对比差距与中国服务外包产业成长基础较薄弱、印度服务外包早早进入成熟阶段有关。随着中国服务外包的发展，中国、印度离岸服务外包规模差距进一步缩小，2007年印度离岸服务外包是中国的近20倍，到2016年这一比例下降为1.5倍。但在短期内中国服务外包产业超越印度仍有一定难度，主要是印度服务外包产业赖以成长与壮大的语言基

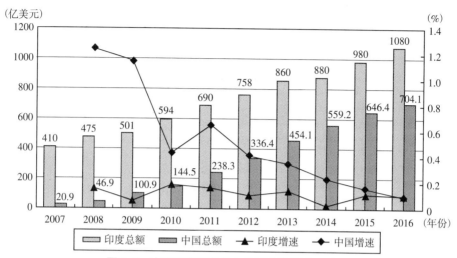

图4-3　中印离岸服务外包总额及增长情况对比

础、人才培养、企业知识管理、国际影响力等需要在较长的时间内才有可能有较好的改善。

　　经过近几年的大力培育，中国服务外包产业保持良好的发展趋势，主要体现如下：一是外包规模持续扩大。2008年中国服务外包产业承接执行额仅为46.9亿美元，到2014年增长到559.2亿美元。在全球服务外包市场中的份额也由7.7%迅速攀升到近30%，一举成为仅次于印度的全球第二大接包国。二是产业实力得到大幅提升。中国服务外包产业的企业基础得到壮大，由此提升了整体产业实力。据相关数据，截至2014年，中国现有承接服务外包企业2.7万家，最近几年保持年均新增企业3000多家。年营业收入超过1亿美元的企业现在大概有30多家，员工超过万人的企业已经有5家。通过软件、能力、成熟度、集成等各类国际资质认证大约有7145项。三是服务外包产业集聚效应显著增强。21个中国服务外包示范城市的企业和从业人员占整个全国产业的70%，业务规模接近全国的90%。①四是服务外包产业与企业已经成为新毕业及社会知识型人才就

---

① 21个中国服务外包示范城市为：北京、天津、上海、重庆、大连、深圳、广州、武汉、哈尔滨、成都、南京、西安、济南、杭州、合肥、南昌、长沙、大庆、苏州、无锡、厦门。2016年5月，国务院新增10个服务外包示范城市，包括沈阳、长春、南通、镇江、宁波、福州（含平潭综合实验区）、青岛、郑州、南宁和乌鲁木齐，使服务外包示范城市总数达31个。

业的重要容纳器。2014年我们国家新增服务外包从业人员71.1万人，同时新增大学毕业生就业人员48.8万人，占从业人员总数的68.6%。

经过30多年来承接国际制造业转移的历练，中国工业基础得到加强、制造能力得到提升、门类发展也比较全面，已形成诸如长江三角洲、珠江三角洲等具有国际加工竞争力的城市群，这为下一阶段中国服务外包发展提供了坚实的基础支持。这是印度、菲律宾等发展中国家所企望而很难达到的。不难理解，中国服务外包产业的在岸率一直较高，这为服务外包产业提供了强大的内需动力，可部分抵挡因发达国家经济不景气而带来的式微效应，但也应注意，由于具有广大的国内市场需求，国内服务外包企业可能失去进军国际化的压力与动力，不利于中国服务外包企业国际竞争力的提升。

## 三、中国服务外包产业状况

在国家及各级地方政府政策的大力刺激下，中国服务外包产业获得快速发展。与过去相比，最近五年中国服务外包产业整体水平得到迅速提升，企业实力进一步增强，国际影响力显著提高，中高端服务外包保持较好的增长态势。目前中国服务外包产业仍以ITO为主，依旧占据整个中国服务外包产业的"半壁江山"，但业务流程外包增长平衡，知识流程外包快速增长。据商务部中国服务外包研究中心的《中国服务外包发展报告2013》[1]，2012年中国服务外包产业总额（实际执行额）中ITO占到58.8%，BPO占15.2%，新兴的KPO占26%。在ITO中，软件服务外包占到67.9%，信息系统操作与维护占到21.5%；在BPO中，业务操作服务、业务流程设计服务和供应链管理服务分别占到30.6%、24.4%和23.9%，主要集中于金融后台办公服务、人力资源、金融服务、呼叫中心、物流和供应链管理方面；在KPO中，工业设计与产品研究服务外包占到83%和9%。

另外，从离岸服务外包市场来源地来看，北美和亚太地区是中国服务外包的主要发包市场。2014年中国离岸服务外包前五位发包市场依次为美国、中国香港、日本、新加坡和韩国。具体来看：①中国离岸ITO市场

---

① 中国服务外包研究中心是商务部直属正司（局）级事业单位。

的区域分布呈现出"亚太量大、美洲价高"的发展格局。据中国服务外包研究中心对金额在 500 万美元以上的离岸服务外包合同的监测，2013 年，中国承接亚太区域 ITO 大额合同数量最多，约占签约合同总量的 43.7%，美洲市场次之，占 30.7%。从合同金额来看，承接美洲市场发包业务金额规模最大，总签约金额占 ITO 的 38.5%，亚太市场次之，占到 34.7%。②对中国离岸服务外包 BPO 的监测显示，亚太地区是离岸 BPO 业务的主要来源地。2013 年，500 万美元以上的离岸 BPO 合同中，来自亚太地区的合同数量和金额占比分别达 50.9% 和 42.4%，主要来自日本、新加坡、中国香港等国家和地区的供应链管理服务、数据加工及处理服务以及业务流程设计服务等。③再看中国离岸服务外包 KPO 市场，欧洲地区的 KPO 业务单笔合同平均价值较高。从签约合同金额来看，欧洲在工程、医药等方面技术领先、产业成熟且服务外包意识较高，来自该地区的 KPO 合同金额占比最高，2013 年达 41.9%，亚太和美洲地区次之，分别为 36.7% 和 21.4%。

服务外包产业结构与地区分布往往是竞争力的重要体现，也是关系企业利润的重要影响因素。国内服务外包产业的比较优势决定着其服务外包离岸业务结构与地区分布。理想的状态是，多承接来自欧美等发达国家合同价值大的服务外包，但价值大的服务外包不可避免地对服务接包商提出更为严苛的要求，需要有较高的合约协调和国际事务能力。虽然中国服务外包企业的国际化与印度还存在不小差距，但国际化应为中国服务外包产业发展的重要取向。2013 年，中国服务外包企业承接国际服务外包平均合同金额为 66.9 万美元，同比增长 42.2%，企业整体接包能力显著提升，业务结构不断优化和提升。

总体来说，得益于服务业全球化深入发展和国内服务业的繁荣，近年来中国服务外包产业持续快速发展、业务结构不断优化、国际竞争力日益提升，正成为中国开放型经济体系中最具活力的组成部分之一。

## 四、中国服务外包企业现状

国际竞争在很大程度上直接表现为企业之间的竞争。印度之所以能执世界服务外包产业牛耳，主要是经过多年培育与积累发展了一批具有较强国际软实力的服务外包企业。与印度服务外包企业相比，中国服务外包企业的接包能力，尤其是离岸接包能力，还存在很大差距。但近年来，中国服务外包获得快速成长，涌现出一批业务能力强、技术水平较高、国际化程度越来越高的服务外包企业。据商务部数据，截至 2013 年底，中国上万人服务外包企业达到 41 家，承接国际服务外包执行金额上亿美元的企业达 29 家。而且随着中国服务产业的发展逐渐成熟，本土服务外包企业的竞争力获得一定程度的提升，在某些细分领域具备与国际品牌合作与较量的实力。如在管理软件服务外包市场上，以用友、金蝶为代表的中国本土软件企业开始与 SAP、Oracle 等国际巨头直面竞争，在国内高、中、低市场份额全面超过跨国公司。① 这说明本土化管理软件如果能做好前期调研，并开发出符合中国企业人事、市场等管理之需的服务产品，完全可以与外国品牌一比高低。

但整体上中国服务外包企业规模及能力仍有很大提高空间。首先，从人员规模来看，据商务部中国服务外包研究中心《中国服务外包企业问卷调查 2015》显示，2014 年，100 人及以下的企业比重明显减少，从 2013 年的 69.7% 下降为 43.8%，100~500 人的企业占到 28.6%，两者加起来达到 72.4%，表明中国服务外包企业仍以中小型企业为主。但整体上企业规模也有所改善，千人以上的公司占到 27.6%，其中 5000 人以上的占到 7.7%，与五年前相比，这一数据已经有了显著提高。

其次，从业务规模来看，服务外包企业大多集中于 50 万美元到 500 万美元之间，占到 51.5%，说明中国服务外包企业业务规模普遍偏小，但仍在提高阶段。2014 年合同执行金额达到 150 万美元以上的企业比重较上年增长了 16.6 个百分点，其中 1000 万~5000 万美元的占到 14.3%，5000 万美元以上的占到 8.6%。从总体分布特征来看，业务规模呈向左偏的正态分布，说明整体上企业业务规模还有待提高。

再次，从盈利水平来看，中国服务外包企业整体利润率不高。课题组调查数据显示，60% 以上的企业利润率都在 10% 以下。但随着美国经济的进一步复苏，外部需求有所回暖，企业离岸服务外包业务的利润率略有增长。2014 年，约 73.4% 的企业离岸外包业务的利润率在 5% 以上，比上年增长了 15.5 个百分点。大部分企业离岸服务外包的利润率集中在 5%~15%，占到 51.1%。但利润率在 15% 以上的企业也不在少数。与业务规模

---

① 姜荣春、刘绍坚：《后危机时代中国服务外包产业发展的机遇、挑战及路径选择》，《国际贸易》2010 年第 7 期。

相似，从总体分布特征来看，利润率也呈左偏正态分布，说明整体上企业利润偏小。

最后，从行业整合角度来看，中国服务外包企业还有不少提升空间。相关数据显示，在美国前10家IT服务企业收入占其市场总额的30%（IDC）；日本前5家IT服务企业收入占其市场总额的50%（Gartner）；印度前4家服务外包提供商的收入占其IT-BPO市场总额的30%（NASSCOM）；德国前5家服务外包提供商占其离岸服务外包市场总额的45%（Pierre Audion Consultants）。成熟服务外包市场的集中度比较明显，是市场发展到一定阶段的产物。相对而言，据中国国际投资促进会数据，中国前10大服务外包领军企业收入占中国服务外包总体规模比例不超过10%，意味着中国服务外包企业和市场均未成熟，市场与企业都存在进一步整合的空间。

总的来看，未来服务业开放进一步加速为中国服务外包产业发展提供了大好机遇。丰富的人力资源、合理的运营成本、广阔的经济腹地、完善的基础设施、完备的产业配套和聚集、稳定的政治经济环境均为中国服务外包产业快速发展奠定了坚实的基础。随着中国政府推进"两化"融合、"工业制造2025"、智慧城市建设，中国"智"造、推进"一带一路"、自贸区建设等政策利好因素，服务外包产业将迎来非常难得的发展机遇。但同时，中国也面临着人口红利逐渐消失、劳动力成本上升、外包企业国际化运营程度较低等各项挑战，服务外包企业应加速融合和转型，向高附加值解决方案和技术服务拓展，从产业链的中低端向高端转移的路还很长。

# 第五章　中国服务外包宏观总体竞争力研究

近几年来，中国服务离岸外包产业结构不断优化，高附加值服务持续增加，通过在全球范围内整合资源，"中国服务"的国际竞争力及品牌影响力不断得到提升。能取得如此佳绩当然与中国离岸服务外包承接国家竞争力不断增强有关。据 A. T. Kearney 全球服务地理指数，2016 年中国继续蝉联第二，仅次于印度。但中国在"人才技能和可得性""营商环境"这两项指标上都高于印度。[①] 然而，未来全球服务外包接包市场竞争日趋加剧，印度不断提升服务外包实施理念，逐渐转向更高层次的 IT-BPM 模式。其他国家和地区也在各自优势范围内不断抢占全球服务外包市场份额，全球接包竞争程度逐渐加大。为了在未来竞争格局中占有一席之地，就必须不断提高中国服务外包竞争力。

## 第一节　服务外包竞争力理论

### 一、服务外包竞争力内涵

通俗来讲，竞争力就是一种能实现"人无我有、人有我精"的差异化能力。从买方的角度来看，竞争力就是一种强烈的选择欲望与信任。从卖方来说，竞争力就是技能的不可复制和产品的不可替代。竞争力概念体系

---

① https://www.atkearney.com/.

中最重要的当属由 Prahalad 和 Hamel 提出的核心竞争力，即能够为企业提供持续竞争优势的一种能力。这种核心竞争力由于形成过程复杂，掺杂了很多难以捉摸的历史、文化、过程及偶然因素而不可能轻易复制。[①] 而在经济学领域内，竞争力的实质就是经济效率与生产率的差异（金碚，2002）。[②] 由是观之，国际之间的竞争力就直接表现为一个国家能够比其他国家更有效地提供产品或服务，而且在这一有效供应过程中自身发展的能力与综合素质获得快速发展。然而，一国的提供效率的差异化势必受到众多因素错综复杂的影响，以此判断竞争力其实是一个非常复杂的东西。

经济管理学科各分支都可对竞争力研究做出贡献，但由于其假设条件及分析工具不同，所关注的竞争力影响因素也有一定区别。[③] 为了对竞争力进行客观上的国际比较，一些权威机构通过指标选取及一定计算方法对世界各国竞争力进行了测度，以世界经济论坛（WEF）和瑞士洛桑国际管理开发学院（IMD）的竞争力评价指标最具影响力。相比而言，IMD 构建的国际竞争力计算公式受到更多认可，即竞争资产×竞争过程=国际竞争力。竞争资产包括自然资源、人口规模等因素；竞争过程则强调创造增加值的过程，即将投入转换为输出的一系列步骤，不同的资源与过程造就了各国间生产效率的不同。由于存在"资源诅咒"现象，长期以来国际竞争的侧重点在于"竞争过程"，发达国家经过活跃的竞争过程已积累了非常优质的竞争资产和竞争过程能力。

根据学者观点，服务外包可以看作是一种新兴的服务加工贸易（杨圣明，2006）。离岸服务外包则是以服务为加工交易对象的国际贸易。因此，比较优势理论仍是国际服务外包的理论根源。很显然，服务外包的竞争力概念是多维的，从国家、产业、企业到某一业务都存在竞争力差异。服务外包与国际竞争力具有很强的相关性，通常来说，国际竞争力强的国家在技术、制度、人力等要素方面具有优势，服务外包也具有竞争力。虽然竞争的主体参与者是企业，但国家的整体竞争力至关重要。很多发包商往往是先考虑目的地国家，再考虑目标企业。

---

① Prahalad C. K. and Hamel, "The Core Competence of the Corporation", Harvard Business Review, 1990 (March–April), pp.79–91.
②③ 金碚：《经济学对竞争力的解释》，《经济管理》2002 年第 22 期。

## 二、中国服务外包竞争力相关研究

基于服务外包承接国地位的考虑，国内学者就中国服务外包竞争力进行了富有成果的实证研究，大致分布于四个方向：①产业竞争力。于立新等（2010）运用 SWOT 分析法发现，龙头企业、人力资源和制度环境是制约中国服务外包产业竞争力提高的三大重要因素。[1]华迎等（2012）比较了中国服务外包产业与其他外包发达国家的竞争力，运用钻石模型和竞争力过程理论模型分析了中国服务外包产业的竞争优势与不足。[2]②城市竞争力。孙晓琴（2008）运用因子分析法对全国 17 个服务外包城市的竞争力进行了评价。[3]进行相关实证研究及评价的还有王根蓓等（2011）和艾明等（2010）。[4]杨学军和曾国军（2011）建立了影响承接地竞争力的分析模型，并对示范城市软件外包企业进行了验证性因子分析，通过实证研究验证了服务能力、服务成本因子、经营环境三个因子影响了承接地的竞争力。[5]③行业竞争力。这方面主要集中于对金融服务外包竞争力的研究。郭利华等（2013）以成都、天津、杭州为参照物，比较了上海与这三个城市的金融服务外包业务竞争力，并提出加快上海金融服务外包发展的方向与路径。[6]官华平和周建农（2010）建立了区域金融服务外包业竞争力评价体系，并收集部分地区数据运用因子分析法得出各地金融服务外包业竞争力排名。[7]④企业竞争力。宋丽丽和薛求知（2009）采用问卷调查方式获得一手数据，实证检验了影响跨国公司服务外包供应商选择的因素，并

[1] 于立新、陈昭、江皎：《我国服务外包产业竞争力研究——基于部分试点城市的分析》，《财贸经济》2010 年第 9 期。

[2] 华迎、孟环宇：《我国服务外包产业竞争力研究》，《国际经济合作》2012 年第 4 期。

[3] 孙晓琴：《我国服务外包城市竞争力评价研究》，《国际经贸探索》2008 年第 7 期。

[4] 王根蓓、赵晶、王慧敏：《中国服务外包基地城市竞争力的演化》，《经济与管理研究》2011 年第 1 期。艾明、侯志翔：《西安服务外包竞争力实证研究——基于 16 个服务外包基地城市的比较研究》，《经济问题》2010 年第 8 期。

[5] 杨学军、曾国军：《影响服务外包承接地竞争力的因子分析——基于示范城市软件外包企业的问卷调查》，《科技管理研究》2011 年第 20 期。

[6] 郭利华、李海霞：《上海金融服务外包发展竞争力分析》，《国际金融研究》2013 年第 7 期。

[7] 官华平、周建农：《基于因子分析的区域金融服务外包竞争力分析》，《国际经贸探索》2010 年第 11 期。

分成战略属性和组织属性两组因素予以讨论。[①] 与此相似的研究还有殷国鹏和杨波（2009）、沈鹏熠和王昌林（2012）等。[②]

## 三、中国服务外包竞争力影响因素与评价指标

1. 服务外包经济条件与影响因素

对发展中国家来说，实施赶超战略应以增强竞争过程能力为主要任务，即价值增值过程能力。因此，提高一国服务外包竞争力就需要不断更新服务外包发展的经济社会条件。有研究指出，获得国际服务外包竞争力的经济条件包括：①具有一定实力的国际发包企业。具有发包需求的企业是国际服务外包获得发展的充分条件。②具备一批承接服务外包转移的企业。③互联网技术是发展国际服务外包的直接载体。④适用人才是国际服务外包发展的关键。⑤诚实守信是国际服务外包的首要条件。⑥交易成本、商务成本低是发展国际服务外包的重要因素。⑦与国际惯例接轨的高效、便捷的软硬环境是重要条件。[③]根据已有文献与相关研究成果，服务外包国家竞争力的影响因素可分为如下几个方面：

（1）国家、政府及政策。国家政局稳定、经济增长及政策优惠构成服务外包竞争力的重要来源。事实证明，印度、爱尔兰、菲律宾等国通过实施优惠政策促进了国内服务外包产业迅速发展。国家政局稳定、政府运行透明、政策公平合理，以及经济增长前景看好、外汇管制宽松等都是吸引发包商的重要前提。

（2）知识产权保护程度。对于欠发达国家来说，实现本国技术进步有时需要依靠模仿引入新技术，为此，严格的知识产权保护制度成为跨国公司进入的重要考虑方面。Grossman 和 Helpman（2002）、Antra（2003）及 Antra 和 Helpman（2003）基于不完全合约理论，证明了合约的完备性及由

① 宋丽丽、薛求知：《国际服务外包供应商选择影响因素研究——基于在华服务承接企业的实证分析》，《财贸经济》2009 年第 8 期。
② 殷国鹏、杨波：《服务外包的供应商能力研究——基于我国的现实思考》，《管理评论》2009 年第 10 期。沈鹏熠、王昌林：《我国企业承接离岸服务外包竞争力评价体系研究》，《中国科技论坛》2012 年第 4 期。
③ 原小能、石奇：《服务外包与产业结构升级研讨会综述》，《经济研究》2008 年第 2 期。

此带来的执法效率与成本是企业外包决策的关键考虑要素。[①]Nunn（2007）认为，一国具有的独特的法律制度是导致以合约为主的贸易模式差异的原因。[②]知识产权、商业秘密及数据的保护是以跨国公司为代表的发包商选择接包国的重要风险评估因素。拥有良好的知识产权与商业秘密保护制度是印度、爱尔兰等服务外包强国实现崛起的重要支撑因素。据相关研究，印度知识产权立法在国际接轨和司法解释及执行力度上都强于中国（阙澄宇等，2010）。[③]因此，中国在知识产权保护制度的建立与完善方面还有很长一段路要走。

（3）基础设施条件。Melitz（2002）基于企业异质理论，指出跨国公司往往会根据固定成本与运输成本的高低及基础设施的好坏选择在不同地区或国家建厂。[④]Grossman 和 Rossi-Hansberg（2006）研究发现，通信与运输技术的优劣往往构成服务外包决策的核心要素。[⑤]当代服务外包以信息技术发展为基础，因此，信息与通信技术等基础设施及费用是重要参考因素。在这一点，中国的城市建设、运输条件及电信与网络普及度等硬件设施均优于印度的观点得到公认。另外，当遇到复杂服务外包时，发包方可能会派人来进行交流，因此，一些涉及公共生活服务的基础设施也成为一个关键。

（4）人力资本素质。Antras 等（2006）认为，拥有较高素质的人力资本是发达经济体成为核心技术拥有者的重要原因，并是其之所以成为高端服务提供者及发包方的主要决定因素，同时人力资本欠发达是导致相对落后国家成为高端服务需求者及接包方的重要原因。[⑥]就目前来看，与中国

① Grossman M. G., Helpman E., "Integration Versus Outsourcing in Industry Equilibrium", The Quarterly Journal of Economics, Vol.117, No.1, 2002, pp.85-120. Antra P., "Firms, Contracts, and Trade Structure", Nber Working Papers, Vol.118, No.4, 2003, pp.1375-1418. Antra P. and Helpman E., "Global Sourcing", Social Science Electronic Publishing, Vol.112, No.3, 2003, pp.552-580.

② Nunn N., "Relationship-specificity, Incomplete Contracts and the Pattern of Trade", The Quarterly Journal of Economics, Vol.122, No.2, 2007, pp.569-600.

③ 阙澄宇、柴渊哲：《中印承接国际服务外包竞争力比较研究》，《财经问题研究》2010 年第 8 期。

④ Melitz M. J. "The Impact of Trade on Intra-industry Reallocations and Aggregate Industry Productivity", Econometrica, Vol.71, No.6, 2002, pp.1695-1725.

⑤ Grossman G. M. and Rossi-Hansberg E., "Trading Tasks: A Simple Theory of Offshoring", American Economic Review, Vol.98, No.5, 2006, pp.1978-1997.

⑥ Antras P., Garicano L., Rossi-Hansberg E., Extensive Offshoring: The Role of Middle Management, Cambridge: Harvard University Press, 2006.

相比，印度在从业人员的英语能力及软件人才培养上具有突出的比较优势，这也解释了目前印度服务外包结构的高级程度优于中国的现状。

（5）商务环境。McLaren（1996）研究发现，一国市场上产品与服务的品种、规模和质量所体现的市场完善度和厚度是影响跨国企业决定合同外包活动的重要考虑因素。[①] Grossman、Helpman 和 Szeidl（2004）基于新新贸易理论，指出跨国公司的区位选择与组织模式受到零部件来源的互补性及企业聚焦程度的影响，因为本土产业集群发展水平直接影响到跨国公司的采购成本及技术满足程度等，这也是近年来虽然中国制造成本在不断上升，但仍有一部分世界级跨国公司选择留在中国的最主要原因之一。[②] 另外，商务便利程度在一定程度上反映了营商投资环境、行政效率等，其中包括商事制度、政府部门办事效率（如交税时间、成立公司的时间成本等）等。一般来讲，在其他条件不变情况下，商务环境越好的地方对跨国公司的吸引力越大。

（6）文化、语言等社会因素。国际服务外包中的文化冲突是影响外包成功与否的重要因素。人力资本理论之父 Schwartz（1999）曾指出，跨国公司对所在当地文化价值的适应是一种负担，因此一国人力资本水平不同将导致这个负担具有差异。文化相近的国家，跨国投资的文化融入成本可降低。[③] 一个具有亲和力的文化通常具有国际包容性，对于加强国内外交流、促进不同背景人员交流具有促进作用。在服务外包中，尤其是对于那些高风险、高复杂性的 IT 外包业务整合过程，双方之间的信任对于外包合作关系的建立与协调十分重要。现实中，不同国家在文化与价值观上都会存在一定差异，这些差异可能构成外包业务发展的重要障碍。语言的重要性也被事实证明，印度、菲律宾服务外包的成功很大一部分得益于其英语语言优势。

（7）服务提供商水平。国际竞争在一定程度上是企业之间的竞争，服务外包的国际竞争很大程度上还要看各国服务供应商的能力与素质。拥有

① McLaren J., "Globalization and Vertical Structure", American Economics Review, Vol.90, No.5, 1996, pp.1239–1254.
② Grossman G. M., Helpman E., Szeidl A., "Optimal Integration Strategies for the Multinational Firm", Journal of International Economics, Vol.70, No.70, 2004, pp.216–238.
③ Schwartz S. H., "A Theory of Culture Values and Some Implications for Work", Applied Psychology: An International Review, Vol.48, No.1, 1999, pp.23–47.

一批管理协调能力较高、技术水平先进、具有高标准要求及国际化经验丰富的服务提供商将更容易受到发达国家跨国公司的青睐，同时在一定程度上影响到该国所承接的服务外包的规模、档次及利润，因此有效的服务外包提供商是一国服务外包竞争力的重要体现与来源。Johanson 和 Vahlne（1977）认为，企业出口—合资—独资的国际化过程可以看成是对外国风险感知的组织学习过程，他们认为，在国际化过程中的体验性学习对于减少企业所面临的不确定性具有重要意义。[1]Carlsson 等（2005）对斯堪的纳维亚企业在中国的分公司研究发现，其克服不确定性的能力与其在大中华区及其他国家的先前经验正相关。[2]

2. 服务外包竞争力评价指标

服务外包竞争力评价往往是基于能否吸收到更多的国际服务外包的角度，因此主要是针对承接地而言。作为其专业性的重要体现，国际知名咨询公司似乎对全球服务外包目的地排名研究比较感兴趣。由于它们能接触到大量外包企业，便于进行调查数据的收集，而且掌握与拥有大量行业信息及专业研究人才、数据分析工具，使其研究更易开展，结果也具有较好的参考价值。A. T. Kearney 公司的全球服务区位指数（Global Services Location Index，GSLI）包括财务、人员技能及可得性和经商环境三个大类指标。其中，财务因素包括薪酬成本、基础设施成本及税收和管理成本三个方面；人员技能和可得性包括 ITO 与 BPO 行业规模/质量、人员可用性、教育技能、语言技能及流失风险五个部分；经商环境则包括经济政治环境、基础设施质量、文化接触及知识产权保护四个方面。最近几年，印度和中国凭借巨大优势一直保持在该指标的前两名。还有 Hewitt Associates 公司开发的"五要素评估模型"，从人才、基础设施、外部运营环境、产业效应、配套机制五个方面对服务外包承接地进行综合评价。Horasis and Going Global 公司计算的全球服务外包指数考虑了 GDP 增长率、人口增长、劳动力储备因素，同时还兼顾语言、国际政治、全球意识、全球竞争力变化、生产或服务地域变化等各种风险。IDC 公司开发的全球交付指数（GDI）包括

① Johanson J., Vahlne J., "The Internationalization Process of the Firm: A Model of Knowledge Development and Increasing Foreign Commitments", Journal of International Business Studies, Vol.8, No.1, 1977, pp.23–32.

② Carlsson J., Nordegren A., Sjoholm F., "International Experience and the Performance of Scandinavian Firms in China", International Business Review, Vol.14, No.1, 2005, pp.21–40.

资源和技能、基础设施、政府因素、交易达成关系因素等在内的选择标准，并通过量化指标分析全球交付中心的必备条件。

国内学者也对服务外包竞争力影响因素进行了很有价值的研究。王根蓓等（2011）研究认为，服务外包竞争力影响因素包括外部支持（如政策、法律）、基础设施、商务环境、人力资本状况及要素成本五个方面。[①] 阚澄宇等（2010）从国家宏观角度将服务外包影响因素分为基础要素、过程要素和环境要素三类，并对中印承接国际服务外包竞争力进行了比较研究。[②] 鄂丽丽（2008）将服务外包影响因素概括为外生因素、催化因素和商业环境因素，并对中国服务外包竞争力影响因素进行了剖析。[③]

目前有关服务外包竞争力的评价体系还尚未统一，不同学者或研究机构的服务外包竞争力评价指标虽然侧重点不同但很多指标具有相似性，或者仅是名称不同但所指内容大体一样。由于影响服务外包竞争力的因素很多，因此很难将所有因素包含在一套指标体系中。而且服务外包业务种类甚多，每一种类的服务外包对影响因素的依赖是不同的，如人力资源外包对人才要求的重要性就比较突出。上述这些竞争力因素指标主要是从综合角度来判断一个地区是否适合服务外包，是对服务外包总体适宜度的一种表述，在一定程度上也能反映出各国承接服务外包的优劣势。

# 第二节　中国服务外包宏观总体竞争力影响因素实证分析

## 一、服务外包影响因素理论假设

从经济思路考察，服务外包的兴起，归根结底是出于成本和利益考虑

---

① 王根蓓、赵晶、王慧敏：《中国服务外包基地城市竞争力的演化》，《经济与管理研究》2011 年第 1 期。

② 阚澄宇、柴渊哲：《中印承接国际服务外包竞争力比较研究》，《财经问题研究》2010 年第 8 期。

③ 鄂丽丽：《服务外包竞争力影响因素研究：基于中国的分析》，《经济问题探索》2008 年第 3 期。

下的经济分工演化的结果（卢锋，2007）。[1]Grossman 和 Helpman（2002）指出，自制与外购决策是行业组织的基本问题，越来越多的活动置于企业外部制造，因此厂商必须决定某一特定活动是内置化完成还是从外面购买。[2]正如 Coase（1937）早就强调的，所有决策加起来决定了一个企业的边界。[3]在给定技术、制度等外生性因素的前提下，企业根据内部一体化与外部供应商两种情况下边际成本的平衡点进行战略选择。将活动内置会导致规模扩大而产生较高的组织管理成本，以及由于缺少市场竞争及专业化而造成的效率损失，但优势在于母公司具有较强控制力，且产品参数等专用性特征容易符合本厂所需；而选择外包则可能面临着较大的搜寻成本，并且产生较大的协调成本和控制的不确定性，以及由于不完全合约而产生的中间投入品性能不符合厂商生产条件等。但借由外部供应商的专业化运作可享受到较高的效率回报，成本也有所降低。如图 5-1 所示，H 代表企业活动内置的管理费用，O 代表业务外包时的边际成本，平衡点处于 A 点，在其左右两侧分别对应不同的战略选择。在外生性有利条件及因素的促进下，原先的成本权衡点移动至 B 点，说明随着技术及制度的变革，服务模块化及世界贸易制度开放条件的改善使在较低的产出水平上也能进行业务外包。

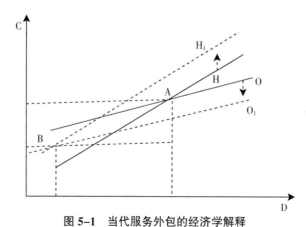

**图 5-1　当代服务外包的经济学解释**

---

① 卢锋：《当代服务外包的经济学观察：产品内分工的分析视角》，《世界经济》2007 年第 8 期。

② Grossman M. G., Helpman E., "Integration Versus Outsourcing in Industry Equilibrium", The Quarterly Journal of Economics, Vol.117, No.1, 2002, pp.85-120.

③ Coase R. H., "The Nature of the Firm", Economica, Vol.4, No.16, 1937, pp.386-405.

目前，全球服务外包市场呈现竞争越发激烈的局面，印度服务外包第一大国的地位在短期内还难以动摇，后起之秀如菲律宾、阿尔及利亚等亚非诸国在某一行业上的服务外包发展迅速，传统具有地缘优势的东欧国家在高端服务外包业务上仍具有比较优势。因此，中国服务外包产业意欲在竞争形势日益严峻的国际服务外包市场进一步提高影响力，还需不断夯实服务外包产业竞争力赖以提升的产业基础条件。2006 年以来，在国家及省市政府优惠政策的推动下，中国离岸服务外包获得快速发展，产业规模与质量都得到很大提高。2013 年中国离岸服务外包执行额 454.1 亿美元，比 2012 年增长 34.99%，比 2007 年增长了 21.7 倍。2008~2013 年年均增长率高达 52.32%，说明中国服务外包出口潜能巨大。即使在 2009~2011 年，受世界金融危机影响，全球服务外包出现短期波动振荡，但中国国际服务外包仍保持了较高的增长势头，三年分别实现同比增长 151.9%、43.1% 和 65%。不仅如此，中国离岸服务外包对服务贸易出口的占比与贡献也逐年加大，2013 年达到 21.6%，对中国服务贸易全球排名第三的地位做出了很大支撑。但也应清醒地看到，中国离岸服务外包在创新引领、业务契合及合同管理等环节还存在很大提升空间。2012 年印度比中国的离岸服务外包规模多达 419.1 亿美元，高出近一倍。而且印度服务外包出口目的地主要集中于欧美，约占其总额的 80%。承接发达国家的服务外包可以通过"干中学"获得大量技术溢出效应，并且能吸取跨国公司的集团管理、国际化经营等成功经验，这对中国区域经济和产业结构升级、经济增长方式转变具有重要意义。而从欧美服务外包市场获得更多市场占有率，意味着与强劲对手印度直接竞争，为此中国服务外包产业还必须不断提高核心竞争力。本节旨在探讨 2007~2013 年中国离岸服务外包如此高速发展背后的影响因素情况，并通过实证分析方法解析各因素的不同影响程度，以期为中国服务外包竞争力的进一步提升建言献策。由于离岸服务外包业务大多是生产性的，是跨国公司外向一体化战略上一些内置职能的外挂，因此中国服务外包其实也是生产性服务外包。

## 二、影响因素指标数据选取

根据前面的理论剖析及数据的可得性、准确性与代表性，本书选取了 8 大类一级指标，每个大类均含有 3 个二级指标，共 24 个影响因素指标，具体如表 5-1 所示。从中可以看出，此期间这 24 个中国经济社会发展的评价参数指标均有不同幅度的增长，其中生产性离岸服务外包增长幅度最高，达 21.69 倍，显然这种超常规增长更多地源于行业起步较低。相比印度，中国对服务外包的重视与意识晚了近三四十年。早在 1968 年印度电子委员会下的计算机工作组就意识到计算机发展需要相应的软件开发计划配套，软件开发可以发包给其他组织。20 世纪 70 年代印度政府陆续采取了一定措施促进软件的发展与出口。中国离岸服务外包起步于 20 世纪 90 年代承接跨国公司软件的汉化与测试，进入 21 世纪，服务外包产业得到迅速发展。2003 年是中国服务外包领军和成长型企业成立时间分布中占比最高的一年，达 11.8%。[①] 2006 年，商务部等四部委联合启动了服务外包"千百十工程"，为服务外包的发展制定了目标及指明了方向，成为中国服务外包发展的里程碑。2009 年以来国务院陆续认定了 31 个服务外包示范城市，服务外包产业逐渐成为新的经济发展引擎，一批具有特色的服务外包产业园，如大连东软信息产业园、昆山花桥金融服务外包中心等不断崛起。中国服务外包实现了令人瞩目的高速增长。但政策显然是外生性因素，那么经济系统本身发展与运行中的各项力量对服务外包的影响关系则是我们接下来着重探讨的内容。

表 5-1　服务外包竞争力影响因素变量说明

| 含义界定 | 变量 | 指标说明 | 2007 年 | 2013 年 | 增幅 |
|---|---|---|---|---|---|
| 服务外包 | $Y$ | 离岸服务外包执行额*（亿美元） | 20.94 | 454.1 | 21.69 |
| 宏观经济 | $X_1$ | GDP（亿元） | 265810.3 | 558018.8 | 2.10 |
| | $X_2$ | 固定资产投资（亿元） | 137323.9 | 446294.1 | 3.25 |
| | $X_3$ | 社会消费品总额（亿元） | 93571.6 | 242842.8 | 2.60 |
| 服务经济 | $X_4$ | 第三产业增加值（亿元） | 111351.9 | 275887 | 2.48 |
| | $X_5$ | 第三产业就业人员（万人） | 24917 | 29636 | 1.19 |
| | $X_6$ | 服务贸易总额（亿美元） | 1917 | 4705.8 | 2.45 |
| 居民需求 | $X_7$ | 城镇人均可支配收入（元） | 13785.8 | 26467 | 1.92 |
| | $X_8$ | 国内旅游总花费（亿元） | 7770.62 | 26276.12 | 3.38 |
| | $X_9$ | 私人汽车拥有量（万辆） | 2876.22 | 10501.68 | 3.65 |

[①] 资料来源：中国国际投资促进会。

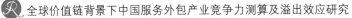 

续表

| 含义界定 | 变量 | 指标说明 | 2007 年 | 2013 年 | 增幅 |
|---|---|---|---|---|---|
| 基础设施 | $X_{10}$ | 网站个数（万个） | 150.4 | 320.16 | 2.13 |
| | $X_{11}$ | 宽带接入端口（万个） | 8539.3 | 35945.3 | 4.21 |
| | $X_{12}$ | 互联网用户（万人） | 21000 | 61758 | 2.94 |
| 人力资本 | $X_{13}$ | 财政性教育经费（万元） | 82802142 | 2.45E+08 | 2.95 |
| | $X_{14}$ | 高等教育毛入学率（%） | 23 | 34.5 | 1.50 |
| | $X_{15}$ | 本专科毕业生人数（万人） | 447.7907 | 638.721 | 1.43 |
| 知识产权 | $X_{16}$ | 发明专利授权数量（项） | 67948 | 207688 | 3.06 |
| | $X_{17}$ | 科技成果登记数（项） | 34170 | 52477 | 1.54 |
| | $X_{18}$ | 研发支出（亿元） | 3710.24 | 11847 | 3.19 |
| 对外开放 | $X_{19}$ | 高新技术出口额（亿美元） | 3478 | 6603 | 1.90 |
| | $X_{20}$ | 货物贸易总额（百万美元） | 2176570 | 4158993 | 1.91 |
| | $X_{21}$ | FDI（百万美元） | 78339 | 118721 | 1.52 |
| 金融扩张 | $X_{22}$ | 货币供应量（亿元） | 403442.2 | 1106525 | 2.74 |
| | $X_{23}$ | 社会融资规模（亿元） | 59663 | 173168 | 2.90 |
| | $X_{24}$ | 股票市价总值（亿元） | 327141 | 239077.2 | 0.73 |

注：* 离岸服务外包执行额来自各年《全球服务外包发展报告》（2008~2013）、中国服务外包网 http: //
chinasourcing.mofcom.gov.cn。若无特殊说明，其他数据均来自中国统计局官网国家数据库 http: //
data.stats.gov.cn/index.htm。

# 三、中国服务外包竞争力影响因素实证分析

## 1. 灰色关联度分析法

1982 年中国著名学者邓聚龙提出灰色系统理论，其基本思想是根据统计数列的几何关系或曲线的相似程度来判别因素间关系是否紧密，通常用灰色关联度系数来描述两个系统或两个指标因素间关联性大小的量度，即系统或因素发展过程中之间相对变化的情况，包括变化大小、方向与速度等的相对性（刘思峰和党耀国，2004）。[①]如果两因素在发展过程中相对变

---

① 刘思峰、党耀国：《灰色系统理论及其应用》，科学出版社 2004 年版。

化程度基本一致，说明灰色关联度大；反之，两者的灰色关联度就小。与传统的多元回归模型分析相比，灰色关联度分析法对数据特征要求没那么高，主要是通过位移差反映序列间发展过程或量级的相近性，可弥补回归、方差分析、主成分分析等统计方法对序列呈线性关系且不相关的缺陷，对样本容量及是否规律均无特殊要求，不会出现量化结果与定性分析结果不符的情况。[1]具体计算过程如下：

设参考数据序列（母序列）为 $X_0$，比较数据序列（子序列）为 $X_i$，其中：

$$X_0 = [X_0(1), X_0(2), \cdots, X_0(k)] \tag{5-1}$$

$$X_i = [X_i(1), X_i(2), \cdots, X_i(k)] \tag{5-2}$$

其中，$k = 1, 2, \cdots, n; i = 1, 2, \cdots, m$。

第一步：无量纲化。

系统中各数列因度量单位的不同不便比较或难以得到客观结论，因此在进行灰色关联度分析时对各数列进行无量纲化处理，以保证各变量因素在同一比较标准上[2]：

$$x_i(k) = \frac{X_i(k)}{X_i(1)}, \quad k = 1, 2, \cdots, n; i = 1, 2, \cdots, m \tag{5-3}$$

其中，$X_i(1)$ 的选择可以为均值、初始值或极大值。

第二步：计算对应绝对差。

将无量纲化后的母序列和子序列进行差值运算，并取绝对值，从而产生母序列值与对象数列值的差，求出每列最大差和最小差。[3]

$$\Delta_i(k) = |x_0'(k) - x_i'(k)|, \quad \Delta_i = [\Delta_i(1), \Delta_i(2), \cdots, \Delta_i(n)] \tag{5-4}$$

令：$M = \max_i \max_k \Delta_i(k), \quad m = \min_i \min_k \Delta_i(k)$。

第三步：计算关联系数。

$$\gamma_{0i}(k) = \frac{m + \varepsilon M}{\Delta_i(k) + \varepsilon M} \tag{5-5}$$

其中，$\varepsilon \in \{0, 1\}$ 为分辨系数，通常取 0.5。因此，$\gamma_{0i}(k)$ 代表母序列与第 i 个子序列在某一时刻的紧密（靠近）程度。在 $\Delta_{min}$ 时点，$\gamma_{0i} = 1$；而在 $\Delta_{max}$ 时点则关联系数最小。因此，关联系数的取值范围为 $0 < \gamma < 1$。[4]

---

① ② ③ ④ 朱福林：《印度服务外包竞争力影响因素分析——基于灰色关联度方法的实证》，《世界经济研究》2015 年第 5 期。

第四步：灰色综合关联度的计算。

$$\lambda_{0i} = \frac{1}{n} \sum_{i}^{n} \gamma_{0i}(k), \quad k = 1, 2, \cdots, n; \quad i = 1, 2, \cdots, m \qquad (5-6)$$

第五步：计算权重灰色关联度。

系统中各自变量指标因素的重要性存在客观差异，因此更为科学的做法是求得各因素的权重，然后计算得出附加权重的灰色综合关联度。本书将根据信息熵法确定权重 $W_k$，则母序列与整个因素系统之间的灰色关联度为：

$$\rho_{0i} = \sum_{i}^{n} W_k \lambda_{0i}(k), \quad k = 1, 2, \cdots, n; \quad i = 1, 2, \cdots, m \qquad (5-7)$$

其中，$\sum_{k=1}^{m} W_k = 1$。

2. 权重的确定

在此，选择信息熵法来确定权重。实际上，在管理决策类研究中采用信息熵理论确定权重的做法很普遍。信息熵权重法是基于指标变异程度且利用信息熵对各指标的权重进行修正，最后得出较为客观的指标权重，是一种依据数据客观规律形成的权重，杜绝了人为因素的干扰。具体步骤如下：

第一步：数据的标准化。

将各指标数据进行标准化处理，方法有多种，如初始值法、均值法及归一法等。设有 n 维 k 个指标 $X_i$，$k = 1, 2, \cdots, k$，其中 $X_i = \{x_1, x_2, \cdots, x_n\}$。[1]标准化后的值为 $y_1, y_2, \cdots, y_k$，其中，$y_j = \dfrac{x_{ij}}{\sum\limits_{i=1}^{n} x_{ij}}$，$j = 1, 2, \cdots, n$。

第二步：求出信息熵。

根据信息论中有关信息熵的定义，一组数据的信息熵为 $E_j = -\ln(n)^{-1}$ $\sum_{i=1}^{n} y_{ij} \ln y_{ij}$。如果 $p_{ij} = 0$，则定义 $\lim\limits_{p_{ij} \to 0} y_{ij} \ln y_{ij} = 0$。从而得到 k 个指标的信息熵

---

[1] 朱福林、张波、王娜等：《基于熵权灰色关联度的印度服务外包竞争力影响因素实证研究》，《管理评论》2017 年第 1 期。

$E_1$，$E_2$，$\cdots$，$E_k$。[1]

第三步：确定各指标权重。

根据信息熵可计算出各指标的权重，公式为 $W_i = \dfrac{1 - E_i}{\sum (1 - E_i)}$，$i =$ 1，2，$\cdots$，k。其中 $1 - E_i$，即为偏差系数，表明指标在系统中的重要程度，其值越大说明该指标作用越大。[2]

3. 实证分析

根据上述灰色关联度及熵权确定的计算步骤，可得服务外包与各影响因素的灰色关联度系数，具体如表 5-2 所示。其中，在计算灰色关联度时采用各指标因素的均值作为标准数列进行无量纲化处理。

（1）总体分析。在不附加任何权重的情况下，2007~2013 年中国生产性离岸服务外包与 24 个影响因素变量系统之间存在 0.6444 水平的灰色关联。施加了信息熵权重之后的综合灰色关联度则提高至 0.6781，从而提高了目标函数值，与理论期望一致，说明权重的设计对于系统指标的重要性程度有所改变，因此认为本次通过信息熵构建的权重效果良好。

（2）个体分析。根据表 5-2 灰色关联度计算结果得到，在不施加权重的情况下，中国生产性离岸服务外包与国内旅游总花费（$X_8$）、宽带接入端口（$X_{11}$）和私人汽车拥有量（$X_9$）这三个影响因素关联度最大，分别为 0.7583、0.7534 和 0.719。当施加了信息熵权重后，宽带接入（$X_{11}$）超过国内旅游总花费（$X_8$）成为第一影响力因素。根据产业结构演化理论，当经济发展到一定阶段，工业取代农业，服务业超过工业成为国民经济的主要产业部门。经济持续发展导致人民生活水平的提高，对服务业的需求较其他经济社会形态更趋多样化，从而对服务业的发展形成巨大的拉动与催化作用。波特的国家竞争力"钻石模型"也揭示了相关产业需求是国家竞争力的重要组成部分。而宽带接入端口是信息网络技术基础设施发展水平的典型代表，信息技术是推动服务网络创新的重要力量（Sundbo and Gallouj，2000）。[3]不仅如此，IT 基础设施还直接影响到国内外企业合同方的协调成

---

①② 朱福林、张波、王娜等：《基于熵权灰色关联度的印度服务外包竞争力影响因素实证研究》，《管理评论》2017 年第 1 期。

③ Sundbo J., Gallouj F., "Innovation as a Loosely Coupled System in Services", International Journal of Services Technology and Management, Vol.1, No.1, 2000, pp.153–184.

本与效率，减轻国外服务外包合同控制的难度。因此，信息基础设施的发展有利于降低离岸服务外包的成本，同时能提高服务外包的精确管理，促进离岸服务外包的发展。进入 21 世纪以来，中国信息产业取得很大发展，2003 年宽带接入端口才 1802.3 个，每就业人口仅 0.02 个，到 2013 年增加到 35945.3 万个，10 年间增长了约 20 倍，每就业人员提高至 0.5 个，对全社会工作效率的提高具有重要促进效应。总体来看，以指标 $X_8$ 和 $X_9$ 代表的居民收入增加与以 $X_{11}$ 代表的 IT 基础设施改善是 2007~2013 年中国生产性服务外包的重要影响因素。

表 5–2　2007~2013 年中国生产性离岸服务外包与影响因素的灰色关联度结果

| 一级指标 | 变量 | 年均增长率 | 灰色系数 | 信息熵权 | 熵权灰色关联度 | 类别系数 |
|---|---|---|---|---|---|---|
| 宏观经济 | $X_1$ | 0.1325 | 0.6408 | 0.0291 | 0.0186 | 0.0307 |
| | $X_2$ | 0.2184 | 0.6886 | 0.0649 | 0.0447 | |
| | $X_3$ | 0.1726 | 0.6571 | 0.0436 | 0.0287 | |
| 服务经济 | $X_4$ | 0.1636 | 0.6556 | 0.0410 | 0.0269 | 0.0169 |
| | $X_5$ | 0.0296 | 0.5573 | 0.0013 | 0.0007 | |
| | $X_6$ | 0.1679 | 0.6462 | 0.0357 | 0.0230 | |
| 居民需求 | $X_7$ | 0.1151 | 0.6225 | 0.0222 | 0.0138 | 0.0474 |
| | $X_8$ | 0.2322 | 0.7583 | 0.0904 | 0.0686 | |
| | $X_9$ | 0.2417 | 0.7190 | 0.0830 | 0.0597 | |
| 基础设施 | $X_{10}$ | 0.1987 | 0.5804 | 0.0283 | 0.0164 | 0.0426 |
| | $X_{11}$ | 0.2736 | 0.7534 | 0.1055 | 0.0795 | |
| | $X_{12}$ | 0.2025 | 0.6560 | 0.0484 | 0.0318 | |
| 人力资本 | $X_{13}$ | 0.1990 | 0.6927 | 0.0592 | 0.0410 | 0.0166 |
| | $X_{14}$ | 0.0712 | 0.5806 | 0.0092 | 0.0053 | |
| | $X_{15}$ | 0.0618 | 0.5788 | 0.0062 | 0.0036 | |
| 知识产权 | $X_{16}$ | 0.2156 | 0.6943 | 0.0612 | 0.0425 | 0.0316 |
| | $X_{17}$ | 0.0752 | 0.5929 | 0.0113 | 0.0067 | |
| | $X_{18}$ | 0.2140 | 0.6952 | 0.0658 | 0.0457 | |
| 对外开放 | $X_{19}$ | 0.1194 | 0.6260 | 0.0230 | 0.0144 | 0.0126 |
| | $X_{20}$ | 0.1247 | 0.6510 | 0.0278 | 0.0181 | |
| | $X_{21}$ | 0.0762 | 0.5903 | 0.0090 | 0.0053 | |

续表

| 一级指标 | 变量 | 年均增长率 | 灰色系数 | 信息熵权 | 熵权灰色关联度 | 类别系数 |
|---|---|---|---|---|---|---|
| 金融扩张 | $X_{22}$ | 0.1840 | 0.6684 | 0.0507 | 0.0339 | |
| | $X_{23}$ | 0.2355 | 0.6177 | 0.0533 | 0.0329 | 0.0277 |
| | $X_{24}$ | 0.06477 | 0.5431 | 0.0299 | 0.0162 | |
| 综合灰色关联度 | $\lambda$ | | 0.6444 | | 0.6781 | |

　　如表 5-3 所示，处于第二梯次的影响指标因素较多，有无权重的情况下均超过 1/3，其中研发支出、发明专利及教育经费大体代表了一国或地区的创新实力，说明最近几年中国不断加大的研发投入对中国服务外包增长具有较有利影响。据《2012 年全国科技经费投入统计公报》[①]，按照汇率计算，中国 R&D 经费投入总量目前位居世界第二，R&D 经费投入强度在新兴发展中国家中居领先地位，与发达国家的差距正在逐步缩小。众所周知，对于服务外包企业来说，最大的两项开支就是人力和场租成本。由于离岸外包涉及大量的国际间工作交接及与国外管理者的沟通，因此对人才解决实际问题的能力提出高要求，教育与研发的发展整体上对人力资本的提高及缄默知识（Tacit Knowledge）的生产与传递具有积极作用，因而在理解发达国家跨国公司的内在发包意图及满足其对服务中间投入品的高要求时具有比较优势。除此之外，处于本队列的还有货币供应量、社会融资规模、互联网用户、社会消费零售总额、第三产业增加值和服务贸易总额。货币与融资两项代表金融深化对实体经济的影响，经济发展需要维持一定的通货膨胀率及融资渠道的顺畅，服务外包企业不可避免地会遇到资金难题，而金融模式的多样化发展可缓解这一矛盾。互联网与消费总额分别代表信息技术与居民需求的催化作用。第三产业与服务贸易总额反映了一国经济服务化及产业结构演化的趋势程度，同时也是经济体量中服务产品供给与需求关系的具体验证，直接关系到服务生产技术与水平。这些因素均与中国生产性离岸服务外包发展具有直接相关性。

---

① 资料来源：中华人民共和国教育部官网。

表 5–3　中国生产性离岸服务外包灰色关系度系数排次分布

| 梯次 | 第一梯次 | | 第二梯次 | | 第三梯次 | | 第四梯次 | | 第五梯次 | |
|---|---|---|---|---|---|---|---|---|---|---|
| 范围 | >0.7 | >0.05 | 0.65~0.7 | 0.02~0.05 | 0.60~0.64 | 0.01~0.02 | 0.55~0.59 | 0.001~0.01 | <0.544 | <0.001 |
| 指标 | $X_8$ $X_{11}$ $X_9$ | $X_{11}$ $X_8$ $X_9$ | $X_{18}$ $X_{16}$ $X_{13}$ $X_2$ $X_{22}$ $X_3$ $X_{12}$ $X_4$ $X_{20}$ | $X_{18}$ $X_2$ $X_{16}$ $X_{13}$ $X_{22}$ $X_{23}$ $X_{12}$ $X_3$ $X_4$ $X_6$ | $X_6$ $X_1$ $X_{19}$ $X_7$ $X_{23}$ | $X_1$ $X_{20}$ $X_{10}$ $X_{24}$ $X_{19}$ $X_7$ | $X_{17}$ $X_{21}$ $X_{14}$ $X_{10}$ $X_{15}$ $X_5$ | $X_{17}$ $X_{14}$ $X_{21}$ $X_{15}$ | $X_{24}$ | $X_5$ |

注：每个梯次中第一列未施加权重，第二列施加了信息熵权重。
资料来源：笔者整理。

GDP 处于第三梯次中的首位，接下来是货物贸易总额、网站个数、股票市价总值、高新技术出口额和城镇可支配收入。其中，货物贸易与高新技术出口反映了中国商品出口结构的对外开放度及优化状况。其他几个因素可归到相应的信息技术、金融发展及需求支持得到解释。第四梯次中的因素有科技成果登记数、高等教育毛入学率、FDI 和本专科毕业人数，这些也都能从前面的阐述中得到说明。第五梯次只有一个因素，但在施加权重前后表现出较大变化，施加权重前是 $X_{24}$，施加权重后为 $X_5$，说明权重在位次最末端的影响力较大。

总之，从施加权重前后对比来看，各影响因素的灰色关联度大小排序产生了一些位次上的变化，但大部分因素的变化处在 2~3 个位次之内，说明权重对影响因素的重要程度有所改进，但一些关键因素在两种情况下都保持稳定的位次，足以证明它们对中国生产性离岸服务外包的促进与影响的重要性。

（3）聚类分析。通过将 24 个影响因素的灰色关联度系数进行归类分析可得到大类指标的排序情况，具体为：居民需求 > 基础设施 > 知识产权 > 宏观经济 > 金融扩张 > 服务经济 > 人力资本 > 对外开放。具体如表 5–2 所示，说明在 2007~2013 年中国生产性离岸服务外包受到国内总需求、IT 基础设施及知识产权保护程度的改善最为明显的影响，其次是宏观经济与金融扩张从整体拉动与货币增长角度也对其具有较大影响。而服务经济、人力资本与对外开放分列倒数后三位，这几个大类因素虽然也能促进中国生产性离岸服务外包发展，但可能受制于服务产业发展程度不高、人力资本综合素质及服务业开放有限等诸多影响还未充分体现出来。

从表5-2中可以发现，之所以出现这种排名格局是与年增长率密切相关。排名第一的居民需求中 $X_8$ 和 $X_9$ 年均增长率分别达23%和24%，排名第二的基础设施中 $X_{11}$ 和 $X_{12}$ 年均增长为27%和20%，排名第三的知识产权大类 $X_{16}$ 和 $X_{18}$ 也都在21%左右。排在前三的大类指标中均有两个影响因素的年均增长率超过20%，而排在它们后面的一级指标内至多有一个因素年均增长超过20%。将服务经济、人力资本及对外开放三大类指标影响程度拉低的分别是 $X_5$（第三产业就业人数）、$X_{14}$（高等教育毛入学率）及 $X_{21}$（FDI），这三个因素是24个指标中年均增长率只有个位数、增长非常缓慢的三个指标。从中可得到，中国生产性离岸服务外包的发展仍需建立在各影响因素本身的一定速度增长的基础上。

（4）稳健性检验。自邓氏关联度提出利用位移差反映两序列间发展过程或量级的相近性以来，一些学者在应用过程中指出了其在计算过程中的一些缺陷。何文章和郭鹏（1999）指出，在给定分辨系数 $\varepsilon$ 的情况下，邓氏关联度的次序与具体采用的无量纲化处理方式有关，即不具有保序性，因而可能有失规范。[①] 为此，本书又采用以初始值为标准序列去量纲法对中国生产性离岸服务外包与24个影响因素指标进行了重新计算，以检验因素次序与结论的稳定性，具体结果如表5-4所示。从中可以发现，在以初始值为去量纲化方法下，灰色关联度系数大小的波动幅度收窄，主要是由于在计算过程中取数据绝对差的最小值以初始值为纲时统一为0。两组系数的波动差处于区间 [-0.08589，0.09682]，最小的波动差绝对值为0.00008284，意味着系数大小及次序存在一定幅度内的差别。但两种情况下的综合关联度系数分别为0.6444和0.6572，相差的绝对距离比较有限。也就是说，母序列与子序列系统之间的灰色综合关联大小影响趋于收敛。虽然单个影响因素的位列存在区别，但两组灰色关联系数的绝对值仍较稳定，说明两种算法下灰色关联度大致趋同。由于通过权重确定进行平衡，

① 何文章、郭鹏：《关于灰色关联度中的几个问题的讨论》，《数理统计与管理》1999年第6期。

相对来讲，施加权重后的次序与以均值序列为量纲时的结果比较相近。而且通过数列均值为标准序列所计算的结果具有一定的波动宽幅，方便进行聚类分析。

表5-4 中国生产性离岸服务外包影响因素灰色关联度稳定性检验

| | $X_1$ | $X_2$ | $X_3$ | $X_4$ | $X_5$ | $X_6$ | $X_7$ | $X_8$ | $X_9$ | $X_{10}$ | $X_{11}$ | $X_{12}$ |
|---|---|---|---|---|---|---|---|---|---|---|---|---|
| $\gamma_{0i}$ | 0.641 | 0.689 | 0.657 | 0.656 | 0.557 | 0.646 | 0.622 | 0.758 | 0.719 | 0.580 | 0.753 | 0.656 |
| $\gamma'_{0i}$ | 0.654 | 0.665 | 0.659 | 0.655 | 0.642 | 0.659 | 0.651 | 0.662 | 0.669 | 0.666 | 0.674 | 0.671 |
| | $X_{13}$ | $X_{14}$ | $X_{15}$ | $X_{16}$ | $X_{17}$ | $X_{18}$ | $X_{19}$ | $X_{20}$ | $X_{21}$ | $X_{22}$ | $X_{23}$ | $X_{24}$ |
| $\gamma_{0i}$ | 0.693 | 0.581 | 0.579 | 0.694 | 0.593 | 0.695 | 0.626 | 0.651 | 0.590 | 0.668 | 0.618 | 0.543 |
| $\gamma'_{0i}$ | 0.663 | 0.644 | 0.647 | 0.671 | 0.646 | 0.665 | 0.650 | 0.650 | 0.649 | 0.661 | 0.672 | 0.629 |

注：$\gamma_{0i}$以数列均值为标准序列，$\gamma'_{0i}$以初始值为标准序列。
资料来源：笔者计算。

# 四、结论与讨论

转变经济增长方式，加快产业结构升级，是中国经济新常态化发展的必然要求与重要目标。从现实国情来看，对外开放与出口导向仍是中国获得经济增长及技术溢出等诸多效应的重要战略。在一段时间之内，利用外资与参与全球价值链（Global Value Chain，GVC）带来的技术、知识、人才、观念及管理等方面的外溢效应仍是中国增强自主创新本领、实现产业较快速升级的一个重要途径。促进服务外包产业竞争力的提高，将有助于实现经济转型、结构升级及小康社会的发展目标。本节通过理论和实证分析，研究了2007~2013年中国生产性离岸服务外包竞争力的影响因素。国际离岸服务外包是伴随全球经济服务化趋势深入与互联网技术发展而出现的新兴产业。通过承接离岸服务外包，发展中国家可以实现产业结构优化、就业创造、国际分工地位的提升等经济社会利益，因而各国争相采取措施提高本土服务外包竞争力以获得更多规模、更高级别的国际外包及由此引致的诸多红利。中国以投资为主导的经济增长模式对社会生产及生活等基础设施的提高起到了很大的促进作用，很多基础设施条件得到很大改善，是中国国家竞争力的重要支撑来源。党的十七大报告明确提出发展现代服务业、提高服务业比重和水平的战略目标，党的十八大报告又提出推动服务业特别是现代服务业发展壮大的任务要求之后，国家在推动服务业大发展和营造服务业发展的有利政策与体制环境方面做了很多促进工作。尤其是自 2006 年以来在政策激励的作用下，中国服务外包产业取得了突飞猛进的发展。2012 年中国成为全球第二大服务外包承接国。目前，全国多个城市（如北京、大连、昆山）已形成了一批具有特色的服务外包产业园区以及具有一定国际视野的本土知名企业（如博彦科技、文思海辉、软通动力等）。种种迹象表明了中国生产性离岸服务外包的竞争力逐渐增强的现实。本书在此背景下运用灰色关联理论对 2007~2013 年影响中国生产性离岸服务外包发展的指标因素进行了实证分析。结果表明：以 GDP 等为代表的 24 个影响因素与中国生产性离岸服务外包存在中等适度的灰色关联，其中，以代表总需求水平提高、IT 基础设施改善、研发实力提升的这几个影响指标因素排名次序较靠前。通过聚类分析得到一级大类指标的灰色关联度大小次序为：居民需求>基础设施>知识产权>宏观经济>金融扩张>服务经济>人力资本>对外开放。还发现，2007~2013 年内增速较快的变量指标因素的灰色关联度排名高于此期间增速较缓的指标因素，这说明本次系统中自变量本身的增长幅度对于其灰色关联度大小排名具有较强的影响，中国生产性离岸服务外包产业发展与各因素自身的增长速率有关，也就意味着以经济增长为核心带动其他社会指标提高的发展模式是中国本轮生产性离岸服务外包竞争力得以增强的主要原因。

但也应看到，虽然降低成本是服务外包的主要成因，但随着市场竞争与专业化程度的不断加深，跨国公司在进行发包目的地考虑时质量是一个门限因素，在保证质量的前提下才会选择价格低廉。因此，虽然中国生产性离岸服务外包竞争力取得不错的成绩，但也存在不少可改进的地方。下一轮服务外包的竞争力不能仅仅依靠影响因素的量上的增长，而是要更注重这些因素内涵的提升，如此才能承接到蕴含更高技术、知识及管理等现代生产要素的服务外包。

# 第三节　中国服务外包宏观总体竞争力测算

## 一、中国离岸服务外包总体竞争力测算

### 1. 相关指标选取

根据前期相关理论研究成果，结合数据可得性及国家竞争力因素理论，选取了20个具体细化指标，如表5-5所示，大致包括国家经济总量、服务业发展、城市及私营经济、基础设施、科技发展及对外交流六个大类。成本要素未包括进来的原因在于，随着中国收入水平增加，成本自然会上升，并且，根据 A. T. Kearney 的研究，服务外包承接的劳动力薪酬成本优势并不能持续太久时间，服务发包商更看重的是质量，没有足够的质量保证，成本再低也是吸引不来服务外包的，尤其是中高端服务外包。数据来源于世界银行世界发展指数数据库和《中国统计年鉴》，有些是经测算而得。

表5-5　变量指标发展情况[①]

| 变量 | 指标说明 | 1996 年 | 2012 年 | 增长幅度 |
|---|---|---|---|---|
| $X_1$ | 国内生产总值（亿元） | 71176.6 | 519470.1 | 7.30 |
| $X_2$ | 全社会固定资产投资（亿元） | 22913.5 | 374694.7 | 16.35 |
| $X_3$ | 居民消费水平（元） | 5532 | 21035 | 3.80 |
| $X_4$ | 第三产业增加值（亿元） | 21096 | 231934.48 | 10.99 |
| $X_5$ | 第三产业就业（万人） | 17927 | 27690 | 1.54 |
| $X_6$ | 国内旅游总花费（亿元） | 1638.38 | 22706.22 | 13.86 |

---

[①] 在投资为主导的增长模式下，经济系统中的一些总量指标及硬件基础取得很大改善。而且投资模式的特点之一就是表层建设成就明显。但真正关系国际比较优势的研发、教育及城市软环境方面还存在很大提高空间。服务业的发展由于受到房地产泡沫、腐败、政策性垄断及知识产权保护不力等深层次原因影响而被很大压抑。新一届政府所推行的简化行政审批改革有助于释放要素生产力，可拓展服务业的增长空间。从数据中还可看出，随着移动互联时代的到来，移动通信设备的拥有已逐步取代固定通话设施，成为影响人们生活的重要资产。

| 变量 | 指标说明 | 1996 年 | 2012 年 | 增长幅度 |
|---|---|---|---|---|
| $X_7$ | 城市化率（%） | 0.3048 | 0.5257 | 1.72 |
| $X_8$ | 私营就业占比（%） | 0.144 | 0.4155 | 2.88 |
| $X_9$ | 运输线路长度（万公里） | 252.8 | 774.0214 | 3.06 |
| $X_{10}$ | 移动手机用户（每百人）（只） | 0.55 | 80.76 | 147.06 |
| $X_{11}$ | 电话线拥有量（每百人）（台） | 4.403 | 20.199 | 4.59 |
| $X_{12}$ | 互联网上网人数（万人） | 20 | 56400 | 2820 |
| $X_{13}$ | 高校入学率（%） | 5.0668 | 26.7 | 5.27 |
| $X_{14}$ | 研发人员（人/百万人） | 439.1388 | 1019.5721 | 2.32 |
| $X_{15}$ | 国内居民专利申请数量（个） | 11628 | 535313 | 46.04 |
| $X_{16}$ | 国家财政性教育经费（亿元） | 1671.7046 | 21984.63 | 13.15 |
| $X_{17}$ | 研发支出占 GDP 比重（%） | 0.5683 | 1.9831 | 3.49 |
| $X_{18}$ | 货物进出口总额（百万美元） | 333066 | 4339753.4 | 13.03 |
| $X_{19}$ | 实际利用外资额（百万美元） | 54805 | 113294 | 2.07 |
| $X_{20}$ | 入境过夜游客（万人次） | 22276.5 | 5772.49 | 2.54 |

　　各变量指标从不同角度反映了 1996~2012 年中国经济社会的发展情况，对中国承接离岸服务外包均构成独特影响。由于变量数目较多，需进行降维处理，对所选指标进行因子分析，然后通过因子得分矩阵可以获得此期间各年竞争力综合评价。[①]

　　2. 因子分析

　　将 20 个服务外包竞争力影响因素的具体指标数据通过 SPSS 17.0 进行因子分析，结果显示它们的共同度均达到 90%以上，说明因子提取效果达到统计意义上的高水准，所提取的潜在因子能包含 20 个原变量指标的绝大部分信息。原始变量的差异通常由方差来反映，通过主成分分析法提取公共因子，标准是特征值大于 1。由此可以看出，本次因子分析共得到 2 个潜在因子，两者方差累计贡献率已达 98.245%，如表 5-6 所示，说明这两个潜在因子能比较充分地解释原始 20 个变量所能表达的差异信息，表

---

① 朱福林、夏杰长、王晓红：《中国离岸服务外包国家竞争力及促进效应实证研究》，《商业研究》2015 年第 1 期。

明被用来做中国生产性离岸服务外包竞争力年度评价是可行的。通过对初始因子载荷矩阵通过右乘正交矩阵的方法进行旋转，所得旋转后因子载荷矩阵如表 5-7 所示，可以清楚地反映两个潜在因子在 20 个原始变量上的负荷，从而方便归纳潜在因子隐含的经济含义。

表 5-6 特征根与方差贡献率

| 成分 | 初始特征值 | | | 提取平方和载入 | | | 旋转平方和载入 | | |
| --- | --- | --- | --- | --- | --- | --- | --- | --- | --- |
| | 合计 | 方差(%) | 累积(%) | 合计 | 方差(%) | 累积(%) | 合计 | 方差(%) | 累积(%) |
| 1 | 18.291 | 91.454 | 91.454 | 18.291 | 91.454 | 91.454 | 12.075 | 60.374 | 60.374 |
| 2 | 1.358 | 6.791 | 98.245 | 1.358 | 6.791 | 98.245 | 7.574 | 37.870 | 98.245 |

提取方法：主成分分析法。

表 5-7 旋转因子载荷矩阵

| 指标 | 成分 | | 指标 | 成分 | |
| --- | --- | --- | --- | --- | --- |
| | 1 | 2 | | 1 | 2 |
| $X_1$ | 0.878 | 0.478 | $X_{16}$ | 0.920 | 0.388 |
| $X_2$ | 0.914 | 0.402 | $X_{17}$ | 0.706 | 0.691 |
| $X_3$ | 0.876 | 0.481 | $X_{18}$ | 0.830 | 0.548 |
| $X_4$ | 0.882 | 0.465 | $X_{19}$ | 0.901 | 0.365 |
| $X_6$ | 0.929 | 0.329 | $X_5$ | 0.654 | 0.752 |
| $X_8$ | 0.740 | 0.663 | $X_7$ | 0.673 | 0.729 |
| $X_9$ | 0.712 | 0.680 | $X_{11}$ | 0.129 | 0.987 |
| $X_{10}$ | 0.807 | 0.589 | $X_{13}$ | 0.624 | 0.772 |
| $X_{12}$ | 0.895 | 0.434 | $X_{14}$ | 0.461 | 0.839 |
| $X_{15}$ | 0.928 | 0.349 | $X_{20}$ | 0.588 | 0.798 |

通过观察，除 $X_5$、$X_7$、$X_{11}$、$X_{13}$、$X_{14}$ 及 $X_{20}$ 由第二个公共潜在因子（$F_2$）承载之外，其他 14 个原始变量都可由第一个公共潜在因子（$F_1$）所解释。对比两个公共潜在因子所反映的原始变量的特点，发现第一个公共因子反映的是该模块领域内的硬化指标，基本上可以通过增加投资、投入或政策诱导就可在短期内取得显著增长。但第二个公共因子则偏向于软化

指标，因而增长模式有别于硬化指标，而且由于牵涉到非经济因素，提高的难度比较大。第一、第二个公共潜在因子根据旋转后因子方差贡献度得到的特征值分别为 12.075 和 7.574，通过归一化处理后得到各因子的权重分别为 0.6145 和 0.3855，如此则得出中国生产性离岸服务外包竞争力年度综合评价模型如下：

$$S_t = 0.6145F_{1t} + 0.3855F_{2t} \quad （t = 1，2，\cdots，T） \tag{5-8}$$

其中，$S_t$ 代表 t 期综合得分，$F_1$ 和 $F_2$ 分别代表两个公共因子的标准化得分，通过因子得分系统矩阵（见表 5-8）与标准化后的原始变量线性组合而得。根据综合评价模型，将两因子各年度得分代入得到 1996~2012 年中国生产性离岸服务外包竞争力指数（见图 5-2）。从中可以看出，中国生产性离岸服务外包竞争力在 1996~2012 年保持稳定上升趋势，根据综合评价模型的测算结果，1996~2012 年中国生产性离岸服务外包竞争力提高了 1.88 倍。加入世界贸易组织后增长速度远大于加入前，2007 年比上年增长 2.73 倍，是增幅最大的一年。还应注意到 2005 年之前的 10 年综合评价都处于 0 以下，说明当时中国生产性服务外包产业条件比较不理想，在与印度、爱尔兰等新兴离岸服务外包承接国争夺发达国家的海外发包时处于不利地位。从 2006 年开始，竞争力综合得分扭转负数局势至正，然后保持逐年上升局面。就在同一年，中国商务部推出"千百十工程"，而后国务院陆续批准服务外包基地、示范城市等项目，一批具有区域优势的服务外包产业园也相继发展起来，服务外包竞争力得到明显提升，使中国成为金额仅次于印度的第二大离岸服务外包承接国。但必须看到，随着中国租金及人力成本的不断增加，环境约束日益紧迫，因此下一阶段的离岸服务外包竞争力提升应更多地从软实力方面着手，包括城市规划、生活娱乐、产权制度完善及人文消费等，如此才能吸引到更高层次的服务外包业务。

表 5-8 因子得分系数矩阵

| 指标 | 成分 | | 指标 | 成分 | |
|---|---|---|---|---|---|
| | 1 | 2 | | 1 | 2 |
| $X_1$ | 0.110 | −0.056 | $X_{11}$ | −0.285 | 0.438 |
| $X_2$ | 0.147 | −0.105 | $X_{12}$ | 0.130 | −0.083 |
| $X_3$ | 0.109 | −0.054 | $X_{13}$ | −0.063 | 0.170 |
| $X_4$ | 0.116 | −0.064 | $X_{14}$ | −0.135 | 0.256 |

续表

| 指标 | 成分 | | 指标 | 成分 | |
|---|---|---|---|---|---|
| | 1 | 2 | | 1 | 2 |
| $X_5$ | −0.048 | 0.151 | $X_{15}$ | 0.168 | −0.135 |
| $X_6$ | 0.175 | −0.146 | $X_{16}$ | 0.153 | −0.114 |
| $X_7$ | −0.034 | 0.133 | $X_{17}$ | −0.012 | 0.104 |
| $X_8$ | 0.008 | 0.079 | $X_{18}$ | 0.073 | −0.007 |
| $X_9$ | −0.006 | 0.096 | $X_{19}$ | 0.155 | −0.119 |
| $X_{10}$ | 0.053 | 0.021 | $X_{20}$ | −0.083 | 0.195 |

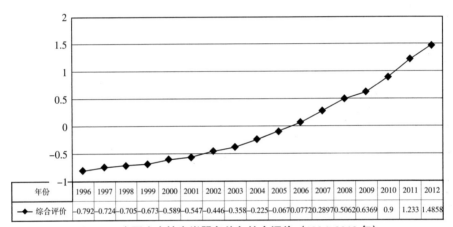

| 年份 | 1996 | 1997 | 1998 | 1999 | 2000 | 2001 | 2002 | 2003 | 2004 | 2005 | 2006 | 2007 | 2008 | 2009 | 2010 | 2011 | 2012 |
|---|---|---|---|---|---|---|---|---|---|---|---|---|---|---|---|---|---|
| 综合评价 | −0.792 | −0.724 | −0.705 | −0.673 | −0.589 | −0.547 | −0.446 | −0.358 | −0.225 | −0.067 | 0.0772 | 0.2897 | 0.5062 | 0.6369 | 0.9 | 1.233 | 1.4858 |

图 5-2　中国生产性离岸服务外包综合评价（1996~2012 年）

### 3. 结论与讨论

离岸服务外包的兴起是产品内国际分工的产物，得益于科技进步与制度条件的轻化演变（卢建平等，2010）。随着服务外包的进一步深化及需求格局的不断变化，重量级发包不再局限于服务附属性功能，甚至将一些原本通过一体化实现的核心业务也转而寻求专业外包。近年来，知识流程离岸外包（KPO）成为显著特点且是发展最具潜力的一个方面，对于发展中国家来说，如何抓住新一轮离岸服务外包的机遇及所带来的溢出效应是事关经济增长质量的重要实际问题。而承接国际外包业务的类型直接受到其国内经济、产业及环境等发展竞争力的影响，不同的竞争力水平只能得到相应技术程度的外包业务，从而所产生的经济拉动效应也存在差别。通过收集 20 个影响因素，并通过因子分析法，测算出 1996~2012 年中国生产性离岸服务外包的综合竞争力指数。

在《全球竞争力报告 2014-2015》排名中，中国较去年进步 1 个名次，排在第 28 位，是金砖国家（中国、印度、俄罗斯、巴西和南非）的"领头羊"。该竞争力设有 12 个竞争力评估指标，包括体制、基础设施、宏观经济环境、健康与教育、高等教育与培训等。进一步研究，中国的竞争力主要来自基础设施、宏观经济及高等教育的快速增长，但软件制约使其面临着进一步提高乏力、质量内涵不高及由此导致的外包性价比问题还存在大量作为空间的困局。既然提高竞争力就可以促进离岸服务外包的发展，那么通过促进影响竞争力的一系列经济社会因素就可以提高服务外包增长水平。正因为下一步的竞争力提高需要以软环境的突破为主导，离岸服务外包竞争力的提高也可能会处于一种渐进式演变路径，通过逐步提高获得长期利好。全国人大常委会第十次会议表决通过了在北京、上海、广州设立知识产权法院的决定。紧接着，北京方面与到访的英国商务、创新和技能部国际大臣就加强知识产权领域合作进行了交流。新举措的推行不仅有利于缓解一直备受发达国家及 WTO 诟病的知识产权执行不力的指责，同时也可以增强发达国家发包商选择中国的信心，因为知识产权保护是离岸服务外包中的关键决策点，是发包商选择外包地的一个重要顾虑。印度离岸服务外包的竞争优势其中之一就是其良好的知识产权保护环境。随着发展阶段的不断演进，中国生产性离岸服务外包的竞争力将不断增强，中国也将获得更大规模的离岸外包额度并成为离岸外包市场的重要一极。

## 二、中国服务外包竞争力对外包的促进效应

服务，尤其是生产性服务，是各行业所需或倚重的中间品，对行业生产率具有很大影响。在现代激烈的国际竞争环境中，生产性服务的提供水平有时在很大程度上决定着一国在全球产业链上的位置。通过承接国际服务外包，国内生产性服务提供部门的生产效率通过示范、学习、模仿及竞争等效应会得到提高，出口能力也可能得到加强。且现代经济效率的提高很大部分来源于 IT 技术的不断深入，而服务外包的发展对国内 IT 相关产业的发展具有非常大的积极影响，因此也有可能会对出口效率具有很大帮助。中国成为仅次于印度的服务外包承接大国，主要顾客来自北美、欧

盟、日本、中国香港、韩国。实践证明，通过承接发达国家或地区的服务外包，东道国能获得可观的技术溢出效应，进而可增强出口竞争力。白瑜婷（2014）通过实证研究发现，国际服务外包对制造业出口具有显著有利效应，而且对生产率较低的制造业，国际服务外包的这种出口影响作用要大于生产率较高的行业[①]，从而对全部行业的平均生产率具有促进效应。根据前面我们测算的中国服务外包竞争力指数，可以看出中国服务外包竞争力持续提高，这一效果会对中国出口带来怎样的实际效果，是一个有待检验的课题。

由于生产性服务本身是为满足企业等组织的职能增强而发展起来，是以产品生产、供应环节而非直接向个人消费者提供的。因此，以国际服务贸易统计中"其他服务"里的"生产性"较强的服务项目出口额作为生产性离岸服务外包变量（$PS_t$），包括通信、保险、金融服务、计算机与信息、专利和特许费及其他商业服务六大类，具体数值来自联合国贸发会（UNCTAD）官方数据库。[②]

1. 单位根检验与协整分析

对时间序列进行协整分析不需要对其进行差分平稳化处理而失去原水平数据中的有用信息，因而受到学术界广泛应用，但需要对时间序列进行单位根检验，大多数研究习惯使用 ADF 方法，具体结果如表 5-9 所示。从中可以看出，在最低显著性水平（10%）下，两个时间序列变量均为非平稳，但经过一阶差分之后，分别通过 10% 和 1% 显著性平稳检验，故它们都是一阶单整 I(1)，因此可在此基础上进行协整分析。在通过 AIC 和 AC 准则确定最佳滞后期为 2 之后，对两个时间序列数据进行协整检验，如表 5-10 所示。得知，LNPS 与 S 之间协整方程存在着长期均衡关系，说明即使在短期内存在随机干扰，可能偏离均值，随着时间的推移将会回到均衡状态。

① 白瑜婷：《服务外包的出口效应——基于制造业生产率差异的门限回归》，《国际贸易问题》2014 年第 7 期。
② 朱福林、夏杰长、胡艳君：《我国生产性离岸服务外包竞争力影响因素的实证研究》，《国际商务》（对外经济贸易大学学报）2015 年第 3 期。

表 5-9 　LNPS$_t$ 和 S$_t$ 的单位根检验

| 变量 | (C，T，K) | ADF | P 值 | D.W. | 临界值 | 结论 |
|---|---|---|---|---|---|---|
| LNPS$_t$ | (C，T，0) | −2.5031 | 0.3214 | 2.3782 | −3.3629** | 不平稳 |
| S$_t$ | (C，T，0) | 1.5599 | 0.9999 | 2.0727 | −3.3422** | 不平稳 |
| ΔLNPS$_{t-1}$ | (C，T，1) | −3.4299 | 0.0877 | 1.6498 | −3.3423** | 平稳 |
| ΔS$_{t-1}$ | (C，T，1) | −5.0817 | 0.0065 | 1.9348 | −4.8001* | 平稳 |

注：C、T、K 分别表示单位根检验方程中的常数项、时间趋势项和滞后阶数。*、** 分别代表 1% 和 10% 显著性水平。

表 5-10 　LNPS$_t$ 与 S$_t$ 的协整检验结果

| 原假设 | 特征根 | 迹统计量（P 值） | 5%临界值 |
|---|---|---|---|
| 0 个协整向量 | 0.81576 | 24.3269（0.0018） | 15.4947 |
| 至少 1 个协整向量 | 0.04501 | 0.94559（0.4217） | 3.84147 |

2. 附带调整机制的动态方程

由协整检验可知，LNPS 和 S 存在唯一的协整关系，在此基础上，建立 VECM 模型可以获得标准化后的具体协整关系方程，不仅可以看出变量之间具体的估计系数，而且可以得到表示各内生变量长期关系的误差修正项，具体表达式为：VECM$_t$ = LNPS$_t$ − 2.2307S$_t$ + 10.2962。由此可知，在长期内，生产性离岸服务外包与竞争力之间呈正相关关系，竞争力每提高 1%，外包就增加 2.2307%，估计系数的 t 统计量为 3.8135，通过统计意义上的显著性水平检验，进一步说明中国在服务外包承接上所取得的成绩与服务外包竞争力休戚相关，从而与这些影响因素不断提高直接相关。但长期的均衡关系可能会受到一些正常或突发事件（如经济周期、次贷危机等事件）的冲击，而一个稳健的协整关系应该具有一种反向修正机制使短期偏离得到纠正，并以较强的调整速率完成。为此，需要观察向量误差修正模型的结果，具体如下：

$$\Delta LNPS_t = -0.0784 VECM_t + 0.3553 \Delta LNPS_{t-1} - 0.4229 \Delta LNPS_{t-2} +$$
$$1.2051 \Delta S_{t-1} + 0.9032 \Delta S_{t-2} - 0.0945$$
$$R^2 = 0.9242,\ Adj\ R^2 = 0.8769,\ F\text{-stat} = 19.5166,\ AIC = -3.8104,\ SC = -3.5365 \tag{5-9}$$

VECM 模型的调整后可决系数达到 0.8769，AIC 和 SC 值都为负且都很小，说明误差修正模型的整体效果良好。而且 VECM 的前面系数为-0.0784，符号为负，说明反向修正机制存在于该经济系统中。也就是说，在短期内，LNPS 和 S 之间可能会偏离长期均衡趋势，但它们的关系由短期偏离向长期均衡可以立刻得到调整，虽然调整的速率不是很快，仅仅以上一年非均衡误差 0.0784 倍进行修正，但毕竟能起到积极作用。恰如很多经济变量之间不一定能维持一贯的相互关系，短期伸缩可能还有助于关系的进一步增强，起到缓冲蓄力的作用，生产性离岸服务外包受到很多国内外客观现实因素的影响，因此在某一年外包竞争力的提高并不能引起离岸服务外包增长，GIP 可能受到系统性风险的冲击而有所下降，但从长期来看，提高竞争力的努力与尝试会收到效果。

3. 结论

生产性离岸服务外包的兴起是产品内国际分工的产物，得益于科技进步与制度条件的演变（卢建平等，2010）。[①] 随着服务外包的进一步深化及需求格局的不断变化，重量级发包不再局限于服务附属性功能，甚至将一些原本通过一体化实现的核心业务也转而寻求专业外包。近年来，知识流程离岸外包（KPO）成为显著特点且是发展最具潜力的一个方面，对于发展中国家来说，如何抓住新一轮离岸服务外包的机遇及所带来的溢出效应是事关经济增长质量的重要实际问题。而承接国际外包业务的类型直接受到其国内经济、产业及环境等发展竞争力的影响。通过收集 20 个影响因素，并通过因子分析法，测算出 1996~2012 年中国生产性离岸服务外包的综合竞争力，结果说明，通过多年来的积累与进步，中国的外包竞争力不断提高，呈逐年增长态势。但需要提出的是，本次竞争力综合评价的提高可能大部分来自各选取领域内的硬件指标，而软件方面的贡献度偏小。但这种竞争力来源结构似乎也与中国目前发展特征相关，与发达国家相比，目前中国的硬件基础建设还有一定提高拉伸空间，但最近几年随着硬件功能的不断增强，软件设施逐渐成为阻碍竞争力提高的"瓶颈"。

研究还发现，离岸服务外包产业竞争力的提高确实能带来中国生产性服务外包承接的增长。运用协整理论与误差修正模型进行实证分析，结果表明，竞争力与离岸外包在长期内存在一种正向积极的促进均衡关系，而

---

① 卢建平、叶玉蕾：《服务外包：转变经济增长方式的绿色引擎》，《开发研究》2010 年第 1 期。

且当经济系统性因素导致两者产生短期偏离时，能以反向修正机制使其重新返回到均衡轨道。进一步研究表明，中国服务外包产业竞争力主要来自基础设施、宏观经济及高等教育的快速增长，但软件制约使其面临着进一步提高乏力以及质量内涵不高及由此导致的外包性价比问题还存在大量作为空间的困局。既然提高服务外包产业竞争力就可以促进离岸服务外包的发展，那么通过促进影响服务外包竞争力的一系列经济社会因素就可以提高服务外包增长水平。

# 三、对中国高新技术产品出口的促进分析

　　高新技术产品的出口在一定程度上能较好地反映一个国家的出口竞争实力，由于其与 IT 行业的相关性较高，因此也在一定程度上代表 ICT 行业的竞争力状况。2013 年世界经济维持"弱增长"态势，国际市场需求呈现低迷局面，而中国高新技术产品的出口保持了平稳增长，全年出口规模达到 6602.2 亿美元，同比增长了 9.8%，净出口规模也进一步扩大，达到1020.9 亿美元，同比增长了 8%。高新技术产品出口对中国总出口及国民经济的贡献持续加大。

　　1. 高新技术产品出口的显性比较优势指标测算

　　显性比较优势（Revealed Comparative Advantage，RCA）是由美国经济学家 Balassa 于 1965 年最早提出，是用于测算国际贸易比较优势的一种方法，可以反映一个国家或地区某一行业或产业贸易的比较优势。具体公式为：

$$RCA_{ij} = (X_{ij}/X_i)/(W_j/W) \qquad (5-10)$$

　　其中，$X_{ij}$ 代表 i 国或地区的 j 产品的出口额，$X_i$ 代表 i 国向世界的总出口额；而 $W_j$ 代表该世界市场上 j 产品的出口额，W 是指世界贸易总出口额。一般认为，如果该指标大于 2.5，就说明 i 国的 j 产业或产品具有极强的竞争力；若在 1.25~2.5，表示具有很强的国际竞争力；若在 0.8~1.25，表明有中度竞争力；如果小于 0.8，则说明该国服务贸易国际竞争力较弱。

　　运用这个公式测算中国信息与通信技术（ICT）产品出口的比较优势，原始数据来源于 UNCTAD，具体结果如图 5-3 所示。从中可以发现，总体来看，2000~2013 年中国信息与通信产业的显示性比较优势指数呈现出先升后缓的趋势，历经一段时间的稳步提升后呈现出一直保持在极强竞争力

区位的趋势特征，表明中国信息与通信技术产品国际比较优势得到提高且近年来优势比较显著。虽然相比欧美国家，中国信息与通信技术起步较晚，但在世界信息与通信服务市场的强势带动、国内产业扶持政策的鼓励与国内巨大需求的刺激等诸多积极因素的促进下，中国的信息与通信服务技术产品出口一直表现出快速增长的势头。此期间中国信息与通信技术产品出口增幅为 13.7 倍，年均增长率达 23.6%，而同期世界信息与通信服务技术产品出口总额增幅仅为 1.92 倍，年均增长也只有 5.7%，中国出口的增加情况远高于世界出口，表明中国信息与通信技术产品的国际竞争力较好地受到了世界市场的肯定。近十几年以来，信息与通信服务技术产品出口在中国外贸出口结构中占据重要位置，占货物贸易的比重一直维持在近 1/3 的水平，极大地改善了中国出口产品的商品结构和贸易条件。

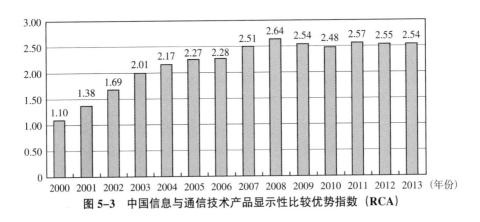

**图 5-3　中国信息与通信技术产品显示性比较优势指数（RCA）**

中国信息与通信技术产品国际比较优势的提高很大程度上得益于国内该领域相关产业基础设施的不断巩固，以及互联网经济的迅猛发展。互联网网络信息中心数据显示，截至 2013 年底，中国网民规模突破 6 亿，其中通过手机上网的网民占 80%；手机用户超过 12 亿，国内域名总数 1844 个，网站数量近 400 万个。2013 年网络购物用户达 3 亿，全国信息消费规模达到 22000 亿元，同比增长 28%；电子商务交易规模突破 10 万亿元。最终顾客需求是引致生产商增加技术投资决策的最原始动力，计算机、网络技术与消费的融合对企业的信息处理能力及响应能力提出了更苛刻的要求。在如此高速发展的互联网循环经济环境下，一大批建立在计算机与网络技术上的服务企业整体实力得到大幅提高，为中国成为世界仅次于印度的第二大服务外包承接国奠定了坚实的微观基础。

2. 计量模型

为检验中国服务外包竞争力提升的实际出口拉动效果，本节以信息与通信技术产品行业的出口竞争优势为衡量对象。考虑到变量之间并非是简单的因果关系及变量的内外生难以区分等问题，通常需建立联立方程组进行分析。因此通过构建向量自回归（Vector Auto Regression，VAR）及向量误差修正（Vector Error Correction，VEC）模型对 2003~2012 年中国服务外包竞争力综合评价指数和信息与通信产品的显性比较优势指数进行时间序列计量分析。本书运用的 VAR 模型形式如下：

$$Y_t = \beta_0 + \sum_{i=1}^{p} \beta_i Y_{t-i} + \varepsilon_t \tag{5-11}$$

其中，t 代表时间，i 代表每期的滞后阶数，p 为最佳滞后期，$Y_t$ = （$RCA_t$，$S_t$），$\beta_0$ 和 $\varepsilon_t$ 分别为常数项和随机扰动项，$\beta_i$ 为待估系数矩阵。为进一步探究系统内变量之间的短期偏离及修正机制，可利用向量误差修正模型进行分析，可用 VEC 模型进行检验。具体模型为：

$$\Delta Y_t = \beta_0 + \sum_{i=1}^{p} \beta_i \Delta Y_{t-i} + \alpha ECM_{t-1} + \varepsilon_t \tag{5-12}$$

其中，t 代表时间，i 代表每期的滞后阶数，p 为最佳滞后期，$Y_t$ = （$RCA_t$，$S_t$），$\Delta$ 代表滞后一阶，$ECM_{t-1}$ 为误差修正项，其实就是协整方程关系式，$\alpha$ 为短期调整系数。

3. 计量结果及其解释

对时间变量序列进行 ADF 单位根检验及 Johansen 协整检验。结果表明，序列变量 $RCA_t$ 和 $S_t$ 均服从 I（2）阶过程，它们的 ADF 统计量均在 10% 的置信度通过临界值检验。[①] 根据 AIC 及 SC 准则，得知最佳滞后期 p = 2，此时系统中存在一个协整方程关系，标准化的协整系数如表 5-11 所示。VAR 模型的平稳性检验获得通过，所有根模均落在单位圆以内，如图 5-4 所示。

---

① 限于篇幅，单位根、协整检验及滞后期确定的具体计算结果未列出。

表 5-11　标准化协整系数

| ΔRCA | ΔS | C |
|---|---|---|
| 1.0000 | −0.1435 | −2.3470 |
| 渐进标准误 | (0.11259) | 0.23129 |
| 对数似然函数值 | 135.1901 | |

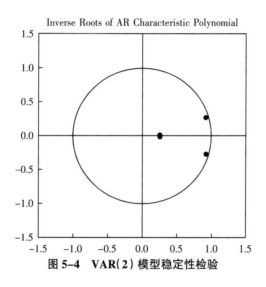

图 5-4　VAR(2)模型稳定性检验

$$\Delta Y_t = \begin{Bmatrix} 0.8373 \\ -0.3503 \end{Bmatrix} + \begin{Bmatrix} 0.7136 & 0.3160 \\ 0.1578 & 1.6301 \end{Bmatrix} \Delta Y_{t-1} + \begin{Bmatrix} -0.0735 & -0.3649 \\ 0.0178 & -0.7280 \end{Bmatrix} \Delta Y_{t-2} +$$

$$\begin{Bmatrix} -0.2986 \\ 0.5490 \end{Bmatrix} VECM_{t-1} \tag{5-13}$$

其中，$Y_t = (RCA_t, S_t)$，$VECM_{t-1}$ 是序列 RCA 与 S 的协整方程，根据表 5-11，$VECM_{t-1}$ 的方程结果为：

$$VECM_{t-1} = \Delta RCA_{t-1} - 0.1435\Delta S_{t-1} - 2.347 \tag{5-14}$$

根据上式，可得：

$$\Delta RCA_{t-1} = 0.1435\Delta S_{t-1} + 2.347 \tag{5-15}$$

方程（5-13）、方程（5-14）和方程（5-15）结果反映了本书测度的两变量之间短期波动及长期内对被解释变量短期偏离的调整影响。根据模型的参数估计结果，上期 RCA 的变化将引致当期 RCA 出现同向变化，上期 RCA 每变动 1%将引起当期 RCA 产生 71.36%变动幅度。但滞后 2 期的 RCA 变化会引致当期 RCA 负向变化，弹性系数为–0.0735，作用比较小。这说明 RCA 存在滞后效应，但过长的滞后期导致滞后效应并不明显，说明在当代科技变革日新月异、技术更替频率居高不下的迅猛发展环境下，此类产品的竞争优势必须不断进行跟进或产品创新才能保持，否则就可能很快失去国际竞争力的基础支撑。再看服务外包竞争力 $S_t$ 对 $RCA_t$ 的短期影响。滞后一期的 S 对 RCA 具有同向变动的促进，服务外包竞争力每提高 1%就能引起信息与服务技术产品出口竞争优势提高 31.6%。但滞后 2 期的 S 表现出–0.3649 水平的负向影响关系。这说明服务外包竞争力对信息与通信技术产品竞争优势的提升具有时限较短的滞后效应。综合两方面短期波动效应可以看出，本模型中的被解释变量（即信息与通信技术产品国际竞争优势）具有较显著的短期滞后性，但其受到自身及解释变量的 $t-1$ 期之前的滞后影响比较小，说明当滞后时间过长之前的竞争力不足以为当期出口比较优势服务。由于中国高速增长的经济带动相关技术优势处于不断更新的轨道之上，促使中国相关产品的国际竞争优势及其竞争力基础条件处于改进式发展的路上，从而导致相关最终产品的比较优势地位持续提高。

短期波动会受到长期均衡的约束，这种调整机制的存在使变量之间虽然呈现出短期偏离倾向，但系统中可能会有足够的调整力度将短期偏离带入均衡态势轨道。方程（5–13）中的 VECM 项系数的大小反映的是短期偏离向长期均衡的调整力度，估计系数为负，说明具有反向修正机制，以 0.2986 的较高速率纠正短期偏离驶向长期均衡轨迹。在长期内服务外包竞争力每提高 1 个百分点，将引起 RCA 增长 0.1435 个百分点，两者的弹性系数为正的 0.1435，也就是说，在 2000~2013 年中国服务外包竞争力的提高总体上使信息与通信技术产品的国际竞争优势获得 14.35%的提高幅度。因此，协整方程结果表明，为了促进中国信息与产品技术产品的出口比较优势，仍须不断地提高中国服务外包竞争力及其原始各项指标。

4. 结论

为检验中国生产性离岸服务外包竞争力提升对出口比较优势的影响与作用，我们衡量了 2000~2013 年中国在信息与通信技术（ICT）产品上的显示性比较优势指数，并作为因变量，对其与自变量 $S_t$（服务外包竞争力指数）构建了 VAR 和 VEC 模型进行了计量分析。结果表明，中国出口比较优势与服务外包竞争力的提高存在长期均衡协整关系。从长期来看，服务外包竞争力每提高1%，中国出口比较优势就能提高14.35%，说明中国服务外包竞争力的提高促进了出口比较优势。但模型结果也显示出两变量之间存在较强的短期波动效应，$RCA_t$和$S_t$各自均存在较强的短期滞后性，均受到自身滞后1期较强的正影响，但都与各自的滞后2期呈负影响相关。虽然存在一定的波动性，但模型系统的VECM项前的系数为负，说明系统自带有修正机制，能很好地将短期偏离调整至长远均衡趋势范围内。正如本次服务外包竞争力指标选取特点所决定的竞争力内涵所揭示的那样，在此期间内中国出口优势仍主要是由经济增长这个大前提环境所带来的。但客观上经济增长的带动能够带来产业竞争力的提升，因此还需不断保持国内经济处于一定速率的增长，可以有所放缓，但不能没有速度，否则不仅影响了服务外包产业的竞争力，可能还会影响到社会很多产业的竞争力。因为通过体量增长可以拉动基础环境的不断提高，进而可能带来相关产业较强的出口国际竞争优势。

## 四、中国服务外包总体竞争力发展建议

2016年3月5日，国务院总理李克强在全国人大会议上作政府工作报告时指出，中国经济结构调整取得积极进展。服务业在国内生产总值中的比重上升到50.5%，首次占据"半壁江山"。随着中国服务业的快速发展，服务外包产业也得到快速发展。目前，中国已成为世界服务贸易及服务外包双重第二大国，服务贸易总额仅次于美国，服务外包规模仅次于印度。服务外包产业是现代服务业蓬勃发展的一个新兴产业，随着组织结构变革及市场竞争节奏的加快，服务外包已跨界发展并融合至所有产业，因此发展服务产业对于中国产业发展具有诸多好处。当然，中国不能满足于服务外包大国的身份，还要向服务外包强国迈进。中国虽然在全球服务外包市场占据一定份额，但与印度相比还存在不小差距。2014年，在全球市场份额上，印度占比43%，高于中国28%的市场份额15个百分点；在服务外包人均产值上，印度服务外包企业人均营业额是3.7万美元，而中国只有1.3万美元；在服务外包企业规模上，虽然中国企业数量超过印度，但在企业规模上，印度最大的11家服务外包企业人员和营业额规模均远高于

中国最大的服务外包企业。[①]

国内一些学者提议中国应走出一条有别于印度的服务外包强国之路，这也是基于中印两国国情不同所得到的判断，况且个别国家的成功经验受到多种确定及不确定因素的影响而不具可复制性，印度服务外包产业得以崛起的优势有一些是中国无法在短期内达到的，如语言、产权意识及民主体制。但也应深思印度服务外包得以稳居全球第一背后诸多基础性因素并加以努力学习，尊重及认可别人的成功经验，而并不是一味地追求中国独创。服务外包产业比较优势的基础性源泉因素可能保持不变，应认识到服务业国际转移与制造业国际转移的依赖点不同。中印两国本身具有鲜明的国别特点，实际过程不可能完全相似，没必要一味求不同，而是应基于中国现实寻求一条更适合国情的服务外包道路，为此，我们提出以下建议：

1. 鼓励私有部门的发展

服务外包产业执行的是一种"人脑+电脑"的运作模式，需要创新性思维与实际问题解决能力，越往高端发展其对人才素质的要求越高。服务接包方有时需要深刻理解客户的需求并做出迅速反应，这对企业活力提出一定要求，而且往往与跨国公司合作需遵守国际游戏规则，而国企显然很难满足这些条件。《中国服务外包发展报告 2015》显示，民营企业和外商独资企业继续在中国服务外包产业中占据主要地位，两者加起来共同承担了 70% 以上的服务外包合同业务。而其他不到 30% 的份额中还有一半左右是由中外合资企业创造。因此，私有经济部门承担了中国服务外包产业从大国变强国的重要使命。既然如此，就应大力发展与扩大民营与外资经济所应享有的权利。我们建议，企业不论大小，一视同仁地降低包括服务外包企业在内的民营企业的各种税收及非税负担，进一步扩大开放，让各个企业自行经营决策，从而克服国家办企业的弊端。

2. 积极推进政治体制改革

从动作模式上来看，服务外包产业不同于传统制造业，前者主要是一种运用知识解决问题的工作，因而更依赖于自由、民主、公正和清明的法制环境；后者建立在简单重复的生产线上。因此，只有推动政治体制改革，割断各主管部门、国企（特别是大中型行政垄断国企）的既得利益关系，

---

① 舒凯：《建设全球服务外包强国——专访商务部国际贸易经济合作研究院副院长李钢》，《服务外包》2016 年第 4 期。

才有利于真正公开、公平地将政府和国企的庞大服务发包需求释放出来。

政治体制改革有利于改善中国的制度质量，研究表明，制度的好坏与国际贸易的开展具有显著正相关性，制度越好的国家越容易吸引到跨国公司的贸易与投资青睐。当前，阻碍中国经济进一步发展的因素往往不在经济领域，而是在政治领域。当前中国经济改革已将政治改革远远抛在后面。一些旧的政治体制已严重阻碍中国经济的进一步深层结构转型。

3. 城市规划新理念

中国很多城市，尤其是大城市与特大城市的建设长期以来基本上按照柯布西埃的"光辉城市"模式，大型商业区与居住区分离。其实，这种城市建设模式已经在 20 世纪 60 年代受到简·雅各布斯《美国大城市的死与生》一书的批判，已经不再是国际城市规划的主流。雅各布斯所推崇的城市设计类似于纽约曼哈顿格林威治村一带的地方，这种设计特点非常明显，两条路之间街区很小，几分钟之内就可以走过，且商业区与住宅区混合，一方面避免了交通压力太大，另一方面避免了晚上商业区"鬼城"似的空旷。这一模式非常值得中国城市建设规划者参考。而且在目前的城市规划中，很少明确考虑到国际及欧美人士的生活特点，电视直播与酒吧、咖啡馆的文化融合氛围还很欠缺。

4. 知识产权保护

印度服务外包产业的巨大成功与其知识产权法律体系的完备密不可分。印度沿袭了英国殖民地时期私有产权保护传统，其知识产权保护早已与国际接轨，其目前现行的知识产权保护已达到较高的国际水准，这在发展中国家是难能可贵的。服务外包产业，尤其是对于技术复杂的中高端服务外包而言，知识产权的保护与保密承诺和坚守是跨国公司选择目的地企业的重要考量因素。相比而言，最近几年中国在知识产权保护方面已取得长足进步并继续朝有利方向发展，在一些地方法院也设立知识产权庭。但知识产权保护长期以来一直遇到执行难的问题，至今未根本好转。在中国社会存在的"老赖"、盗版等不守信用的现象严重阻碍了知识产权保护法的推进。因此，国家应加大对违法失信行业的惩处，防止违法成本过低，提倡遵守知识产权的优良品德，加大对知识产权保护的法律执行力度。

# 第四节　服务外包示范城市竞争力比较研究

## 一、服务外包示范城市的产生

服务外包作为一种重要的经济增长引擎逐渐得到认可，作为服务贸易的重要组成部分对促进产业结构升级具有重要作用。服务外包具有明显的城市聚集特征，依托于城市提供的基础设施与人力资本等便利条件。受2008 年美国次贷危机的影响，全球经济低迷导致中国进出口出现一定程度的下滑，为抵消国际金融危机带来的负面影响，同时为实现"保增长、扩内需、调结构"的发展目标，中国需要寻求并培育新的产业增长点。服务外包产业是一个很不错的选择。国际经验表明，通过发展服务外包可以实现经济与贸易方式转变，提升出口技术结构及外资利用层次，以及扩大高校毕业生就业，缓解日益严峻的大学生就业形势。为此，国务院下发了《关于促进服务外包产业发展问题的复函》，根据已有产业基础发展状况，率先在北京、天津、上海等 20 个城市开展服务外包示范城市建设，通过服务外包示范城市探讨服务外包产业发展与运行规律，培育服务外包发展引领城市并带动其他城市的加入，从而进一步提升中国服务外包产业发展水平。不久，厦门市被增列为第 21 个示范城市。

由于服务外包示范城市取得不错效果，2014 年 12 月，国务院颁布《关于促进服务外包产业加快发展的意见》（以下简称《意见》）进一步指导服务外包产业发展。该文件指出，一段时间以来，中国服务外包产业发展迅速，表现在：规模不断扩大，产业结构得到优化，服务外包产业城市聚焦效应较好地显现。在此基础上，中国服务外包产业应坚持更高方面，以面向全球市场与发展高技术、高附加值为方向，通过改革创新促进服务外包产业升级。通过大众创业、万众创新等一系列基础活动推动中国服务外包产业优势逐步由低成本向高质量转变，摆脱价值链低端锁定，转由高技术、高智力、高层次竞争。这对于中国产业结构的调整与升级、外贸增长新亮点的形成、现代服务业的发展及就业渠道的扩大等均具有重要积极作用。通过国内服务外包产业基础的提升，进一步促进中国服务外包产业的发展水平，推动"中国服务"国际品牌效应。同时，考虑到服务外包产业在推动区域协同发展方面的效应，综合东、中、西部服务外包产业的培育，该《意见》决定将服务外包城市从 21 个有序扩容到 31 个。

## 二、服务外包示范城市的业绩

中国服务外包发展与政府大力扶持密不可分。"十一五"规划明确提出，要"建设若干服务外包基地，有序承接国际服务业转移"，说明国家意识到服务业国际转移趋势正加速到来，必须抓住这一机遇，带动国内经济增长。为实现这一目标，2006 年商务部启动了"千百十"工程，即在"十一五"期间，每年投入不少于 1 亿元资金，建设 10 个具有一定国际竞争力的服务外包基地城市，推动 100 家世界著名跨国公司将其一定规模的服务外包转移至中国，培育 1000 家具有国际资质的大中型服务外包企业。

经过多年培育，服务外包示范城市已发展成中国服务外包产业的"排头兵"。在国家及地方政府的大力扶持下，服务外包示范城市获得快速发展。服务外包示范城市由于具有较好的基础设施、产业环境及交通条件等优势，成为跨国发包商向中国发包的首选目的地。据《中国服务外包发展报告 2015》，2014 年示范城市共承接离岸服务外包合同金额 641.4 亿美元，合同执行额达 497.1 亿美元，同比增长 15.5% 和 23.4%，占全国的比重分别为 89.3% 和 88.9%，高于 2013 年的示范城市占全国的比重 82% 和 87.2%，说明服务外包产业城市集中度有所提高，服务外包加速向示范城市聚集。与此相对应的是，示范城市也是服务外包企业及从业人员的聚集区，截至 2013 年底，21 个示范城市已经汇集了全国 69.6% 的服务外包企业和 69% 的从业人员。示范城市以占全国 70% 的企业和人员创造了全国 90% 的离岸服务外包产值，说明示范城市在承接服务外包市场上占据主导地位。

## 三、服务外包示范城市竞争力比较

积极承接国际服务外包，不仅能加强与国际经济贸易的联系、提升城市产业结构、增强城市国际化建设，同时，发展服务外包也需要各城市具有一定的产业及环境竞争力，这直接与所承接的服务外包数量与质量休戚相关。众所周知，服务外包的国际竞争日趋激烈，诸多发展中国家都想通过服务外包实现发展经济、提高生活水平的目标，为此要吸引到更多高技术含量的服务外包，中国的服务外包城市不仅要与国内兄弟城市比拼，甚至还要与印度、菲律宾等一些发展中国家的服务外包城市较量。因此，服务外包城市竞争力比较应具有国际视野，不能只满足于国内竞争力名次的提高，而应具有国际竞争忧患意识。

自国家提出建设服务外包基地城市以来，服务外包在各基地城市获得了快速增长。一些学者通过采集数据并运用定量方法对服务外包城市竞争力进行了评价。孙晓琴（2008）选取了 17 个影响服务外包的因素指标，对全国 17 个服务外包城市的外包竞争进行了评价，结果发现，上海、北京、广州、杭州为服务外包综合竞争力最强的城市，天津、成都、苏州、深圳、无锡发展潜力较大，武汉、西安、南京、济南、大连具有环境优势，合肥、常州和大庆排名倒数前三位。[①]艾明和侯志翔（2010）选取了 15 个服务外包影响因素指标对 16 个基地城市进行了比较，发现北京、上海、广州、大连综合排名最高，哈尔滨、合肥和济南排名最后。[②]王江和王丹（2012）对 6 个服务外包基地城市的竞争力比较显示，排名依次为上海、北京、成都、深圳、大连和西安。[③]

为了将国家优惠政策这把好钢用到刀刃上，并形成优胜劣汰的工作机制，根据《国务院办公厅关于进一步促进服务外包产业发展的复函》（国办函〔2013〕33 号），商务部等部门联合印发《关于开展中国服务外包示范城市综合评价工作的通知》（商服贸函〔2015〕256 号），希望通过综合评价对各服务外包城市进行激励。服务外包基地城市由于享受到国家税收、资金等方面的支持，应奖励服务外包发展好的城市，而对得到好处却不发展的城市进行淘汰。按照国务院批准的《中国服务外包示范城市综合评价办法》，2014 年由商务部委托第三方专业测评机构，对 21 个服务外包示范城市开展了综合评价工作。通过选取 58 项指标数据运用定量方法测算出不同维度的得分排名。其中，12 项数据指标来源于商务部服务外

① 孙晓琴：《我国服务外包城市竞争力评价研究》，《国际经贸探索》2008 年第 7 期。
② 艾明、侯志翔：《西安服务外包竞争力实证研究——基于 16 个服务外包基地城市的比较研究》，《经济问题》2010 年第 8 期。
③ 王江、王丹：《新形势下北京服务外包的竞争力评价及发展前景》，《国际商务》（对外经贸大学学报）2012 年第 5 期。

包管理信息系统数据，45 项数据指标采自由城市报送的数据，最后一项电信费用采用统计公报数据。针对部分城市存在数据缺报等情况，第三方机构采用了统计局或统计公报中数据进行代替。指标数据使用均值法无量纲化处理。具体分值表示如下：综合得分的均值为 100 分，一级指标"产业发展情况"的均值为 45 分、"基础设施状况"的均值为 7 分、"人才培养培训与就业"的均值为 25 分、"要素成本"的均值为 8 分、"政策措施"的均值为 15 分。因此，若该服务外包示范城市的综合得分高于 100 分，则表明其服务外包产业总体发展水平高于平均；反之，若低于 100 分，则表明该服务外包示范城市发展水平低于平均。[①] 鉴于商务部数据库的权威性，以及数据的公开性和测算方法的稳定性，本书采取这一研究成果来进行服务外包示范城市的竞争力比较研究。

根据综合评价情况（见表 5-12），2014 年有 8 个城市超过平均得分，分别为南京、上海、广州、苏州、杭州、无锡、深圳和北京。长三角城市优势比较突出，珠三角地区其次，北京凭借其独特的政治、技术条件具有较大优势。综合得分较低的城市主要集中在东北地区以及中西部内陆地区及厦门。总体来看，2014 年 21 个示范城市服务外包总体发展差距较 2013 年略有缩小。从各城市排名变化情况来看，2014 年排名较 2013 年有所变化的城市有 15 个，其中，2014 年南昌的排名比 2013 年有较大的提升，而大连、北京的同比排名则有明显下滑。

表 5-12　2014 年服务外包示范城市综合评价情况

| 序号 | 城市 | 产业发展情况 | 基础设施状况 | 人才培养培训与就业 | 成本要素 | 政策措施 | 综合得分 |
|---|---|---|---|---|---|---|---|
| 1 | 南京 | 110.97 | 10.89 | 33.37 | 5.86 | 8.39 | 169.48 |
| 2 | 上海 | 77.73 | 9.88 | 56 | 5.15 | 20.31 | 169.08 |
| 3 | 广州 | 68.84 | 8.45 | 63.07 | 5.95 | 17.87 | 164.18 |
| 4 | 苏州 | 86.08 | 10.77 | 29.43 | 6.62 | 30.46 | 163.37 |
| 5 | 杭州 | 64.2 | 7.07 | 19.57 | 7.02 | 31.03 | 128.89 |
| 6 | 无锡 | 75.08 | 4.16 | 17.81 | 7.76 | 18.07 | 122.89 |

① 商务部服务贸易与商贸服务司：《2014 年中国服务外包示范城市综合评价结果》，《服务外包》2016 年第 1 期。

续表

| 序号 | 城市 | 产业发展情况 | 基础设施状况 | 人才培养培训与就业 | 成本要素 | 政策措施 | 综合得分 |
|------|------|------------|------------|------------------|---------|---------|---------|
| 7 | 深圳 | 53.05 | 6.94 | 30.67 | 5.4 | 20.71 | 116.77 |
| 8 | 北京 | 58.24 | 11.28 | 23.72 | 4.56 | 15.58 | 113.37 |
| 9 | 济南 | 37.67 | 6.14 | 30.77 | 7.7 | 12.96 | 95.24 |
| 10 | 合肥 | 23.81 | 25.02 | 21.79 | 8.24 | 13.14 | 92.01 |
| 11 | 南昌 | 46.59 | 2.36 | 20.05 | 8.88 | 12.66 | 90.55 |
| 12 | 天津 | 32.89 | 4.3 | 32.81 | 7.92 | 12.14 | 90.06 |
| 13 | 成都 | 27.01 | 7.03 | 27.83 | 8.79 | 19 | 89.65 |
| 14 | 重庆 | 37.67 | 5.92 | 25.52 | 7.87 | 11.07 | 88.05 |
| 15 | 武汉 | 28.07 | 6.36 | 19.08 | 9.49 | 10.16 | 73.16 |
| 16 | 大连 | 30.14 | 4.27 | 16.66 | 7.08 | 11.85 | 70 |
| 17 | 西安 | 23.6 | 4.23 | 16.94 | 10.69 | 10.83 | 66.3 |
| 18 | 长沙 | 22.91 | 3.52 | 18.27 | 8.91 | 8.33 | 61.94 |
| 19 | 厦门 | 22.16 | 2.65 | 8.57 | 11.29 | 13.88 | 58.55 |
| 20 | 哈尔滨 | 13.71 | 4.02 | 10.8 | 9.09 | 11.41 | 49.02 |
| 21 | 大庆 | 4.58 | 1.75 | 2.26 | 13.72 | 5.14 | 27.46 |

注：综合评价数据采用均值法无量纲化处理。综合得分的均值为100分，一级指标"产业发展情况"的均值为45分、"基础设施状况"的均值为7分、"人才培养培训与就业"的均值为25分、"要素成本"的均值为8分、"政策措施"的均值为15分。综合得分高于100分，说明产业总体发展高于平均水平，综合得分低于100分，说明产业总体发展低于平均水平。

资料来源：商务部：《2014年中国服务外包示范城市综合评价结果》。

（1）在产业发展情况方面，共有9个城市超过平均分45分。其中，南京得分最高，且领先第二名的苏州将近25个百分点。各城市的产业发展竞争力指数差异较大，最小的大庆得分不足5分。根据原始指标设计，21个示范城市"产业发展情况"方面的差异主要来自"高技术服务业产业收入""承接在岸服务外包合同执行金额"及"服务外包企业"指标等方面。在这些指标项目上，长三角地区的城市与其他区域的城市相比具有明显优势，其中，苏州、南京在服务外包企业总数、新增服务外包企业数量这两项上得分最高，且苏州、上海、无锡是拥有离岸服务外包业务的服务外包企业聚焦最多的城市。另外，上海的技术先进型企业明显多于其他城市，苏州、南京年营业额 500 万美元以上的企业也较其他城市具有明显优势。在业务规模方面，无锡、南京在承接在岸服务外包合同执行金额方面表现突出，上海的高技术服务业产业收入、深圳的服务外包企业实缴税额明显高于其他城市。南昌在企业国际资质认证方面优势显著，国际资质认证数量居各示范城市首位。南京开展服务外包业务的产业园区数量远远多于其他城市，北京、西安、天津的服务外包园区载体集中度最高，园区服务外包收入占城市服务外包收入的比重均达 95% 以上。从各城市的排名位置变化情况来看，示范城市中"产业发展情况"得分排名较 2013 年有较大提升的主要有南昌、无锡、济南，有明显下降的有北京、大连。

（2）在基础设施状况方面，2014 年超过平均分 7 分的有合肥、北京、南京、苏州、上海、广州和成都 7 个城市。排名倒数前三的依次为大庆、南昌、厦门。苏州、北京分别拥有最多的互联网宽带接入用户和移动互联网用户，在网络普及方面优势明显。在交通方面，广州、北京的民航客运量最大，成都则在铁路客运量指标上排名第一。在公共服务平台的数量统计方面，武汉的公共服务平台最多，其次是合肥。从各城市的排名变化情况来看，示范城市中"基础设施状况"得分排名较 2013 年有明显上升的主要有苏州、重庆、成都、北京、武汉、上海、广州，排名显著下降的主要有厦门、大连、南昌、济南。

（3）在人才培养与就业方面，得分最高的是广州，其次为上海，它们构成第一梯队，其次，南京、天津、济南和深圳依次排列并构成第二梯队。有 9 个城市得分超过平均分 25 分。大庆、厦门和哈尔滨排名倒数前三。其中，在人才培养与就业这个指标上，各示范城市之间在"留学归国人员""外籍员工""服务外包培训机构""高校毕业生见习基地"及"大学生实习基地"这几个方面具有较大差异。在人员就业指标方面，广州在服务外包企业新增就业人员和新增大学生就业这两项上表现突出，而南京在新增经培训后就业人员这一指标上最多，上海、成都分别在留学归国人员及外籍员工方面呈现显著的优势。各城市都把人才培训培养作为推动服务外包产业发展的重要内容。其中，长沙在高校人才培养基础方面具有一定优势，其高校毕业生数量及服务外包相关专业毕业生最多；而在大学生实习见习方面，深圳、广州拥有最多大学生实习基地，上海的高校毕业生见习基地最多，济南的服务外包企业接纳实习大学生及接纳见习高校毕业生均排名第一；在培训机构的发展和人才方面，服务外包培训机构数量和培训机构培训/实训人员最多的分别是天津、广州。

（4）在要素成本方面，综合评价得分排名靠后的一些城市如大庆、厦门、西安等打了一个翻身仗，大庆排名第一，厦门第二，西安第三，武汉第四，哈尔滨第五。有9个城市超过平均分8分。其中，各城市之间得分差异相对较大的指标主要是"商品房平均销售价格"及"电信费用"。在商务成本方面，商品房平均销售价格最低的是长沙，最高的是深圳；电信费用最低的是西安，最高的是哈尔滨；北京的用电平均价格最高，苏州用电平均价格最便宜。在人力成本方面，北京、上海的城镇单位在岗职工平均工资明显高于其他城市。

东北及中西部地区房租、薪酬及生产成本较低，使这些城市具有要素成本上的优势。但要素成本优势并不意味着全部，要素成本低可能也无法吸引高端服务外包人才的引进，而且以追求降低成本为目标的外包其利润较低，附加值小，从而影响服务外包的层次。

（5）在政策措施方面，有8个城市得分超过均值15分。杭州与苏州分列第一位、第二位，属于第一梯队，与其他城市相比具有显著优势，说明这两个城市对服务外包企业的税收减免及资金扶持力度较大。深圳、上海、成都、无锡和广州紧随其后，北京仅超过平均分（15分）0.58个百分点。大庆、长沙和南京排名倒数前三位。

从政策措施的得分情况看，各示范城市的总体差异不是很大，差异主要体现在财税优惠免除金额和优惠金额方面。其中，大连获得了较多的中央财政资金实际拨付金额。杭州、苏州是地方财政依照中央配套实际拨付金额较高的城市；通过中央财政资金支持获得培训人数最多的是大连与上海。

在税收优惠方面，珠三角的广州比较突出，在广州的服务外包企业享受到最多的税收优惠金额。而苏州、无锡是享受到增值税免税销售额最多的城市。在企业所得税方面，杭州、苏州享受的优惠金额最多。深圳在按15%低税率减免所得税金额、企业职工教育经费税前扣除总额这两项指标上均排名第一。合肥与南昌两地是职工教育经费税前扣除比例超过2.5%的企业数量最多的城市。

商务部推出的服务外包示范城市综合评价与有些学者们所做的城市竞争力定量研究所用方法其实类似，由于数据指标选取不同导致评价结果也存在差异。但鉴于商务部作为服务外包的中央级主管单位，其数据来源及调查优势十分明显，因此其结果具有很大的参考价值。

## 四、结论与建议

上述综合评价结果在一定程度上反映了 21 个示范城市的服务外包产业优势特点。与中国经济发展不平衡一样，服务外包示范城市发展也受到区域经济水平的影响表现出不平衡。长三角地区是中国经济的龙头，排名前五的示范城市长三角地区就占了四席，中西部及东北地区排名较后。但区域发展本身就是不平衡的，因为天然、历史等复杂原因导致的区域发展差异格局也无须人为地去抹平。但也发现，长三角、北京等较为发达的地区要素成本在增长，进一步压缩了服务外包企业的利润空间，今后在国内范围内有可能实现服务外包产业的二次或三次大转移，中西部城市将凭借要素成本优势获得发展。

自国家推出服务外包示范城市建设以来，各城市积极出台众多优惠政策措施推进服务外包产业发展并取得显著成效。自 2015 年 1 月起国家启动了有序新增 10 个服务外包示范城市的步伐，服务外包示范城市将由 21 个增加到 31 个，主要是看重了服务外包对于城市经济的实际拉动作用。2014 年，21 个示范城市完成离岸服务外包执行额占全国总量的 88.9%。服务外包产业必须以城市为基地，缺少城市提供的基础设施环境服务外包产业也很难成长与发展。中国地理广阔，区域发展不平衡，示范城市发展程度也各异，为进一步迎接服务业国际转移，承接高水平服务外包，提出建议如下：

### 1. 结合区域优势

东部沿海地区是中国服务外包产业发展最快且最为集中的区域，其中，长三角是中国服务外包产业最重要聚集区。对于长三角示范城市，充分利用长三角产业群优势加强与制造业的融合，为先进制造业提供先进生产性服务，另外，利用对外开放优势吸引一批具有国际影响力的服务外包跨国企业入驻，通过外资带动、内资跟进提升服务外包产业水平。京津冀地区也是中国服务外包产业重要地区，该地区主要是北京、天津服务外包发展突出。北京的服务外包产业发展水平较高，企业的国际化水平也较高，承接了大量国际服务外包业务，企业接包的离岸率高于其他城市，因此北京将继续利用及挖掘其高校人才、国际化交往优势发展国际服务外包。广州和深圳等东南沿海城市基于地缘人文条件具有承接港澳业务的天然优势。大连应利用与日本建立的友好合作关系，继续发展对日服务接包，同时努力拓展欧美市场，完成有能力实现"东北亚服务外包交易中心"的定位。

### 2. 发展特色产业聚集

每个示范城市的产业结构、重点行业是不同的，而且城市所属的区域产业结构与优势也不同。因此，示范城市应根据城市定位、产业特色等厘清当地服务外包产业的定位，通过贯通特色垂直行业上下游产业链，打造服务外包特色名片。北京、上海明确建立文化、科技创新中心，因此应加强服务外包的创新，继续发挥服务外包领军城市的作用。杭州可依托阿里集团互联网优势大力发展跨境电商、物联网等相互服务外包产业。目前，武汉在医药和生物技术行业持续发力，围绕生物医药、生物农业、医疗器械、生物制造、健康服务和生物能源六大领域，打造集研发、孵化、生产、物流为一体的生物产业链，成为中部地区 CRO 重要聚集地；合肥依托家电制造传统优势，在智能家电研发、空港物流、供应链管理等业务领域发展迅猛。

### 3. 避免同质化恶性竞争

排除各地盲目竞争，避免出现同质化恶化竞争现象，应吸引前期工业、制造业固定投资的经验教训。在前一轮生产与制造投资拉动经济增长的模式主导下，许多地方盲目跟风上项目，导致区域间产业雷同，最终导致钢铁、煤炭等产能过剩。现在如何去库存、去产能成为政府与社会面临的棘手难题。

### 4. 继续加大政策优惠力度

印度之所以能创造"班加罗尔"式的奇迹与政府特殊的税收优惠政策是分不开的。班加罗尔位于印度南部，面积 174.7 平方千米，人口 600 万，是卡纳塔卡邦首府，远离国内政治、经济发展中心（距印度首都新德里2000 千米，到金融中心孟买和东部最大城市加尔各答也较远）。目前，班加罗尔发展成印度工业、商业中心，以软件业著称于世，被誉为印度"硅谷"。班加罗尔在确定了软件优先、软件立市的发展目标后，中央及地方政府在基础设施、财政税收政策方面给予了大量支持。班加罗尔软件科技园直接归印度电子部直管。在该科技园内建立了一个卫星基站作为印度唯一的网络操作中心，通过微波中继和卫星地面站与国内外用户联系，方便园区企业为国际用户提供服务。印度的政策优惠力度很大，如：凡软件产品全部出口的企业免交所得税；风险基金投资任何项目所得，包括利息收入，均免征所得税；外资控股可达 100%；对计算机业及其相关外围产业只征收 0.25% 的税收，是印度有史以来最低的税率。

# 第六章　中国服务外包企业竞争力研究

## ——基于调查问卷的分析

企业是国际竞争的主体，也是国家竞争力的重要体现，是一国经济实力、政治优越性、文化生命力、制度质量等诸多环境因素的集中表现。近年来，国际服务外包市场竞争程度不断加大，中国服务外包企业面临全球竞争的格局日益严峻，如何提高服务外包企业竞争力将是影响中国通过服务外包承接获取产业升级、工业效率等经济效应的关键性问题。

从时间纵向来看，中国服务外包企业整体实力得到增强，涌现出博彦科技、文思海辉这样的大型服务外包企业。不少服务外包企业经过 20 年左右时间的打磨逐渐成长为业务成熟型公司，在国内外业界均享有一定知名度。但中国服务外包企业在规模、利润率、国际化等核心能力方面与服务外包强国同行还具有一定差距。

据商务部《中国服务外包发展报告 2015》，截至 2014 年底，全国共新增服务外包企业 3309 家，总数达 28127 家，同比增长 13.3%，发展十分迅速。其中，示范城市新增服务外包企业数量约占全国的 66.5%。其中，民营与外商独资占据主要地位，中外合资的比重也有所增加，说明服务外包产业比较适合非国有企业的运营模式。服务外包企业的发展为城市经济带来了科技活力，缓解了大学生就业压力，并能有效地促进服务业及工业效率，促使本土企业积极主动地融入全球价值链体系，加强企业肌肉的锻炼。

# 第一节 中国服务外包企业竞争力现状
## 调查分析

为更好地摸清现阶段中国服务外包企业发展状况、总结服务外包发展经验及检验政策效果，在国家社科基金重大项目的资助下，课题组对北京、合肥、成都等产业园区的服务外包企业发放问卷。经筛选共得到可用于比较分析的有效问卷 72 份。现将从以下几个方面对本次调研得到的服务外包样本企业整体情况进行说明。

## 一、服务外包企业基本情况

表 6-1 呈现了调查样本企业的基本情况。从中可以发现，总体来看，服务外包企业仍以中小规模为主，人数 1000 人以下的占 72.8%，1000 人以上的大型企业占比不到 1/3，其中特大型（5000~10000 人）占 17.1%，10000 人以上的超大型企业占 2.9%。

表 6-1 样本企业基本情况

单位：%

| 企业性质 | | 成立时间 | | 从业年数 | | 负责人学历 | | 负责人海外学历 | |
|---|---|---|---|---|---|---|---|---|---|
| 外商独资 | 25.0 | 1995 年以前 | 6.9 | 5 年以下 | 34.7 | 大专 | 4.2 | 否 | 60.9 |
| 中外合资 | 9.7 | 1996~2000 年 | 11.1 | 6~10 年 | 34.7 | 本科 | 46.5 | 是 | 39.1 |
| 内资民营 | 54.2 | 2001~2005 年 | 18.1 | 11~15 年 | 19.4 | 硕士 | 38.0 | | |
| 内资国有 | 5.6 | 2006~2010 年 | 41.7 | 16~20 年 | 6.9 | 博士 | 11.3 | | |
| 其他企业 | 5.6 | 2011 年以后 | 22.2 | 20 年以上 | 4.2 | | | | |
| 总计 | 100 | | 100 | | 100 | | 100 | | 100 |
| 公司规模 | | 政府帮助获得认证 | | 基金支助 | | 负责人海外工作经历 | | | |
| 50~200 人 | 17.1 | 无 | 45.2 | 无 | 25.8 | 否 | 51.4 | | |
| 200~500 人 | 30.0 | 比较少 | 17.7 | 1~3 次 | 45.5 | 是 | 48.6 | | |

续表

| 公司规模 | | 政府帮助获得认证 | | 基金支助 | | 负责人海外工作经历 | |
|---|---|---|---|---|---|---|---|
| 500~1000 人 | 25.7 | 有 | 29.0 | 4~6 次 | 16.7 | | |
| 1000~5000 人 | 7.1 | 较多 | 4.8 | 7~9 次 | 9.1 | | |
| 5000~10000 人 | 17.1 | 很多 | 3.2 | 10 次以上 | 3.0 | | |
| 10000 人以上 | 2.9 | | | | | | |
| 总计 | 100 | | 100 | | 100 | 100 | |

注：均为剔除缺失值之后的有效占比。

中国服务外包企业整体呈现出内资为主、外资为辅的特征，两者分别占 59.8% 和 34.7%，其他性质的企业占 5.6%。其中，内资企业又以民营占绝大多数，达 54.2%，内资国有仅占 5.6%。说明在服务外包产业领域，民营经济展现出比国有企业更大的竞争力。经过多年，尤其是 2006 年商务部"千百十工程"以后，中央及各级地方政府加大了对服务外包企业的扶持力度，使服务外包企业的民营潜力得到释放。但也注意到，中国服务外包企业中外资占比超过三成，达 34.7%，其中外商独资占绝大比重 25%，中外合资仅占 9.7%，它们是中国服务外包产业的重要力量，中国的服务外包出口很大一部分由外商性质的企业创造。这与制造业出口具有很大相似性，制造业出口也有很大一部分是外资所贡献。

在企业成立时间上，2000 年以前成立的服务外包企业仅占 18%，绝大部分企业是在 2000 年以后成立，占比 82%。2006 年以后企业成立发展尤其迅速，占 63.9%，说明自 2006 年国务院推出"千百十工程"以来，国家及各地优惠政策的出台大大促进了服务外包企业的出现，政策起到了一定实际成效。服务外包从业年数 10 年以下的占 69.4%，与上述企业成立时间相对应。2006 年以后成立的企业经营年限都在 10 年以下。另外，服务外包企业经营年限逐渐增加，从事服务外包 10 年以上的企业占 30.5%，其中，从业年限为 11~20 年的占绝大部分，只有不到 5% 的企业超过 20 年。

在政府基金扶持方面，国家支持服务外包企业获得各种国际资质认证。①服务外包企业在获得认证的过程中，大多数（54.7%）企业享受到政府帮助，45.2%的企业还没有获得政府帮助。没有获得的与获得的企业占比呈相对均衡比例，说明政府在制定相关帮扶政策时可能存在宣传细节不到位或申请程序过于烦琐等环节问题，也有可能是企业自身实力有限，达不到国际资质要求，故无法满足资助申请条件，因此获得面仍有很大提高空间。绝大多数服务外包企业在过去三年获得过政府基金不同程度的支持，占比74.3%。其中，62.2%的服务外包企业获得过1~6次不同程度的政府资助，少量企业获得7次以上政府资助，占12.1%，说明政府设立服务外包企业基金取得一定成效，但所得频次与力度还有待提高。

公司负责人均具有高等教育背景，大学学历（包括大专和本科）占50.7%，研究生学历占49.3%，说明服务外包企业因其技术知识密集型特点而高学历人才聚集比较明显。随着科技与时代的发展，市场对企业负责人的知识层次要求趋高。在负责人海外学历方面，60.9%的公司负责人不具有海外学历背景，39.1%的负责人具有海外学历背景。48.6%的海外负责人具有海外工作经历，51.4%的企业负责人不具有海外工作经验，说明目前大部分服务外包企业负责人为本土培养，这在一定程度上不利于中国服务外包企业离岸率竞争力的提高，也不利于中国服务外包企业承接离岸服务外包业务及开展国际业务。印度很多服务外包企业家具有在美国留学经历，在学或在美工作期间结识了业务领域内相当多的国外相关人士，对于其直接承接美国外包业务具有相当大优势。与印度相比，中国服务外包企业的国际化局限性根源就充分表现了出来。

## 二、服务外包企业经营情况

据表6-2，年收入低于1亿元人民币的占75.7%，其中低于5000万元的占64.3%；高于1亿元的占24.3%，主要集中于1亿~5亿元，超过5亿

---

① 早在2006年，根据《商务部关于做好服务外包"千百十工程"企业认证和市场开拓有关工作的通知》（附件二）的有关规定，对符合条件且取得行业国际认证的服务外包企业给予一定的奖励，并采取有效措施支持其国际认证的维护和升级，力争五年内促进700家企业取得CMM/CMMI3级认证，300家企业取得CMM/CMMI5级认证。国际认证包括：开发能力成熟度模型集成（CMMI）认证、开发能力成熟度模型（CMM）认证、人力资源成熟度模型（PCMM）认证、信息安全管理标准（ISO27001/BS7799）认证、IT服务管理认证（ISO20000）、服务提供商环境安全性认证（SAS70）。

元的不到5%。从营业收入规模来看，目前中国服务外包企业仍以中小型为主，中国服务外包企业创收实力还有待提高。

表6-2 样本企业经营情况

单位：%

| 服务外包收入（万元） | | 离岸占比 | | ITO 占比 | | BPO 占比 | | KPO 占比 | |
|---|---|---|---|---|---|---|---|---|---|
| 低于300 | 10.0 | 30%以下 | 43.9 | 50%以下 | 5.6 | 50%以下 | 5.6 | 50%以下 | 1.4 |
| 300~1000 | 22.9 | 30%~50% | 15.2 | 50%~99% | 8.3 | 50%~99% | 5.6 | 50%~99% | 1.4 |
| 1000~5000 | 31.4 | 50%~80% | 13.6 | 100% | 40.3 | 100% | 20.8 | 100% | 11.1 |
| 5000~10000 | 11.4 | 80%以上 | 27.3 | | | | | | |
| 10000~50000 | 20.0 | | | | | | | | |
| 50000 以上 | 4.3 | | | | | | | | |
| 总计 | 100 | | 100 | | | | | | |
| 公司规模 | | 政府帮助获得认证 | | 基金支助 | | | | | |
| 有所减少 | 12.9 | 有所减少 | 15.9 | 有所减少 | 7.1 | | | | |
| 基本无变化 | 4.3 | 基本无变化 | 8.7 | 基本无变化 | 12.9 | | | | |
| 略有增长 | 34.3 | 略有增长 | 36.2 | 略有增长 | 45.7 | | | | |
| 平衡增长 | 37.1 | 平衡增长 | 31.9 | 平衡增长 | 30.0 | | | | |
| 快速增长 | 11.4 | 快速增长 | 7.2 | 快速增长 | 4.3 | | | | |
| 总计 | 100 | | 100 | | 100 | | | | |

注：均为剔除缺失值之后的有效占比。

在离岸率方面，将近60%的企业承接的离岸服务外包在50%以下，其中43.9%的企业服务外包离岸率低于30%，服务外包离岸率占比超过50%的企业占40.9%。可以看出，中国服务外包企业的离岸率仍较低，以国内在岸业务占比居多。虽然离岸率与前些年相比有所提高，但据《中国服务外包发展报告2015》，2014年在岸市场仍然是中国服务外包企业的重要业务来源。该报告还指出，2014年约89.5%的受访企业已经开展离岸服务外包业务，较2013年上升了4.6%。但总体来看，中国服务外包企业的国际拓展能力还有很大提升空间，国际人才和沟通对接平台缺乏仍然是中国服务外包企业开拓国际市场最主要的"瓶颈"。

从销售额变化情况来看，大部分企业（82.9%）均能实现稳步较快增长，仅17.1%的企业报告增长无变化或出现负增长，说明大多数企业均获得一定速度的发展，说明产业发展前景相当可观。从利润额变化情况来看，大部分企业（75.4%）利润能实现稳步较快增长，仅24.6%的企业利润无增长或负增长。结合销售额变化情况来看，虽然有些企业的销售额在增长但并不意味着利润在增加，说明产业竞争压力也在加大，中国服务外包企业附加值创造力还有待提高。从市场占有率来看，80%的企业均能实现稳步较快增长，仅20%的企业市场占有率未能实现增长或负增长。说明大多数企业通过努力能获得市场份额的提高，说明市场还存在很大空间。

从服务外包类型来看（见图6-1），目前中国服务外包仍以ITO为主，占54.2%，BPO和KPO分别占31.9%和13.9%。这与一些机构的权威报告调查结果具有高度一致性。

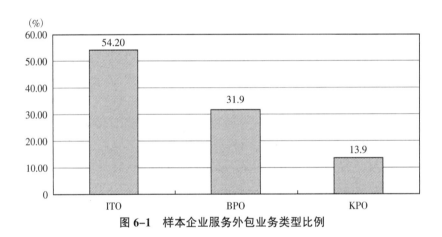

**图6-1 样本企业服务外包业务类型比例**

从其他来源地情况来看（见图6-2），离岸服务外包主要来自北美（30.5%）、日本（18.1%）和欧盟（11.1%）。部分离岸服务外包业务来自亚洲，其中，来自东盟的占5.6%，韩国、中国港澳台地区和俄罗斯均为4%左右，2.8%来自拉美，余下为其他。

从业务来源方式来看（见图6-3），境外直接接包占32%，跨国在华子公司接包为4%。而服务外包产业发展之初，中国的服务外包企业很多都是承接跨国在华子公司的发包来获得业务，说明经过这十多年的发展，中国服务外包的海外接包能力有所提高，但这个境外直接接包的比例仍有

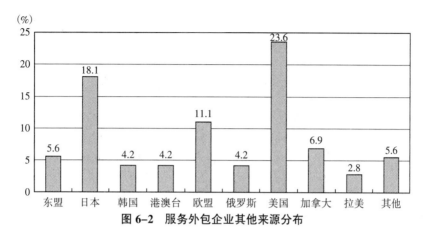

图6-2　服务外包企业其他来源分布

图6-3　样本企业承接服务外包方式

很大提高空间。

从业务领域来看（见图6-4），业务分布前三名为软件业（29%）、金融（26%）和电信（24%），其次为制造业（18%）、商务服务（16%）、文化创意和医疗（均为11%），政府与教育培训均为9%，其他行业如能源、现代物流、生物制药等占比均不高，说明软件、金融、电信与制造构成目前服务外包市场的主要业务领域。随着制造业信息化程度的深入及服务化制造趋势的加强，制造业服务外包呈快速增长态势，尤其在 BPO 市场，来自制造业客户的 BPO 合同数量及合同金额均列第一。①

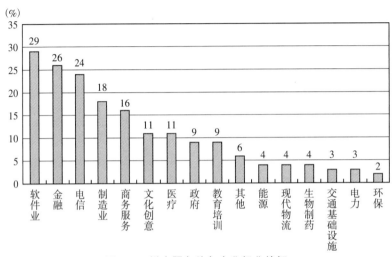

**图 6-4　样本服务外包企业行业特征**

## 三、服务外包企业人才情况

如表 6-3 所示，就服务外包从业人员学历来看，大学生占比在 60% 以上的服务外包企业占 77.3%，只有 22.7% 的服务外包企业大学生占比在 60% 以下，说明服务外包产业是吸收大学生就业的重要经济部门，发展服务外包有利于缓解大学生就业形势严峻的局面。研究生占比 1% 以下的服务外包企业占 15.3%；大部分企业研究生占比处于 1%~10%，占所有企业的 65.4%；只有少数 19.2% 的企业研究生占 10% 以上。研究生比例不高可能是造成中国服务外包企业研发、创新能力不足的主要原因。服务外包是一项以知识处理为主的产业，从而对人员的综合素质和创新能力要求颇高。而研究生学历的匮乏在一定程度上不利于中国服务外包承接复杂性知识的服务外包，从而影响到企业利润。

---

① 资料来源：商务部，《中国服务外包发展报告 2015》。

表6-3　样本企业人员情况

单位：%

| 企业人数（人） | | 大学生占比 | | 研究生占比 | | 人员规模 | | 工程师收入（元） | |
|---|---|---|---|---|---|---|---|---|---|
| 少于100 | 35.3 | 30%以下 | 9.1 | 0.1%以下 | 3.8 | 有所减少 | 12.7 | 2000~5000 | 23.9 |
| 100~500 | 35.3 | 30%~60% | 13.6 | 0.1%~1% | 11.5 | 基本无变化 | 9.9 | 5000~10000 | 62.7 |
| 500~1000 | 8.8 | 60%~80% | 18.2 | 1%~10% | 65.4 | 略有增长 | 40.8 | 10000~15000 | 10.4 |
| 1000~5000 | 17.6 | 80%以上 | 59.1 | 10%~20% | 9.6 | 平衡增长 | 29.6 | 15000以上 | 3.0 |
| 5000~10000 | 0 | | | 20%以上 | 9.6 | 快速增长 | 7.0 | | |
| 10000以上 | 2.9 | | | | | | | | |
| 总计 | 100 | | 100 | | 100 | | 100 | | |
| 研发人员占比 | | 高管学历 | | 高管工作经验 | | 离职率 | | | |
| 1%以下 | 11.3 | 大专及以下 | 1.4 | 没有 | 1.4 | 无 | 7.0 | | |
| 1%~5% | 43.4 | 本科 | 65.7 | 一般 | 4.3 | 较少 | 53.5 | | |
| 5%~10% | 26.4 | 硕士及以上 | 32.9 | 比较丰富 | 50.7 | 高 | 39.4 | | |
| 10%~15% | 1.9 | | | 十分丰富 | 43.5 | | | | |
| 15%~20% | 7.5 | | | | | | | | |
| 20%以上 | 9.4 | | | | | | | | |
| 总计 | 100 | | 100 | | 100 | | 100 | | |

注：均为剔除缺失值之后的有效占比。

另外，81.1%的服务外包企业研究人员占比低于10%，只有18.8%的企业研究人员高于10%，这对于一个高度建立在"人脑+电脑"模式上的行业来说仍较低，说明目前中国服务外包企业与研发型企业还有一定差距。

从高管学历来看，几乎都在大专以上，其中本科占65.7%，硕士及以上占32.9%，说明中国服务外包企业高层管理人员的教育学历不断提高。绝大部分高管具有丰富的工作经验，占94.2%。

从人员规模变化来看，大多数企业实现了稳步快速的人员扩充，因为人员扩充是企业快速增长、业务增加、规模扩大等的重要结果，一定程度上说明企业发展良好。

大部分服务外包企业的离职率较低，占60.5%，但离职率高的企业仍占39.4%，说明服务外包产业虽然具有一定的职业稳定性，但流动率也不容忽视。

从招聘渠道来看（见图6-5），服务外包企业大多倾向于社会招聘，可能是看重了社会招聘人员的工作经历，直接从高校招聘的占比不多，这与服务外包对工作经验具有一定要求相关。服务外包的成功较多地在于理解客户的个性需求，而有工作经验的从业者比应届毕业生可能更得心应手。从培训机构招聘的比例低于前两种渠道，说明目前中国服务外包培训产业还未能对产业提高形成有力支撑。

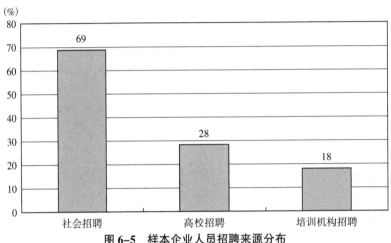

**图6-5 样本企业人员招聘来源分布**

## 四、总体分析

根据课题组问卷数据调研结果，从基本情况、经营情况及人才情况的分析来看，中国服务外包企业的规模、利润、人才及国际化等方面与世界知名服务外包供应商还存在不小差距。但相比过去，中国服务外包企业实力有所提升，上市融资与并购成为2014年中国服务外包企业实现发展的重要途径之一。受益于国内庞大的服务外包市场，中国服务外包企业的国际化动力、压力与锻炼不足，中国的服务外包产业主要用于满足国内市场需求，这与印度截然相反。印度的服务外包产业主要面向出口，国内需求不足。这两种不同的市场结构特征导致了中印服务外包企业的国际化程度相差悬殊。

印度服务外包企业的国际化经验值得中国同行学习。印度服务外包在美国软件业的实力不容置疑，近年来又开始在北欧进行了一系列备受瞩目的外包交易。在2014年Whitelane Research的北欧IT外包调研中，塔塔咨询（TCS）以83%的合同满意度位列第一，Infosys以79%的满意度紧随其后，两者都远高于71%的平均水平。此次调查中，排名前十的公司有3家是印度公司。Gartner分析师Mika Rajamki说："就2013年的数据来看，印度IT供应商在北欧市场的增长速度已经超过了传统服务提供商。如果传统供应商的年增长率为2%~3%，那么印度供应商则以每年近20%的速度增长。"①虽然印度服务外包企业尚未进入北欧前十大IT供应商名单，因为印度企业目前主要聚集在制造业，但如果进入金融业就有可能迅速跻身前10名。与印度同行的国际化程度相比，中国服务外包企业还有很大差距。印度服务外包企业所展现出的娴熟的国际开拓能力，目前中国的大型服务外包还很难达到。

通过承接国外发达国家服务外包融入全球产业链是提升国内产业结构的重要途径。实践与理论均表明，越是高端的服务外包对承接国的经济外部性就越大。而能否承接到发达国家高质量的服务外包主要取决于东道国企业的竞争力，而企业的竞争力则包含国家的政治优越性、政策支持力度、经商环境、文化软实力等内涵。因此，企业竞争力的提高其实是一项复杂的过程，表面上竞争力变化发生在企业这个微观主体层面，其实还有很多背后的宏观体制性因素与结果对企业的成长与竞争力起到关键性作用，如社会信任、国家体制等。

# 第二节 服务外包企业相关研究综述

## 一、服务外包合作伙伴选择影响因素

服务外包是随着服务的可贸易革命而产生的一种业务流程再造工程。

---

① Eeva Haaramo：《印度外包在北欧地区蓬勃发展》，于红哲译，《中国外包》2015年第6期。

服务外包的成功很大程度上取决于发包方与接包方的业务关系的处理与协调。Karen（1996）探讨了成功的合作伙伴关系应具备的要素有相融性、沟通性、承诺性、公平性、灵活性、互信性及知晓性等。[1] Douglas 等（1999）从服务外包的动因及推动出发，揭示了合作关系的定义，即"长期的承诺、相互的协作、共担风险、共享利益和其他持续一致的决策"。[2] Amin 等（1990）认为，相对稳定的合作伙伴关系的特点是成员间彼此相互信任、重视共同利益，同时各方之间信息与知识要充分地交流、互动与分享。[3] Tyler 和 Steensma（1995）基于多个理论角度给出了决策者选择时的评价因素，可分为四大类：企业特征、合伙人特征、技术特征、关系特征。[4] John 等（2000）认为，合作伙伴之间应具有较强的战略适应性。[5] Tracy 和 David（2001）认为，选择合伙关系是基于牢固的关系、沟通及能否达到其业绩目标三个方面。[6] Mohr 和 Spekman（2004）指出，伙伴选择依赖三大要素：伙伴关系属性（承诺、协调、相互依赖和信任）、沟通行为（沟通的质量、信息共享与参与）及冲突解决（说服）。[7] Subhajyoti 和 Praveen（2007）建立了一个外包双方的两阶段博弈模型，发现如果两家公司知识互补性程度较高，则合作所产生的绩效大于不合作时的绩效。[8] Nilay 和 Tracy（2006）通过实证研究揭示了信任如何实现及在外包进行过

[1] Karen T., "The Element of a Successful Logistics Partnership", International Journal of Physical Distribution & Logistics Management, Vol.26, No.3, 1996, pp.7–13.

[2] Douglas M. L., Margaret A. E. and John T. G., "Building Successful Logistics Partnership", Journal of Business Logistics, Vol.20, No.1, 1999, pp.165–180.

[3] Amin A. and Robbins K., "Industrial Districts and Regional Development: Limits and Possibilities", in Pyke F., Becattini G and Sengenberger W., (eds.) Industrial Districts and Intra–firm Cooperation in Italy, Internatioal Institute for Labor Studies, 1990, pp.185–219.

[4] Tyler B. B. and Steensma H. K., "Evaluating Technological Collaborative Opportunities: A Cognitive Modeling Perspective", Strategic Management Journal, Vol.16, No.16, 1995, pp.43–70.

[5] John H. and Hubert S., "Governance and Upgrading: Linking Industrial Cluster and Global Value Chain Research", IDS Working Paper, No.120, 2000.

[6] Tracy L. T. and David J. U., "An Expanded Model of Business–to–Business Partnership Formation and Success", Industrial Marketing Management, Vol.30, No.2, 2001, pp.149–164.

[7] Mohr J. and Spekman R., "Characteristics of Partnership Success: Partnership Attributes, Communication Behavior, and Conflict Resolution Techniques", Strategic Management Journal, Vol.15, No.2, 1994, pp.135–152.

[8] Subhajyoti B. and Praveen P., "Knowledge Sharing and Cooperation in Outsourcing Projects: An Game Theoretic Analysis", Decision Support Systems, Vol.43, No.2, 2007, pp.349–358.

程中如何保持信任。[①]宋丽丽和薛求知（2009）将服务外包供应商选择因素归纳为战略属性和组织属性，并运用调查问卷数据进行实证分析，发现战略属性因素中企业的 IT 设施投入、人才可供应性、成本竞争力和综合服务力对跨国公司服务外包供应商选择具有显著正影响；而组织属性中的国际经营经验、组织声誉、组织文化相容性对服务外包供应商的选择决策具有显著正影响。[②]

## 二、服务外包企业接包能力指标研究综述

企业核心竞争力概念最早由 Prahalad 和 Hamel（1990）在 *The Core Competence of the Corporation* 中首次提出，他们认为企业为获得持续竞争优势就必须不断提高核心竞争力。同时，该文也首次明确提出外包的概念，企业应专注于自身核心业务与核心资源的管理与发展，而将非核心业务外包给具有专业化优势的外部企业，从而实现并保持自身的核心竞争力。[③]而企业的核心竞争力是竞争对手难以模仿的且具有可持续性，强调的是企业生产经营行为和过程中的独特能力，这种能力由于具有历史或文化等非连续性复杂因素而难以模仿。世界经济论坛认为，企业竞争力就是公司能在国际市场上均衡生产出比其他竞争对手更多的财富。而"现代营销学之父"菲利浦·科特勒从营销学角度指出，企业竞争力就是比竞争对手更有效地满足消费者需求的能力。

前期服务外包理论较多从发包商角度关注跨国公司通过服务外包决策类型、关系及公司能力获得成功战略利益等相关问题。[④]而后很多研究关

① Nilay V. Tracy H. Austen R. and Susan G., "Trust in Software Outsourcing Relationships: An Empirical Investigation of India Software Companies", Information and Software Technology, Vol.48, No.5, 2006, pp.345–354.

② 宋丽丽、薛求知：《国际服务外包供应商选择影响因素研究——基于在华服务承接企业的实证分析》，《财贸经济》2009 年第 8 期。

③ Prahalad C. K. and Hamel., "The Core Competence of the Corporation", Harvard Business Review, 1990,（March–April）, pp.79–91.

④ Teng J. Cheon M. and Grover V., "Decisions to Outsource Information Systems Functions: Testing a Strategy-theoretic Discrepancy Model", Decision Sciences, Vol.26, No.1, 1995, pp.75–103.

Koh C. Ang S. and Straub D., "IT Outsourcing Success: A Psychological Contract Perspective", Information Systems Research, Vol.15, No.4, 2004, pp.356–373.

Aubert B. Rivard S. and Patry M., "A Transaction Cost Model of IT Outsourcing", Information & Management, Vol.41, No.7, 2004, pp.921–932.

注到承接商能力也是规避外包风险、获得规模效应等外包绩效的重要影响因素。Levina 和 Ross（2003）以供应商视角（Vendor's Perspective）探讨了外包企业应具备什么样的能力才可以为客户创造价值。他们选取印度 IT 服务外包承接方为对象进行案例研究，发现 IT 服务外包接包方的核心能力在于组织学习能力、项目管理与流程交付能力及客户互动技能三个方面。①Feeny 等（2005）研究指出，接包商的关系管理能力、交付能力和革新能力是发包商选择接包商时考虑的核心要素，并将它们细化为 12 种基本的能力。②卡耐基梅隆大学 ITSQC 研究中心（2007）以行业最佳实践为基础对服务提供商选择及能力评估进行了深入研究，总结出服务外包供应商模型（e-Services Capability Model），从知识管理、人员管理、绩效管理、关系管理、技术管理、风险管理、合同协商与制定、服务设计与开展、服务交付、服务传递 10 个方面提出了服务外包接包商的能力评估模型。③

国内不少研究通过选取一定数量的服务外包企业样本，根据问卷调研数据对国内服务外包企业承接能力进行了实证研究。对外经贸大学课题组（2007）通过中国与印度等其他承接国的比较，从竞争性成本、客户互动技能、地理吸收力、行业知识、流程管理与流程再造能力、经营理念等方面对国内服务外包业的竞争力进行了分析。④孙洁等（2014）通过对现有相关 IT 服务外包企业能力文献的比较与分析，对指标加以精简，同时借鉴访谈及专家咨询经验，构建了服务外包企业能力模型，分为技术能力、运营能力及创新能力。⑤

在服务外包企业竞争力方面，尚庆琛（2014）综合学者们的研究成果，提出企业竞争力更多地被定义为一种经由同类比较反映出的属性或状态，并根据调查数据对 21 个服务外包示范城市的服务外包企业进行抽样

---

① Levina N. and Ross J., "From the Vendor's Perspective: Exploring the Value Proposition in Information Technology Outsourcing", MIS Quarterly, Vol.27, No.3, 2003, pp.331-364.

② Feeny D. Willcocks L. P. and Lacity M. C., "Taking the Measure of Outsourcing Providers", MIT Sloan Management Review, Vol.46, No.3, 2005, pp.41-48.

③ IT Services Qualification Center (ITSqc). The e-Sourcing Capability Model for Service Providers (2007), http://itsqc.cmu.edu/models/escm-sp/downloads.asp.

④ 对外经贸大学课题组：《国际服务外包发展趋势与中国服务外包业竞争力》，《国际贸易》2007 年第 8 期。

⑤ 孙洁、陈建斌、沈桂兰：《全球价值链下 IT 服务外包企业能力的评价指标体系研究》，《管理现代化》2014 年第 1 期。

调查。结果表明，业务能力、盈利能力、接单能力较弱，市场开拓和发展能力较强是当前中国服务外包企业的竞争特点。[1]吕海霞和韩健（2015）对中国29个省份460家代表性软件企业的研究发现，超六成省份软件企业竞争力综合得分为负值，软件企业规模经济效应整体偏弱、研发创新能力需加强、产出效率普遍较低。[2]

# 第三节　中国服务外包企业能力与绩效<br>实证研究

## 一、数据与变量说明

根据前期研究成果并结合专家及企业管理人员建议，考虑到服务外包企业的竞争力主要体现在项目管理能力、技术能力、人力资源管理能力、关系管理能力、知识能力和服务能力等方面，共设计了30个题项对样本企业的这些能力进行问卷调查，题项采用 Likert 7 级定序打分法。问卷向北京、合肥、成都等地的服务外包企业发放，经过筛选共得到可用于进行实证分析的有效问卷69份。

对30个题项运用探测性因子分析法进行分析，发现有2个题项的共同度小于0.5，剔除后再进行因子分析，共提取到4个公共因子，具体提取采取特征值大于1的方法，4个公共因子的累积可解方差为0.782，即4个公共因子能代表或可解释这30个题项约78%的变异信息。KMO 值达0.915，Bartlette 球形检验卡方值为 2150.218（df = 435，P 值 = 0.000），各题项的共同度均在0.7以上，说明公共因子提取过程达到较好效果。根据因子提取的聚类情况，分别将4个公共因子命名为服务交付与关系能力、技术能力、项目管理能力和人力资源管理能力（见表6-4）。4个公共因子

---

[1] 尚庆琛：《我国服务外包企业国际竞争力与创新战略研究——基于21个示范城市的调查》，《科技进步与对策》2014年第24期。

[2] 吕海霞、韩健：《我国主要省份软件企业竞争力比较研究》，《经济纵横》2015年第6期。

的组合信度 C.R. 值分别为 0.908、0.878、0.864 和 0.739，均达到 0.7 以上，说明这 4 个潜变量具有较好的建构信度。这 4 个公共因子的平均萃取方差虽然只有一个在 0.5 以下，但其他三个也非常接近 0.5，基本上也表明这 4 个潜变量具有较好的收敛效度。

表 6-4　服务外包竞争力因子提取与特征（多维度）

| | Component | | | | C.R. | AVE | Cronbach's α |
|---|---|---|---|---|---|---|---|
| | 1 | 2 | 3 | 4 | | | |
| 按发包商技术要求提供外包解决方案 | 0.782 | | | | 0.908 | 0.498 | 0.962 |
| 双方目标和文化的融合程度 | 0.753 | | | | | | |
| 公司总是能在规定时间完成客户所需方案 | 0.735 | | | | | | |
| 部门或组织间的沟通情况 | 0.733 | | | | | | |
| 公司设计的服务方案经常得到客户的赞许 | 0.722 | | | | | | |
| 签订合同后，本公司资源配置能力 | 0.711 | | | | | | |
| 交付服务的质量高低 | 0.678 | | | | | | |
| 项目实施过程中信息的安全管理 | 0.651 | | | | | | |
| 双方的信任情况 | 0.644 | | | | | | |
| 组织间的团队合作情况 | 0.635 | | | | | | |
| 本公司技术创新投入程度 | | 0.832 | | | 0.878 | 0.476 | 0.936 |
| 整个公司对技术的重视程度 | | 0.775 | | | | | |
| 本公司运用技术解决发包商问题的能力 | | 0.695 | | | | | |
| 本公司拥有的技术资本（基础设施、CMM 级别） | | 0.691 | | | | | |
| 本公司对 IT 和发包商领域知识的掌握程度 | | 0.649 | | | | | |
| 签订合同前，本公司服务方案的设计能力 | | 0.647 | | | | | |
| 拥有众多经验丰富的外包专家 | | 0.613 | | | | | |
| 员工的技术水平和稳定性 | | 0.596 | | | | | |
| 本公司对知识产权的保护情况 | | | 0.830 | | 0.864 | 0.515 | 0.940 |
| 本公司对项目的有效管理 | | | 0.728 | | | | |

续表

| 测项 | Component | | | | C.R. | AVE | Cronbach's α |
|---|---|---|---|---|---|---|---|
| | 1 | 2 | 3 | 4 | | | |
| 本公司外包服务流程的标准化程度 | | | 0.721 | | | | |
| 本公司定期对项目做绩效评价 | | | 0.700 | | | | |
| 本公司对知识的共享、整合和应用情况 | | | 0.685 | | | | |
| 本公司对客户的需求分析 | | | 0.628 | | | | |
| 本公司人力资源管理在业界小有名气 | | | | 0.866 | 0.739 | 0.493 | 0.706 |
| 本公司工资水平在业界具有吸引力 | | | | 0.623 | | | |
| 企业员工的招聘、培训和考核制度设计 | | | | 0.584 | | | |

注：提取采取主成分分析法。

调查问卷中设计了 8 个服务外包企业绩效方面的测项，在第一轮因子分析过程中发现有一个题项的共同度低于 0.5，因此去掉该题项再进行探测性因子分析。第二轮因子分析的 KMO 值为 0.795，通过 Bartlett 球形显著性检验（卡方值 = 547.776，df = 21，P 值 = 0.000），所有题项的共同度均达到 0.7 以上，说明因子提取效果良好，得到一个单维度公共因子，累计已解方差为 0.741，说明该公共因子能解释 8 个题项约 74% 的变异信息。因子载荷均在 0.8 以上，说明此提取达到了很好的因子区分收敛效度。公共因子的组合信度为 0.953，平均萃取方差为 0.741，说明该单维度公共因子的变异量绝大部分来自对应的原始题项，说明该潜变量具有较好的建构效度。对潜变量的所有合格题项进行可靠性分析，Cronbach's α 值为 0.937，很好地通过可靠性检验，具体如表 6-5 所示。

表 6-5　外包绩效与宏观中介公共因子（单维度）

| 测项 | 公共因子 | C.R. | AVE | Cronbach's α |
|---|---|---|---|---|
| | 1 | | | |
| 外包能够帮发包商提升企业核心竞争力 | 0.891 | 0.953 | 0.741 | 0.937 |
| 公司从外包业务中获得较高经济效益 | 0.870 | | | |
| 承接国际服务外包能够提升本公司的技术能力 | 0.865 | | | |
| 承接国际服务外包能够提升本公司的管理能力 | 0.858 | | | |
| 承接国际服务外包能够提升本公司的品牌效应 | 0.857 | | | |

| 测项 | 公共因子<br>1 | C.R. | AVE | Cronbach's α |
|---|---|---|---|---|
| 外包项目提高了客户的盈利能力 | 0.847 | | | |
| 外包降低了客户企业的成本 | 0.838 | | | |
| 中国服务外包企业的培训表现 | 0.842 | 0.924 | 0.635 | 0.901 |
| 中国服务外包人才的英语语言能力 | 0.833 | | | |
| 中国服务外包企业达到国际认证的水平 | 0.825 | | | |
| 中国国家总体风险程度 | 0.816 | | | |
| 中国知识产权保护与尊重程度 | 0.759 | | | |
| 中国政府行政便利化程度 | 0.748 | | | |
| 中国服务外包政策支持力度 | 0.747 | | | |

注：提取采取主成分分析法。

如表 6-5 所示，对宏观整体性指标题项进行探测性因子分析同样得到单维度公共因子，累计方差为 0.635。各题项的共同度均在 0.7 以上。KMO 值为 0.845，Bartlett 球形检验卡方值为 276.246（df = 21，P 值 = 0.000），因子载荷系数均在 0.7 以上，超过一半达 0.8 以上，整体说明因子提取效果良好。各变量的相关系数矩阵如表 6-6 所示。

## 二、服务外包竞争力差异化影响因素分析

通过探测性因子分析法得到服务交付与关系能力、技术能力、项目管理能力和人力资源管理能力这四个体现服务外包企业竞争力的能力维度。这四种能力对于企业获取发包商信任并创造性地完成服务外包具有重要影响，这些能力的增强有利于发展中国家接包商获得海外外包业务订单并按指定要求或超过客户期望予以完成。因此，提高这四个方面的能力对于服务外包企业来说尤为重要，有必要探究导致这些能力差异的影响因素有哪些。企业能力的形成是一个相当复杂的过程，受文化、政治及经济等多种因素的间接影响，又直接与企业本身管理水平和组织特征分不开。在样本数据的基础上，对造成中国服务外包企业能力差异化的企业自身影响因素进行实证分析。在前期分析基础上，研究发现有些企业自身属性因素之间

表6-6　变量相关关系

| 变量 | 1 | 2 | 3 | 4 | 5 | 6 | 7 | 8 | 9 | 10 | 11 | 12 | 13 |
|---|---|---|---|---|---|---|---|---|---|---|---|---|---|
| 外包绩效 | 1 | 0.686** | 0.572** | 0.672** | 0.189 | 0.399** | 0.000 | -0.079 | 0.150 | 0.199 | 0.119 | 0.155 | 0.148 |
| 服务交付与关系能力 | 0.686** | 1 | 0.832** | 0.821** | 0.443** | 0.432** | 0.122 | -0.015 | 0.138 | 0.372** | 0.220 | 0.210 | 0.112 |
| 技术能力 | 0.572** | 0.832** | 1 | 0.763** | 0.565** | 0.500** | 0.148 | 0.112 | 0.127 | 0.282* | 0.319** | 0.294* | 0.163 |
| 项目管理能力 | 0.672** | 0.821** | 0.763** | 1 | 0.372** | 0.512** | 0.185 | 0.033 | 0.180 | 0.337** | 0.174 | 0.315** | 0.059 |
| 人力资源管理能力 | 0.189 | 0.443** | 0.565** | 0.372** | 1 | 0.480** | 0.296** | 0.312** | 0.082 | 0.195 | 0.274* | 0.185 | 0.249* |
| 宏观中介变量 | 0.399** | 0.432** | 0.500** | 0.512** | 0.480** | 1 | 0.098 | 0.242* | 0.235 | 0.264* | 0.287* | 0.324** | 0.097 |
| 公司人员规模 | 0.000 | 0.122 | 0.148 | 0.185 | 0.296** | 0.098 | 1 | 0.374** | 0.228 | -0.177 | 0.271* | 0.123 | 0.030 |
| 负责人学历 | -0.079 | -0.015 | 0.112 | 0.033 | 0.312** | 0.242* | 0.374** | 1 | 0.168 | -0.210 | 0.355** | -0.012 | -0.004 |
| 负责人海外学历 | 0.150 | 0.138 | 0.127 | 0.180 | 0.082 | 0.235 | 0.228 | 0.168 | 1 | -0.274* | 0.060 | 0.393** | 0.185 |
| 大学生占比 | 0.199 | 0.372** | 0.282* | 0.337** | 0.195 | 0.264* | -0.177 | -0.210 | -0.274* | 1 | 0.156 | 0.031 | 0.066 |
| 高管学历 | 0.119 | 0.220 | 0.319** | 0.174 | 0.274* | 0.287* | 0.271* | 0.355** | 0.060 | 0.156 | 1 | 0.078 | 0.099 |
| 离岸率 | 0.155 | 0.210 | 0.294* | 0.315** | 0.185 | 0.324** | 0.123 | -0.012 | 0.393** | 0.031 | 0.078 | 1 | 0.269* |
| 政府支助认证 | 0.148 | 0.112 | 0.163 | 0.059 | 0.249* | 0.097 | 0.030 | -0.004 | 0.185 | 0.066 | 0.099 | 0.269* | 1 |

注：采取皮尔逊双尾检验。***、**、* 分别代表1%、5%、10%显著性水平通过检验。

存在高度相关，比如成立时间越长的企业往往人员规模也越大，因此容易导致自变量多重共线性问题。在此，运用SPSS17.0软件以这四种能力为因变量、企业属性因素为自变量进行逐步回归。通过结果分析可进一步理解影响服务外包能力的企业特征因素，从而为服务外包企业竞争力提高提供参考方向。

实证结果表明（见表6-7）：第一，服务交付与关系能力与大学生占比和负责人海外学历呈显著正相关关系，估计系数分别为0.444和0.260，说明大学生占比每提高1个百分点，服务外包企业的交付与关系能力能提高0.444个百分点；如果企业负责人有海外经历则该能力能提高0.260个百分点。这说明服务外包企业交付能力受到公司大学生比例高低的影响，大学生比例高的服务外包企业服务交付与关系能力具有相对优势。负责人海外学历的拥有对于其把握欧美市场客户需求及赢得国内同行的认可具有很大的帮助，在海外留学的负责人由于拥有发达国家技术发展的认识及一定的海外关系，从而容易取得国内相关利益方的信任及人脉、资金等资源的聚合。

第二，服务外包企业技术能力与高管学历、离岸率、大学生占比分别具有0.261、0.267、0.232的正相关关系，并通过统计意义上显著性检验。根据自变量含义，说明高管学历如果是研究生以上、离岸率超过50%及大学生占比达60%的服务外包企业在技术能力上具有相对竞争优势。高管学历的高低影响到公司业务中高端结构走向，因此对人员招聘及技术要求较高，具有高学历的高管团队对企业外部市场、技术，甚至国外技术、设计等前沿领域具有一定渠道的了解，从而能提高企业的技术能力。离岸率高的服务外包企业由于面对发达国家跨国公司对接包商的严苛要求，也需要不断进行技术能力的提升，而且离岸率高的服务外包企业可以近距离地接触到发达国家发包商的管理、技术等先进经验。事实充分证明，服务外包能给企业带来技术溢出等正向效应。大学生占比高低直接影响着服务外包企业整体可行水平、对先进技术的吸收效率、知识传递等，因此大学生占比高的企业技术能力也较强。

第三，项目管理能力与大学生占比、负责人海外工作经历呈显著正相关，估计系数分别为0.409和0.326，说明大学生占比越大，服务外包企业的项目管理能力越强。大学生占比和服务交付与关系能力、技术能力具有显著正相关关系，而服务交付与关系能力、技术能力又与项目管理能力

**表6-7 服务外包企业竞争力影响因素分步回归结果**

| 模型 | 服务交付与关系能力 | 模型 | 技术能力 | 模型 | 项目管理能力 | 模型 | 人力资源管理能力 |
|---|---|---|---|---|---|---|---|
| 常数 | 2.857*** (-0.964) | 常数 | 4.708*** (-0.345) | 常数 | 2.862*** (-1.025) | 常数 | 3.86*** (0.415) |
| 大学生占比 | 0.372*** (-0.49) | 高管学历 | 0.319*** (-0.241) | 大学生占比 | 0.337*** (-0.521) | 负责人学历 | 0.312*** (0.261) |
| R | 0.126 | R | 0.088 | R | 0.100 | R | 0.084 |
| F | 10.794 | F | 7.565 | F | 8.584 | F | 7.223 |
| 常数 | 2.077*** (-0.997) | 常数 | 3.997*** (-0.444) | 常数 | 1.928* (-1.024) | 常数 | 0.724 (1.380) |
| 大学生占比 | 0.444*** (-0.495) | 高管学历 | 0.297*** (-0.234) | 大学生占比 | 0.409*** (-0.507) | 负责人学历 | 0.369*** (0.258) |
| 负责人海外学历 | 0.260*** (-0.208) | 离岸率 | 0.271*** (-0.227) | 负责人海外学历 | 0.326*** (-0.208) | 大学生占比 | 0.273*** (0.633) |
| R | 0.177 | R | 0.149 | R | 0.191 | R | 0.143 |
| F | 8.305 | F | 6.974 | F | 9.018 | F | 6.681 |
| | | 常数 | 1.898* (-1.087) | | | 常数 | -0.111 (1.400) |
| | | 高管学历 | 0.261*** (-0.231) | | | 负责人学历 | 0.367*** (0.252) |
| | | 离岸率 | 0.267*** (-0.221) | | | 大学生占比 | 0.257*** (0.618) |

续表

| 模型 | 服务交付与关系能力 | 模型 | 项目管理能力 | 模型 | 技术能力 | 模型 | 人力资源管理能力 |
|---|---|---|---|---|---|---|---|
| 大学生占比 | | | | | 0.232***<br>(−0.537) | 政府支助认证 | 0.234***<br>(0.437) |
| R | | | | | 0.191 | R | 0.187 |
| F | | | | | 6.368 | F | 6.212 |
| | | | | | | 常数 | −0.805<br>(1.412) |
| | | | — | | | 负责人学历 | 0.285***<br>(0.263) |
| | | | | | | 大学生占比 | 0.281***<br>(0.608) |
| | | | | | | 政府支助认证 | 0.225***<br>(0.428) |
| | | | | | | 公司人员规模 | 0.233***<br>(0.288) |
| | | | | | | R | 0.223 |
| | | | | | | F | 5.884 |

注：***，**，* 分别表示通过 1%、5%、10% 水平显著性检验。括号内为估计系数的标准误。

密切相关。而且项目管理过程中大学生占比是一个影响实际运营效果的重要因素，服务外包是基于 IT 技术的管理企业，决定了该行业对知识型人才的要求比较高，服务外包企业大部分员工为信息、软件等技术人员，决定着服务外包企业大学学历占比比其他行业要高。海外工作经历对项目管理能力具有正向影响，海外工作经历可以使负责人亲身了解到欧美等发达国家的企业实际运行规则，更好地理解不同文化视域下客户价值所在、通过"干中学"等机制学习到先进管理理念促进管理效率，这些都有利于项目管理能力的提升。

第四，人力资源管理能力与企业负责人学历、大学生占比、政府对国际认证的支助及公司人员规模呈显著正相关，估计系数分别为 0.285、0.281、0.225 和 0.233。企业负责人学历越高，对先进人力资源管理的认知与执行、规则的设立等越具有促进作用；大学生占比高有利于企业先进人力资源管理理论与技术的实施与推进；政府对国际认证的支助对企业人力资源管理的规范具有一定促进作用；公司人员规模达到一定程度势必要采取以制度为中心的管理模式，从而避免了管理过程中出现人为情绪化的不利影响，促使企业人力资源管理朝正规化、法制化方向迈进，这一点对于中国企业走向世界尤为关键。

## 三、服务外包能力对绩效的影响机制实证研究

在探测性因子分析（EFA）基础上，运用结构方程模型（Structural Equation Model，SEM）对服务外包企业能力与外包绩效进行实证检验。

1. 未施加宏观中介变量

通过结构方程模型结果可以看出（见图 6-6、表 6-8），技术能力能正向显著影响服务交付与关系能力（标准路径系数为 0.918，P < 0.001）、项目管理能力（标准路径系数为 0.842，P < 0.001）和人力资源管理能力（标准路径系数 0.776，P < 0.001），说明技术能力越强的服务外包企业在服务交付与关系、项目管理、人力资源管理这三个方面能力也越强。服务的交付质量与技术能力休戚相关，技术能力强的企业往往在社会网络中游刃有余，因而更能创造有利的关系网，技术能力强的企业项目管理往往比较顺畅，人力资源管理也比较合理，也就是说，提高技术能力可以间接地达到提高其他三项能力的效果。

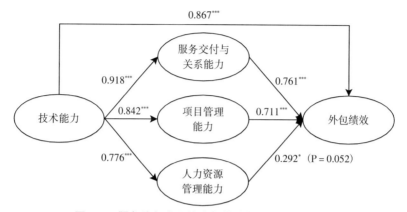

图6-6　服务外包企业能力与绩效模拟（显著路径）

表6-8　方程拟合度指标

| Fitting Index | $x^2$/df | GFI | AGFI | RMSEA | NFI | CFI | PNFI | PCFI |
|---|---|---|---|---|---|---|---|---|
| SEM1 | 2.116 | 0.541 | 0.477 | 0.128 | 0.661 | 0.784 | 0.616 | 0.731 |
| SEM2 | 1.563 | 0.574 | 0.498 | 0.152 | 0.667 | 0.764 | 0.612 | 0.700 |
| SEM3 | 2.593 | 0.571 | 0.495 | 0.153 | 0.663 | 0.759 | 0.608 | 0.696 |
| SEM4 | 2.713 | 0.545 | 0.464 | 0.159 | 0.648 | 0.741 | 0.594 | 0.679 |

注：结构方程模型要求自变量不相关，否则会影响到系数的准确性。为此，分步骤建立结构方程模型，$SEM_1$衡量技术能力的直接和间接效应，$SEM_2$、$SEM_3$、$SEM_4$分别衡量服务交付与关系能力、项目管理能力和人力资源管理能力与外包绩效的直接效应。

　　服务交付与关系能力能显著地直接促进服务外包绩效（标准路径系数为0.761，P < 0.001），项目管理能力能显著地正向影响外包绩效（标准路径系数为0.711，P < 0.001），人力资源管理能力在10%显著性水平上正向影响外包绩效（标准路径系数为0.292，P = 0.052）。需指出的是，技术能力不仅对服务交付与关系等三种能力具有直接正向显著影响，也能对服务外包具有直接正向显著影响（标准路径系数为0.867，P < 0.001），说明技术能力对服务外包绩效的影响是双重的，既有直接效应，又通过正向作用于其他能力具有间接效应。具体来看，技术能力分别通过服务交付与关系能力、项目管理能力、人力资源管理能力对外包绩效具有0.699（0.918×0.761）、0.599（0.842×0.711）、0.227（0.776×0.292）的正向间接影响效应。

通过比较变量之间的模型检验系数及显著性水平情况，发现人力资源管理能力与服务外包绩效之间的显著正向影响具有相对不确定性，而其他三种能力显然具有较强的显著估计系数。可能是因为，目前中国服务外包承接欧美跨国公司的外包业务类型仍以中低端 ITO 等为主，因此人力资源管理能力的作用可能还不必达到很高水平便可满足，也有可能是目前服务外包企业人力资源管理水平有待提高，还不足以达到促进外包绩效的程度。在本次调查问卷中，回答年均离职率"高"的服务外包企业占比近40%，说明目前服务外包企业在留住人才、培育好的公司文化等方面还存在较大提高空间。

2. 施加宏观中介变量

波特的国家竞争优势理论及世界范围内服务外包产业强国的发展经验表明，一些宏观变量或整体性指标影响到一国服务外包产业的国家竞争力，如国家风险程度、政策支持力度、知识产权保护强度、整体英语水平、整体企业培训、达到国际认证水平等情况，称为宏观中介变量。有目共睹的是，中国通过改革开放及加入世界贸易组织、签订自由贸易协定等渠道主动融入世界经济，国家实力大幅上升、政策与制度不断改善、服务外包产业发展的大环境不断优化，而这些宏观总体环境因素的提高是否有力地促进了服务外包企业的发展，是一个需要检验的问题。在上述结构方程模型的基础上，加入宏观整体中介变量可得到其直接与间接作用。

从模拟结果来看（见图 6-7、表 6-9），宏观中介变量对服务交付与关系能力、技术能力、项目管理能力及人力资源管理能力分别具有 0.502（P < 0.001）、0.918（P < 0.001）、0.586（P < 0.001）和 0.635（P < 0.001）的正向影响作用。这说明经过多年培育与积累，中国服务外包产业发展宏观整体质量或条件不断提高，尤其是 2006 年以来从整体上来看企业培训、从业人员英语水平、国内营商环境等都得到不同幅度的提升，使存活于这种不断进步同时又竞争激烈的环境中的服务外包企业自然地享受到整体产业环境改善所带来的红利，致使其竞争力得到提高。其中，宏观中介变量对技术能力的促进效应最强，说明中国 IT 产业基础的发展对整个行业的技术水平提高具有很大影响。此外，宏观中介变量对外包绩效还有直接影响关系，标准路径关系为 0.620（P < 0.001），说明宏观中介变量的改进能直接促进企业外包绩效的提高，也就意味着宏观中介变量整体水平的提高不仅有利于接包商中服务外包获得提升，同是也更有利于接包商提高业务

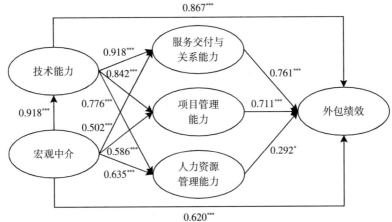

**图6-7　包含宏观中介变量影响模拟（显著路径）**

**表6-9　结构方程模型拟合度指标**

| Fitting Index | x²/df | GFI | AGFI | RMSEA | NFI | CFI | PNFI | PCFI |
|---|---|---|---|---|---|---|---|---|
| SEM5 | 2.212 | 0.480 | 0.422 | 0.133 | 0.572 | 0.705 | 0.540 | 0.665 |

注：SEM5考察的是宏观中介变量直接与间接效应。

水平从而更好地服务发包商的顾客核心价值。

　　由于前面模型已经证实服务交付与关系能力、技术能力、项目管理能力、人力资源管理能力均对外包绩效具有显著直接正向影响，而同时宏观中介变量对这些能力又具有显著直接正向影响，因此宏观中介变量对外包绩效还具有间接的正向影响关系。宏观中介变量通过这四种能力传递的正向间接效应分别为 0.382（0.502×0.761）、0.796（0.918×0.867）、0.417（0.586×0.711）和 0.185（0.635×0.292）。可以看出，"宏观中介变量—技术能力—外包绩效"这一条路径所产生的间接效应最大，说明技术能力在这一套传递机制中发挥着十分关键性作用。同时，技术能力又能直接正向影响服务交付与关系能力、项目管理能力和人力资源管理能力，对外包绩效也具有直接正向影响，因此技术能力的提高显然具有十分重要的意义。

　　3. 权变因素影响

　　服务外包企业能力与绩效之间的作用关系，及宏观中介变量的调节机制可能受到企业自身因素的影响。不同特征的企业在不同能力上具有比较优势，对能力特征的依赖与要求也不一样，因而能力对绩效的影响关系也会表现出差异性。另外，不同企业对于宏观政策、环境的吸收与响应效果是不一样的，有些企业可能比较善于利用或适应宏观环境，也可能容易得到宏观环境的支持，而有些企业可能并不能得到相同程度的类似结果。针对企业权变因素的影响，运用 SPSS17.0 软件在因子分析结果基础上构造各变量，并进行分步回归分析（见表6-10）。

对规模小的企业来说，服务交付与关系能力与服务外包绩效呈显著正相关，为0.576。但外包绩效与人力资源管理能力呈显著负相关，说明规模小的企业人力资源管理还不足以创造出较强的服务外包绩效。另外，宏观中介变量与项目管理能力交叉促进了服务外包绩效，交叉效应为0.346。而对规模大的企业，项目管理能力与外包绩效呈正相关，估计系数为0.687。从成立年限来看，成立时间短的企业可通过服务交付与关系能力对外包绩效具有显著正影响，达0.810，但人力资源管理能力负向影响外包绩效，可能是因为成立时间太短，公司化运营不完善，人力资源管理还不足以达到具有激励效果的程度。而成立时间长的企业表现出项目管理能力显著促进外包绩效的关系，正向相关性高达0.809。对于不同业务类型的企业来说，从事相对低端业务的企业其能力与外包绩效这一促进关系未表现出来，而拥有中高端业务的企业则是项目管理能力显著正向促进外包绩效，达0.802。就外包收入来看，收入相对低的企业其项目管理能力与外包绩效具有0.631的显著正相关；而收入高的企业其服务交付与关系能力每提高1%则能带动绩效提高0.751%。最后看研发投入占比，研发投入相对少的企业在项目管理能力上对外包绩效有0.655的正影响，研发投入较多的企业在服务交付与关系能力上表现出较大的显著促进作用，高达0.910。

总的来看，在不同规模、年限等权变因素前提下，服务外包企业能力与绩效之间的影响发力点不同。但从回归结果的横向比较不难发现，服务交付与关系能力、项目管理能力等对不同性质的企业具有普适性影响，说明服务外包企业可通过提高这些能力来获得较好的外包绩效。而人力资源管理与外包绩效呈负相关，这一局面可能与整体人力资源教育、培养及素质有关。另外，从宏观中介变量的间接影响效果来看，其只对公司规模小、业务类型低端具有正向调节作用，说明宏观政策及环境对弱势企业的拉动效应明显，而当企业发展到一个较高阶段时可能对宏观政策与环境提

表6-10 权变因素分步回归结果（仅显示有效估计）

| 自变量 | 公司规模 1000人以上 | 公司规模 1000人以下 | 成立年限 10年以下 | 成立年限 10年以上 | 业务类型 低端 | 业务类型 中高端 | 外包收入 低于1亿元 | 外包收入 高于1亿元 | 研发投入占比 低于10% | 研发投入占比 高于10% |
| --- | --- | --- | --- | --- | --- | --- | --- | --- | --- | --- |
| 服务交付与关系能力 | 0.576*** (0.156) | | 0.810*** (0.143) | | | | | 0.751*** (0.129) | | 0.910*** (0.148) |
| 项目管理能力 | | 0.687*** (0.257) | | 0.809*** (0.192) | | 0.802*** (0.122) | 0.631*** (0.196) | | 0.655*** (0.126) | |
| 人力资源管理能力 | -0.245*** (0.117) | | -0.262*** (0.113) | | | | | | | |
| 宏观中介变量*服务交付与关系能力 | 0.346*** (0.013) | | | | 0.517*** (0.013) | | | | | |
| 宏观中介变量*项目管理能力 | | | | | | | | | | |
| 截距项 | 1.411*** (0.770) | -0.590* (1.581) | 0.850 (0.793) | -1.063 (1.151) | 3.850*** (0.558) | 0.337 (0.715) | 1.850* (1.157) | -0.281 (0.778) | 0.946 (0.735) | -0.517 (-0.548) |
| 已解方差 R² | 0.595 | 0.472 | 0.535 | 0.654 | 0.267 | 0.643 | 0.398 | 0.564 | 0.429 | 0.827 |
| F统计量 | 22.066 | 16.070 | 25.914 | 35.871 | 11.684 | 59.333 | 13.236 | 58.119 | 40.645 | 52.690 |

注：因变量为服务绩效；业务类型低端指公司仅有ITO业务，中高端指业务中包含BPO和KPO的公司；研发投入占比是研发投入占销售额的比重。括号中为估计系数的标准误；***，**，*分别代表通过1%、5%和10%显著性水平检验。

高的反应敏感度不是太大。

# 第四节 结论与探讨

本章在第一手数据收集的基础上，分析了中国服务外包企业竞争力现状，发现中国服务外包企业仍以中小规模为主，企业规模成为制约中国IT服务外包企业发展的最大"瓶颈"，呈现出"小而散"的阶段性特征。实际上，印度服务外包产业也是中小企业居多，真正具有国际知名度的大型企业也为数不多，但企业之间的合作分工相对比较紧密。杨波和殷国鹏（2010）通过对北京市40家IT服务外包企业调查发现，较大企业技术能力、人力资源能力等7个能力方面及综合能力得分均大幅领先于小企业[1]。但随着产业基础环境及成熟度的提升，有些中国服务外包企业通过海内外并购与上市等途径迅速壮大，规模达万人左右的公司开始逐渐出现。另外，受制于技术等能力的短缺，目前中国服务外包企业承接的离岸外包业务仍主要是中低端领域，具有高附加值的业务流程外包仍被印度、爱尔兰等服务外包强国占据，在为客户提供整体解决方案时与国际知名服务外包企业还存在不小差距，因此承接业务类型的低端化导致中国服务外包企业利润率不高的局面。

但中国服务外包企业经过20多年的发展锤炼，技术能力、服务交付等能力也得到不同程度的提升，有些企业在海外多国建立交付中心，通过整合国内外两个市场资源提高了国际化能力。本节还运用分步回归及结构方程模型等实证分析方法，发现中国服务外包企业能力与外包绩效之间存在显著正相关关系，说明外包能力的提高有效促进了企业外包绩效。其中，技术能力的影响十分关键，不仅对外包绩效具有直接影响，而且通过影响其他能力对外包绩效具有间接影响。根据企业发展理论，存活企业，尤其是优秀企业，是过去产业政策、企业能力及发展环境等因素的综合体现，凝聚着这些因素不断提高的历史，因此服务外包企业的能力也是这一

---

[1] 杨波、殷国鹏：《中国IT服务外包企业能力研究》，《管理学报》2010年第2期。

历史过程的产物。通过在结构方程模型中引入宏观中介变量衡量中国服务外包产业整体环境的影响作用，发现宏观中介变量不仅能直接影响企业外包绩效，而且对技术能力等四种能力都具有直接影响，因而还具有间接影响企业外包绩效的效应。

根据前面的研究结果，提出如下中国服务外包企业增强竞争力的建议：首先，营造更加良好的经商环境。产业发展需要环境支持，环境是孕育竞争力的土壤。国外跨国企业发包商在选择服务外包目的地时也将经商环境是否完善作为一个重要考量指标。因此，政府应不断加强服务外包产业发展必要的基础环境建设，软硬件基础设施都要齐发力。就目前来看，中国有些城市，尤其是一线大城市，硬件设施已经发展到较高程度，但软件基础设施还很不到位，大大低于硬件设施水平。因此笔者认为，今后一段时间应将财力、物力及精力用于提升城市软环境建设上来，用大约几年时间消化前期经济高速增长时期硬件大量投资产生的成果，使城市软硬环境齐头并进。其次，扶持一批企业做大做强。大的、知名企业对于产业发展的整体拉动效应不言而喻，可以带动中、小企业发展，有利于技术创新、国际竞争等。印度服务外包的成功很大程度上是印度知名服务外包企业不懈努力的结果，塔塔咨询、Infrosys、Wipro、HCL 等一批国际知名的企业在该过程中发挥着重要作用。因此，政府应选取 10 家左右一定规模和实力的代表企业作为重点扶持对象，通过资金奖励、服务升级、信贷支持、国际化引导等措施加大力度。通过中国大使馆等海外官方渠道为服务外包企业国际化提供信息咨询、当地营销等帮助。采用优胜劣汰机制在未来 10~20 年时间建成一批真正具有国际影响力的服务外包企业，提高中国在世界服务外包市场的产品层次、国际地位和知名度。最后，进一步加强服务外包产业发展所需的法制及人才建设。加强知识产权法的立法与执法，进一步促进知识产权法规与国际接轨，在国际上树立良好法律形象。仿照印度理工学院设计国家级计算机等相关专业专修学校，开创新型教学模式，通过以产带学、以研带产等方式加大对从业人员科研、技术问题解决能力的培养。同时，加强英语使用能力的训练，有条件地鼓励到国外继续深造或进修，打好语言及技术能力基础。

# 第七章 中国服务外包企业典型案例研究

随着经济全球化的深入发展，以及全球供应环节碎片化重组加快，全球服务外包产业国际竞争格局日趋激烈。在国际市场上，印度、爱尔兰、澳大利亚等传统服务外包强国不断巩固在中高端服务外包的地位，菲律宾、印度尼西亚、马来西亚、墨西哥、南非、东欧国家等新兴市场发展势头强劲，全球服务外包接包国数量增至 70 多个。中国服务外包企业面临着十分严峻的局面。经过十多年发展，中国服务外包企业数量持续增长，整体实力持续提升，服务提供规模与质量都有明显提高，业务领域不断拓展，逐步向价值链中高端延伸，已形成一定规模的企业群。有些企业已成为海外服务发包企业的重要合作对象，如大连华信已经成为中国最大的对日软件系统和 IT 服务提供商，目标成为日本海外最大的软件服务提供商。截至 2015 年底，全国共有服务外包企业 33771 家，约 43.2% 的企业分布在上海、江苏、浙江三个省市。①

## 第一节 文思海辉

2012 年文思与海辉达成"对等合并"方案，成立文思海辉技术有限公司，合并后公司员工超过 2.3 万人，分布在中国 13 个城市和海外 14 个城市②。文思与海辉这两家公司在合并前均已在市场占有一定席位，2010 年

---

① 商务部：《中国服务外包发展报告》，2016 年。
② 作者不详：《文思与海辉平等合并，打造全球 IT 服务航母》，《软件产业与工程》2012 年第 5 期，第 10 页。

分列中国十大服务外包领军企业第 5 位和第 7 位，因此合并举措在业界产生强烈反响。与此同时，合并后的文思海辉立即成为中国最大的离岸服务外包供应商。当时预计 2012 年营收总额将超过 6.7 亿美元，但据公开资料显示，2012 年文思海辉出现大幅亏损，到 2013 年才达到合并时的预期构想目标，说明合并具有短期阵痛或不适影响到公司创收能力，但经过一段时间的调整与适应发挥出了规模品牌效应。据公司 2013 年财年报告显示，2013 年净营业收入为 6.7 亿美元，实现净利润 780 万美元，扭转了2012 年亏损 1450 万美元的颓势。总运营开支为 4460 万美元，比上年同期减少 1980 万美元，说明合并后公司经过一段时间的磨合规模效应显现。2013 年文思海辉被 IDC 评为中国本土离岸 IT 服务第一名，成为中国本土最大 IT 服务提供商，是中国排名前五的银行 IT 解决方案提供商；2014 年被评为中国软件与信息服务十大领军企业。[①]公司主要发展历程如表 7-1所示。

**表 7-1 文思海辉发展历程**

| 年份 | 主要历程 |
| --- | --- |
| 1995 | 文思成立 |
| 1996 | 海辉成立 |
| 2001 | 分别于日本东京和美国硅谷成立分公司 |
| 2002 | 成立中国第一家获得 ISO9001 认证的科技服务企业 |
| 2003 | 公司整体通过软件成熟度 5 级认证 |
| 2004 | 文思在纽交所上市；位列 IDC 中国面向欧美市场软件外包第一名，保持至今 |
| 2010 | 海辉在纽交所上市 |
| 2012 | 文思与海辉合并 |
| 2014 | 正式完成私有化，位列 IAOP2014 全球外包 100 强第八名，是中国 IT 服务公司首次跻身该榜单十强 |
| 2015 | 文思海辉总部落户大连 |

资料来源：公司官网。

---

① 由中国国际投资促进会与国际著名研究咨询机构 TPI、IDC、Gartner 联合推出。

文思海辉的主要发力领域有：第一类是科技研发服务和金融服务，位居国内外领先位置。目前文思海辉已是国内研发服务领域内排名第一的企业，在全球可排名前十。在金融服务领域，2015年文思海辉在中国银行业方案供应商中排名第二。第二类是航空、旅游业。经过近十年的耕耘，能力与规模都已达到一定水平。通过兼并，航空业务也是文思海辉的重点发展领域，已服务国内90%以上的航空公司。第三类是零售与制造行业。在该领域也有深厚的客户积累。很多电商企业都是文思海辉的客户，包括中国最大的一家专门做特卖的网站。

公司业务对少数客户的依赖程度有所下降，来自前五大客户的营收占总营收的29.5%，而上年同期为36.1%，来自前十大客户的营收占总营收的39.1%，而上年同期为45.5%，说明市场结构日趋多元，有利于降低市场波动风险。但并非不需要大客户，相反，服务外包企业必须依赖稳定的大客户资源，才能保证公司业务的连续性与利润。小企业的服务外包需求可能不大或没有，或不稳定，因而无法成为服务外包供应商的可靠收入来源。

从业务区域来看，2013年，按客户总部所在地划分，来自美国市场的净营业收入为2.631亿美元，来自大中华区的净营业收入为2.595亿美元，来自欧洲市场的净营业收入为6320万美元，来自日本的净营业收入为5070万美元，而来自南亚的净营业收入为3360万美元。可见，公司全球业务分布集中于美国和亚洲，其中亚洲部分中国本土是很大一块。随着中国经济增长，各行业服务外包需求不断释放与增加，对服务外包企业产生巨大利润刺激，对服务外包企业竞争力具有客观推动作用。相对来讲，欧洲与日本市场还需进一步加强，可能由于文思海辉的离岸市场主要积累在美国，因此拓展欧洲与日本存在一定局限，将来可通过兼并或收购完成市场份额的提高。①

文思公司创始人陈淑宁于1995年创立了文思信息技术有限公司，并担任总经理。在文思和海辉合并之前的1992~2012年，他担任文思的董事长兼首席执行官。在文思成立前的1989~1995年，他是长城电脑公司的高级软件开发员，在此期间被派往美国工作两年。在1994~1995年，他参与

---

① 新浪科技：《文思海辉发布第四财季财报：净利润1710万美元》，http://tech.sina.com.cn/it/2014-02-28/23339201730.shtml，2014年2月28日。

了 IBM OS/2 操作系统的开发。陈淑宁拥有华中科技大学工程硕士及清华大学机械工程学士学位，再次验证了企业家先前工作经验与学历对于创新一家 IT 服务提供商的重要性。在美国的两年工作经验对陈淑宁很关键，当时正值互联网、软件等在美国腾飞的年代，可以接触到正在蓬勃发展的网络、软件等前沿技术。公司的发展需要高管团队知识的互补，文思海辉的高管团队成员拥有丰富的从业经验，有的直接从跨国公司跳槽，有的具有海外学历或工作经验。鉴于软件及信息服务行业属于人力资本和知识密集型行业，高管们都具有高等教育背景，有些还获得海外学历，国内高校也以名校为主（见表 7-2）。

表 7-2　文思海辉公司管理团队部分成员

| 职务 | 姓名 | 工作经历 | 毕业学校 | 专业 | 学历 |
|---|---|---|---|---|---|
| 创始人 | 陈淑宁 | 长城电脑 | 华中科技大学<br>清华大学 | 工程<br>机械工程 | 硕士<br>学士 |
| 首席执行官 | 卢哲群 | 中国惠普执行副总裁 | 新加坡国立大学 | 电子工程 | 学士 |
| 首席财务官 | 郑方定 | TCL 多媒体科技控股公司 CFO | 夏威夷大学 | 会计 | 硕士 |
| 首席人力资源官 | 金鹤 | 11 年 IT 行业人力资源和业务管理经验 | 北京交通大学 | 管理学 | 学士 |
| 集团执行副总裁<br>欧美事业群总经理 | 苏骏 | 惠普销售总监、美国工作与生活 10 年 | 杨百翰大学<br>中国科技大学 | 计算机<br>物理学 | 硕士<br>学士 |
| 执行副总裁<br>亚洲事业群总经理 | Chris Beukers | Actix/Amdocs 高级副总裁 | 斯坦福大学商学院<br>康奈尔大学 | —<br>工程学 | 硕士<br>学士 |
| 高级副总裁<br>市场规划与发展 | 邱越峰 | 惠普中国就职 6 年 | 复旦大学 | 计算机工程 | 学士及硕士 |
| 高级副总裁<br>共享服务运营中心 | 周锋 | 惠普中国工作 10 年 | 清华大学<br>北京工业大学 | 企业管理<br>— | 硕士<br>学士 |
| 高级副总裁 | 陈蕴奇 | 德勤北京 | 中国人民大学 | 会计学 | 学士 |

资料来源：根据公司官网整理（2016 年 9 月查阅）。"—"表示不详。

文思与海辉两家公司的成立时间正好赶上全球软件业正在兴起的风口，证明时代、行业时势这个大环境对于企业成长至关重要，处于风口的企业获得成功的机会更多，而那些能够识别风口并把握住机会的才是真正的时代弄潮儿。这种信息判断与未来前瞻能力对于企业家来说十分重要。

在 IT 行业领域，先前经验，尤其是海外经验，以及相关技术学历背景对企业家准确认知风口具有重要作用。很多企业都是在环境时势提供的大风口与企业家能力相互合力的产物。而对于不处于风口的技术与产品，即使做得再好也难以获得如此快速发展。这一切都与坚定的对外开放政策密不可分，没有对外开放也就产生不了风口，正是大幅度的改革开放使国内企业有机会参与国际价值链创造，认识到不足，吸收到新知识，促成了一大批民营企业的壮大。

2014 年 3 月 28 日，文思海辉宣布正式完成私有化。关于在合并不久就选择退市私有化，据前首席营销官吴建解释①，最主要的还是资本市场的影响。一是华尔街对中国概念股的估值普遍偏低，甚至低于国内股市对同类型公司的估值。二是资本市场已经无法实现文思海辉对于融资功能的要求。三是上市公司受市场监督或分析师季报的约束，资本支配率弹性低，不利于公司转型且影响管理效率。四是汇率的影响。"与其被低估，不如用 3~5 年的时间来修炼内功，再涅槃重生"，这可能是文思海辉退市的主要原因。

# 第二节　博彦科技

1995 年 4 月，博彦科技正式成立，并独立承接了微软公司 Windows 95 操作系统的本地化和测试项目。2002 年，博彦科技派驻微软 On-site 的人员获得微软高度赞扬。1998 年，博彦成立了专业化的软件测试中心，进一步将业务从本地化拓展到软件测试。通过与微软、惠普、SAP 等这些顶级公司的合作，博彦学到了很多先进的技术和管理方法，为自己建立更加高效的内部管理制度与流程打下了基础。2015 年，公司实现营业收入 171808.92 万元（按平均汇率换算，约 2.76 亿美元），同比增长 10.03%。经过 20 年的发展，博彦已成长为亚洲领先的全方位 IT 咨询服务及行业解决方案提供商，在全球三大洲六个国家拥有超过 30 个分支和交付中心，

---

① 刘琼：《在世界的舞台上华丽转身——访文思海辉技术有限公司首席营销官吴建》，《软件与信息服务》2014 年第 4 期。

具备全球交付能力和灵活交付方式。① 公司通过不断自我变革、技术更新获得了良好的业务口碑（见表7-3）。

表7-3 博彦科技发展历程

| 年份 | 主要历程 |
| --- | --- |
| 1995 | 博彦科技正式成立 |
| 1996 | 通过北京市科学技术委员会的高新技术企业认证 |
| 2001 | 获国家信息产业部颁发的软件企业认证证书 |
| 2004 | 顺利通过 ISO9001：2000 质量体系认证 |
| 2006 | 通过 CMMI3 认证 |
| 2007 | 入选 IAOP2007 全球外包 100 强；当选 NeoIT 2007 全球外包服务 100 强 |
| 2010 | 圆满通过 CMMI5 评估 |
| 2012 | 在深圳证券交易所中小企业板成功上市；在加拿大设立全资子公司 |
| 2014 | 2013 年度中国服务外包企业 50 强；全资收购美国高端商业 IT 服务公司 TPG |
| 2015 | 蝉联中国国际投资促进会"2015 年度中国服务外包十大领军企业" |

资料来源：根据公司官网整理。

据官网，2016 年公司拥有员工 7967 人，因为软件行业的特点，业务与技术人员占到 93.35%，本科及研究生以上学历占到 72.35%，体现了软件行业知识密集型、技术行业要求特点，具体如表7-4所示。服务外包企业的成本主要由地租与人力两大部分组成。由于 IT 产业是以电脑、网络等技术为基础，不像制造业机器设备占用较多的土地面积，在一定程度上服务外包企业是"人脑+电脑"的有机组合，因此服务外包是节约土地资源的产业，有些业务如金融服务外包创造的产值很大，因此相对来说服务外包比制造外包的单位面积产出要大。因此，技术人才是服务外包企业的生命力。公司负责人及创始团队就是计算机专业科班出身，深厚的名校技术传统使他们能很快地学习并把握行业技术发展方向。公司高管团队的核心成员是校友（见表7-5），在中国社会资本及人际关系特点下，具有相似生活经历的校友由于具有情感联结而较容易建立信任并产生合作行动。

① 博彦科技股份有限公司：《科技服务中国梦——博彦科技服务外包成长经验和实践》，《全球化》2013 年第 8 期。

与文思海辉一样，博彦的高管团队也是具有良好教育背景、相关工作经验丰富的人才，但相对来说，文思海辉的高管团队比博彦更具国际化特色。

表 7-4　博彦科技员工分布情况

| 学历 | 人数 | 占员工总数比例（%） | 职务 | 人数 | 占员工总数比例（%） |
| --- | --- | --- | --- | --- | --- |
| 硕士及以上 | 361 | 4.53 | 业务、技术人员 | 7437 | 93.35 |
| 本科 | 5403 | 67.82 | 销售人员 | 163 | 2.05 |
| 专科 | 1998 | 25.08 | 管理人员 | 367 | 4.60 |
| 中专及以下 | 205 | 2.57 | | | |
| 合计 | 7967 | 100.00 | 合计 | 7967 | 100.00 |

资料来源：公司 2015 年度报告。

表 7-5　博彦科技高管团队

| 职务 | 姓名 | 工作经历 | 毕业学校 | 专业 | 学历 |
| --- | --- | --- | --- | --- | --- |
| 公司董事长 | 王斌 | 北京航空航天大学教师 | 北京航空航天大学 | 计算机科学<br>中欧国际商学院 | 学士<br>EMBA |
| 公司董事、总经理 | 马强 | 北京航空航天大学教师 | 北京航空航天大学 | 工商管理<br>计算机科学与技术 | 硕士<br>学士 |
| 公司董事 | 张荣军 | 毕业即参与创建博彦 | 北京航空航天大学 | 计算机软件<br>计算机科学与工程 | 硕士<br>学士 |
| 公司副总经理 | 刘仕如 | 台湾亚洲电脑股份有限公司、信必优公司 | 清华大学<br>台湾辅仁大学 | 高级工商管理<br>应用数学系 | 硕士<br>学士 |
| 公司副总经理<br>董事会秘书 | 韩超 | 秦皇岛人事局、组织部 | — | 管理学 | 硕士 |
| 财务总监 | 李光千 | 外交部外交人员服务局、安永、英美烟草、中太数据通信、爱可信 | 首都经济贸易大学 | 会计 | 学士 |

资料来源：根据公司 2015 年度报告整理。"—"为不详。

# 第三节　经验总结

## 一、时代风口

以邓小平南方谈话为标志，20 世纪 90 年代初中国掀起了一波史无前例的改革热潮，党的十三大报告确立了社会主义市场经济基本制度，打消了阻碍改革的守旧思想，为进一步释放民营经济潜力提供了理论依据。在巨大的社会思潮的鼓动下，从体制内辞职下海经商成为一种时尚。当时中国的 IT 产业也是在这一时期从萌芽到成长逐渐发展起来的，不少企业发展成后来的行业领军企业。文思、海辉、博彦等一大批民营 IT 企业的诞生离不开中国改革开放和经济体制改革不断深化的时代背景。

计算机、互联网等科技革命给全球 IT 产业带来巨大商机，微软、IBM、思科、惠普、戴尔等一大批世界级 IT 企业迅速成长为超大跨国公司，它们在全球的扩张战略为发展中国家 IT 产业的兴起提供了市场。1992 年，微软进入中国，设立北京代表处。同年，IBM 进驻中国，启动"发展中国"的大战略。1994 年，惠普提出"中国焦点计划"，为在中国进行大规模投资做好准备。也就是在这个时候，文思和博彦于 1995 年、海辉于 1996 年成立。由于 IT 跨国公司巨头都面临着软件汉化与测试等问题，这对刚成立的中国服务外包企业来说是一个千载难逢的机会。以王斌等为典型的一批有眼光的本土企业家抓住时代机遇赚取"第一桶金"。但过程注定是不痛快的，因为服务跨国公司可能面临着要求高、变化快等难题需要克服。目前，中国服务外包企业面临着转型升级的关口，人口红利与成本优势逐渐消失，一些拥有成本优势的发展中国家纷纷开展离岸服务外包产业，形成激烈竞争局面，能否从低价值服务外包跳出转向为客户提高核心竞争力是关键。

中国国内生产制造及服务业的发展也为服务外包产业奠定了雄厚基础，经济分工进一步细化，更加依靠柔性的服务充当生产的衔接。印度服务外包面对狭小的国内市场走出了一条依赖出口的信息技术产业强国之路。对中国来说，目前服务外包产业大部分主要满足在岸市场，如此巨大的服务外包市场为中国服务外包企业提供了巨大发展空间。但由于局限于国内市场生存温饱式的解决，可能不利于企业积极开展国际市场能力的锻炼。

## 二、企业家精神

根据企业管理理论及实践经验，企业家精神是企业成立与发展不可或缺的关键稀缺资源。这个世界最缺的可能不是资源，而是能将资源聚合起来产生效应的才能。企业家是社会财富的创造者，往往具有非同一般的想象力，甚至可以准确窥探一定的未来。文思的王淑宁和博彦的王斌都是企业家冒险精神的代表，王斌从稳定的事业单位辞职下海，王淑宁从国内知名公司长城电脑辞职，放弃令人羡慕的职业而重新选择另一条全新的路，承担的责任与面临的风险不是一个级别，从相对稳定走向不确定，这可能是企业家与生俱来的一种勇气与精神。正如博彦科技创始人王斌形容自己的成长过程可谓"野蛮"，因为在创业发展过程中，没有一个完整、成熟的规律可循，而只能采用"摸着石头过河"的自我否定、自我超越的渐进式发展模式，但在这过程中却蕴藏着企业家许多独特的智慧。王斌总结道，"创业 13 年来，我觉得对于绝大多数人而言，最大的挑战和困惑不是自己的能力问题，而是对自己当下所处的氛围、环境能否做出清楚判定。很多时候，人们事先的预想往往和实际发生的状况存在偏差，一旦发现自己出现偏差，就立即调整，虽然在效率上会有点损失，但总比酿成无可挽回的局面要强许多"。①

改革开放大潮推动的人事制度改革、观念更新为个人职业选择提供了机会。20 世纪 90 年代的下海潮实际上是经济自由化改革带来的大量市场空间的必然结果。各个产业都存在大量供需矛盾与失衡，当市场经济的活力一旦被打开，先知先觉的企业家们总能嗅到商机。

---

① 乐天：《博彦科技董事长王斌"野蛮"成长的背后》，《新前程》2008 年第 12 期。

## 三、管理团队

以高管团队为核心的人力资源是公司生存与发展壮大的命脉，对于服务外包企业来说尤其如此。高管团队、员工是企业不可复制的核心竞争力的来源之一，其本身就是一种核心竞争力。高管团队专业、职责互补为公司总体长期发展保驾护航，而来自不同文化背景、阅历丰富、技术过硬、踏实肯干的员工是服务产品的直接创造者，构成了公司最重要的资产。在公司的人力资源管理中，高管团队的角色至关重要，尤其是离岸服务外包企业面临快速发展的技术及复杂的国际市场环境，对高管们的要求自然较高。文思海辉与博彦科技之所以能实现全球布局、国内布控的战略能力与一帮具有高学历、深厚经验的高管团队是分不开的。两家公司的高管团队都是由受过良好高等教育、行业经验丰富的优秀人才组成，有些还具有海外学习与工作经历，这对于志在开拓国外市场的离岸服务外包公司而言相当重要。

## 四、其他经验

（1）专注。多元化是很多企业拥有一定资本之后非常向往与尝试的状态，因为做大往往可以带来许多好印象，但在实践中因多元化失败而导致企业资金链断裂滑铁卢的案例也很多。博彦在最开始也参与过其他行业，当时是国内第一家做电脑软件教学的企业，也成功推出了很多好产品，但后来考虑到整个公司业务的长期发展，最终决定专注于 IT 服务和外包。

（2）大客户战略。IT 服务外包实际上还是要以大客户为中心，如果客户过于分散，企业很难壮大。2013 年，文思海辉前 5 大客户贡献了公司近 30%的业务，比上年有所下降。博彦与微软、惠普等跨国巨头的长期和全面合作也给公司带来了一些新客户和合作机会。两家都以金融业为重要领域，而金融业通常是服务外包最大笔业务金额来源所在。以大客户为中心，是文思海辉和博彦科技取得成功的重要原因。

（3）保持创新。很多企业发展到一定阶段之后，在企业管理机制和职能等诸方面滋生出阻滞企业继续发展的各种危机，使企业逐步走向衰退的慢性综合病，这就是所谓的"大企业病"。对于 IT 企业来说，保持创新活力是成功的保证。博彦已经发展了 20 年，但创业家精神与创始人文化仍一直激励着公司团队上下员工，勇于尝试、不断开拓，海外兼并及分公司体现了公司创新精神的延续。

（4）城市优越。服务外包产业发展所需的要素只有城市才能满足，基础设施、交通便利、国际化交流、具有教育背景的人才等都在城市得到提供与聚集。因此，城市化程度越高的区域其服务外包发展水平相对越高。文思、海辉、博彦等优秀企业均在北京、大连等较发达城市涌现的原因就在于此。

# 第八章 发展中国家服务外包产业竞争力国际比较研究

随着经济全球化趋势的不断推进，以及 ICT（信息通信技术）的飞速发展与普及，跨国公司利用发展中国家在处理模块化服务业务上的成本优势将其纳入全球产品（服务）价值链。发展中国家通过承接国际服务外包也获得了不少经济效益，印度、爱尔兰等国过去二三十年间通过发展服务外包实现了产业结构调整的国家目标。而且，服务外包与经济发展战略调整相结合能够对大国之间原有的经济政治均衡态势发挥影响。离岸服务外包快速增长成为全球化新浪潮的重要内容，构成"推平世界"进程的关键因素（弗里德曼，2006）。[①]鉴于服务外包低能耗轻污染、集知识与劳动密集型于一体的重要特征，广大发展中国家争相制定以自身禀赋条件为基础的服务外包战略，欲从日益壮大的国际服务外包市场分得"一杯羹"，进而达到提升产业结构及促进经济增长的目标，导致目前国际服务外包承接市场竞争日趋激烈的局面。在此背景下，如何赢得发达国家发包商的青睐就成为各国面临的基本现实问题。

---

[①] 美国著名专栏作家托马斯·弗里德曼在《世界是平的》一书中宣称，"全球性服务外包，已成世界大潮"。兴起于第三次科技革命的现代分工通过低成本的通信及传播使印度、中国和许多发展中国家成为全球供应链上的重要成员，生产性服务借由"可交易革命"不仅给发达国家居民提供了大量廉价产品和服务，同时为发展中国家中产阶级带来大量财富机会。产品和服务的模块化与标准化得益于科学技术的变革，从而使外包产业的分工获得交易价格。

# 第一节　发展中国家服务外包竞争基础

## 一、服务外包竞争力源泉

过去 30 年，随着越来越多的公司跨越政治国境寻求合作伙伴以保持竞争优势，业务外包不断蔓延。大规模的经济全球化始于 20 世纪 70 年代全球贸易障碍的大幅排除，一些制造加工程序从高成本国家转移到新兴国家和地区，如中国、墨西哥、东南亚、巴西及中欧。20 世纪 90 年代全球服务外包开始蓬勃发展，发达国家向爱尔兰、俄罗斯、菲律宾及印度等国进行国际服务业转移。离岸服务外包已经变成企业业务价值链的一个非常重要和必要的组成部分。在保证质量的前提下，一项产品或服务通过外部供应商以比较经济的方式提供会给企业带来重要竞争优势。一份来自杜克大学有关外包的研究显示，2001~2009 年，美国公司倾向于以子（分）公司提供高新技术与电信服务的比例由 2001~2003 年的 52% 降到 2007~2009 年的 27%，同时倾向于离岸外包给外部独立供应商的比例由 6% 增长到 45%。[1]在全球知识化经济趋势下，通过外包创造价值日益成为国际企业的重要战略。

服务外包竞争力是国家或地区经济综合实力的一部分，一些基础性影响因素同样也是服务外包竞争力的来源所在。从表 8-1 可以看出，各个国家在服务外包竞争力的基础影响因素上具有很大差异，有些国家具有全面性领先优势，如爱尔兰在很多方面都表现出色，与其他国家相比具有非常明显的优势。而一些国家仅在某些个别或少数几个因素上比其他国家优越，但在另外一些方面不尽如人意，从而影响了其整体竞争力的凝聚。印度是世界服务外包第一大承接国，但它的基础性影响因素表现并不十分抢眼，远不及其在服务外包专业市场上的声誉，说明印度的竞争力具有较强

---

① Lewin A. Y. Perm-Ajchariyawong N. and Russell J., "Taking Offshoring to the Next Level: The 2009 Offshoring Research Network Corporate Client Survey Report", Research Report R-1473-11-RR, 2009.

表8-1 世界主要服务外包接包国竞争力基础来源情况

| 国家 | 高等学校入学率(%) | 城市化率(%) | 服务业增加值占比(%) | 货物与服务贸易增长率(%) | ATM数量(台/10万成年人) | 通货膨胀率(%) | 实际利率(%) | 私人部门贷款占GDP比重(%) | 互联网用户(人/百人) | 手机申请用户(每百人) |
|---|---|---|---|---|---|---|---|---|---|---|
| 巴西 | 21.82 | 82.81 | 65.96 | 7.23 | 111.27 | 8.22 | 41.18 | 38.75 | 22.06 | 49.11 |
| 印度 | 12.56 | 29.25 | 53.10 | 14.74 | 4.22 | 5.48 | 5.83 | 38.84 | 2.96 | 17.15 |
| 中国 | 16.83 | 42.50 | 41.31 | 16.68 | 16.34 | 4.01 | 1.76 | 116.54 | 13.03 | 31.99 |
| 智利 | 48.91 | 87.40 | 58.46 | 4.71 | 48.23 | 6.37 | 2.20 | 82.31 | 30.63 | 65.56 |
| 马来西亚 | 30.18 | 66.53 | 45.45 | 5.13 | 38.02 | 4.18 | 2.17 | 113.39 | 43.78 | 68.95 |
| 埃及 | 31.51 | 42.98 | 48.79 | 11.64 | 5.55 | 8.01 | 4.57 | 47.95 | 12.52 | 30.31 |
| 印度尼西亚 | 18.34 | 45.95 | 39.19 | 8.64 | 11.63 | 11.73 | 3.69 | 24.59 | 4.54 | 30.78 |
| 墨西哥 | 23.10 | 76.29 | 61.66 | 4.01 | 36.52 | 6.07 | 2.70 | 18.21 | 17.06 | 44.23 |
| 菲律宾 | 28.81 | 46.60 | 53.47 | 5.76 | 12.88 | 4.78 | 4.62 | 31.73 | 6.93 | 46.34 |
| 俄罗斯 | 69.04 | 73.48 | 59.13 | 6.49 | 55.47 | 16.92 | -2.34 | 29.16 | 17.00 | 78.86 |
| 波兰 | 63.16 | 61.41 | 64.59 | 9.40 | 37.44 | 3.06 | 7.73 | 35.56 | 36.56 | 74.74 |
| 摩洛哥 | 11.61 | 55.31 | 55.91 | 6.68 | 14.92 | 1.63 | 11.71 | 52.14 | 18.38 | 46.97 |
| 南非 | 19.70 | 59.53 | 66.09 | 2.59 | 38.08 | 7.57 | 4.97 | 142.89 | 9.04 | 60.65 |
| 爱尔兰 | 57.55 | 60.48 | 65.38 | 5.62 | 92.89 | 2.01 | -0.59 | 161.42 | 45.30 | 96.08 |

续表

| 国家 | 研发人员（人/百万人） | 服务器数量（台/百万人） | 电话用户（人/百万人） | 服务业就业占比（%） | 受过高等教育的劳动者占比（%） | 提供培训的企业占比（%） | 获得国际认证的企业占比（%） | 出口通关时间（天） | 企业成立所需时间（天） |
|---|---|---|---|---|---|---|---|---|---|
| 巴西 | 560.44 | 18.51 | 20.99 | 58.90 | 9.05 | 54.63 | 13.10 | 12.32 | 142.63 |
| 印度 | 136.18 | 0.89 | 3.57 | 25.27 | 8.00 | 16.86 | 11.25 | 10.79 | 50.75 |
| 中国 | 807.38 | 0.67 | 21.61 | 31.05 | — | 84.78 | 35.92 | 6.64 | 41.38 |
| 智利 | 322.55 | 26.61 | 20.97 | 63.83 | 25.43 | 58.77 | 23.86 | 7.13 | 26.31 |
| 马来西亚 | 651.16 | 19.95 | 17.56 | 55.17 | 22.28 | 46.07 | 42.72 | 2.45 | 29.25 |
| 埃及 | 510.34 | 0.88 | 12.87 | 47.97 | 17.93 | 18.84 | 17.68 | 5.60 | 18.63 |
| 印度尼西亚 | 168.91 | 0.78 | 7.65 | 38.85 | 5.52 | 14.27 | 12.52 | 3.01 | 107.75 |
| 墨西哥 | 321.30 | 10.20 | 15.91 | 58.68 | 21.29 | 37.70 | 22.15 | 6.10 | 33.50 |
| 菲律宾 | 76.52 | 3.34 | 4.13 | 48.68 | 27.43 | 26.42 | 15.75 | 8.29 | 44.88 |
| 俄罗斯 | 3271.46 | 5.98 | 27.73 | 60.08 | 44.11 | 47.20 | 15.33 | 7.40 | 30.88 |
| 波兰 | 1564.87 | 63.02 | 28.17 | 53.43 | 18.65 | 70.73 | 13.60 | 3.38 | 31.25 |
| 摩洛哥 | 678.15 | 1.14 | 6.42 | 41.20 | 8.23 | 29.11 | 19.81 | 1.99 | 15.00 |
| 南非 | 361.79 | 28.39 | 10.18 | 63.71 | 12.34 | 50.41 | 34.40 | 4.45 | 30.38 |
| 爱尔兰 | 2771.10 | 476.37 | 49.45 | 67.88 | 31.17 | 73.20 | 17.20 | 2.60 | 14.88 |

注：为尽量减少时间扰动，表中各数值为平均值，根据 2000~2010 年度数据测算所得。原始数据来源于世界银行 WDI 数据库（2014 年 8 月提取）。表中"—"代表数据缺失。

的行业专属性，印度在 IT 行业具有很强竞争力，世界第一服务外包大国地位已充分说明。但耐人寻味的是，基础性因素的薄弱并不影响它在某一专属领域做强做大。总体来看，欧洲在基础性影响因素方面整体表现优于亚洲、非洲与美洲（除智利之外）。还可以看出，中国在很多方面还存在较大的提升空间，但在有些方面还占据前列，中国的实际利率只有 1.76%，除爱尔兰、俄罗斯为负利率之外，其他国家均比中国要高。但在高等教育入学率方面处于落后行列，表中大多数国家都高于中国，说明中国的高等教育普及率受到总人口基数庞大及有限基础设施的限制而提高缓慢。

## 二、服务外包国际竞争优势利益

世界上之所以有很多国家开展国际服务外包业务，主要还在于其能给当事国带来巨大利益。国际服务外包是一种对发包国和接包国均有好处的国际分工协作，基于不同利益诉求的满足可以实现共赢。发包国通过国际服务外包可以实现有限资源的聚焦、核心业务的深耕细作、成本优势的获得及企业效率的提高等。而接包国通过国际服务外包可以扩大外资规模、带动国家产业发展、解决民生就业及产生经济聚焦和推动效应，从而有利于经济增长。实际上，发达国家和发展中国家通过国际服务外包可以实现双方效率的提升、规模效应以及由国际分工协作带来的其他利益。

当然，从发展中国家角度来看，国际服务外包可以创造诸多利益优势。首先，国际服务外包可以优化发展中国家的产业结构格局，提高出口技术水平，从而促进发展中国家整体经济与科技实力的提升。通过优化外资引入结构与水平，扩大服务贸易份额，可以让更多的发展中国家融入经济全球化过程中。因此，国际服务外包促进发展中国家进一步加入国际分工体系，有利于其进行经济结构调整，实现经济跨越式发展。印度通过承接国际服务外包实现了 IT 产业与经济的快速发展，并通过产业辐射带动了相关产业及区域发展，现已发展成重要的新兴经济体。目前很多发展中国家也都有意加入国际服务外包分工格局，本意是通过国际服务外包的承接来创造新的经济增长点，导致国际服务外包承接市场竞争日趋激烈。

其次，随着新技术的影响，许多发展中国家基础设施及产业条件均得到大幅提升。同时发展中国家具有较丰富的人力资源优势，拥有一大批通晓外国语言及文化的劳动力，而且大量受过高等教育和专业培训的人才工资水平相对较低。通过发展服务外包，发展中国家的这些人力资源都可以得到充分利用，从而促进全社会就业水平及居民收入的提高。

再次，国际服务外包的承接可以带动相关产业的发展。发展中国家为了吸收高质量国际服务外包，必须创造良好的投资环境，从而对通信、信息、电力、交通等基础设施的投资产生巨大刺激。不仅如此，由于国际服务外包对硬设施之外的软环境具有较高要求，这又催生发展中国家相关制度的完善。实际上，那些发展服务外包比较早的国家通过不断发展国际服务外包非常成功地促进了国内贸易投资便利化的拓展，许多不合时宜的法律、法规及行政规则均得到一定程度的优化。因此，这是发展国际服务外包的巨大推动效应。

最后，通过发展国际服务外包可以提升发展中国家的国际形象、技术品牌等软实力。发展中国家可以通过服务外包获得间接性技术转移与成熟的技术处理与发展经验，从而增强了二次创新的可能性，增强了发展中国家出口技术含量与形象。而且通过不断发展服务外包产业，发展中国家可以进一步赢得发达国家企业的信任。

当然，发展中国家要想获得国际服务外包优势及跨越式发展，其自身还存在一些问题需要解决，而这一过程还需要一定时间。但通过服务外包，发展中国家无疑会获得很多贸易与投资带来的巨大利益，从而可以实现更好的经济增长。

# 第二节　典型发展中国家服务外包发展分析

## 一、印度服务外包发展现状

据 NASSCOM 数据，2015 年全球服务外包总支出达 1.2 万亿美元，同比增长 0.4%，其中，离岸外包约 1600 亿美元，同比增长 8.5%，离岸服务外包的增速远远高于总支出。在全球服务外包市场中，印度凭借其长期积累的产业优势高居榜首，占全球离岸外包市场的 56%。显然，印度服务外包产业的发展是经济全球化不断深入发展、信息技术突飞猛进及对外开放制度不断推进等的综合结果。

印度服务外包产业对经济发展的拉动贡献很大，2014 年服务外包收入达 1050 亿美元，占 GDP 比重达 8.1%，出口 860 亿美元，占总出口的比重约 1/4，直接带动就业在 310 万人左右。[①]不仅如此，印度服务外包的发展还带动了一批城市的发展以及二、三线城市大学生就业。班加罗尔从一个不起眼的小村庄发展成印度一线城市、世界著名的服务外包城市。服务外包效应从一线城市不断向二、三线城市扩散，其经济影响波及小城镇及农村地区，发展收益逐步惠及更广泛人群。早在 1999 年，印度服务业占 GDP 比重超过 50%，2010 年达到 55% 左右，服务产业对经济的促进作用在印度表现得如此淋漓尽致，以至于有些学者提出发展中国家可打破"工业化是经济发展唯一路径"的"铁律"。

2002 年，特别是 2005 年以来，印度服务外包产业加快转型升级，逐步过渡到以创新和价值增值为主要竞争方式的成熟期，企业规模、全球运营能力、创新水平及竞争力得到进一步提升，占全球中高端服务外包市场的 1/3 左右。截至 2011 年，印度已有 4 家本土服务外包企业年收入高达 50 亿美元以上，9 家超过 10 亿美元，75~80 家企业收入在 1 亿美元到 10 亿美元之间。2015 年，印度服务外包企业达 16000 多家，新增企业 4200 多家，市场分布于全球 80 多个国家或地区，并涌现了 Tata、Infosys 及 Wipro 等具有国际影响力的服务外包企业（见表 8-2）。除此之外，不少知名跨国服务公司在印度设有重要的全球交付中心，利用印度产业环境、人才优势及成本优势为全世界客户提供服务产品，这些公司的存在对印度本土服务外包企业具有非常大的技术溢出效应。

表 8-2　印度 20 大 IT 服务供应商

| 排名 | 公司名称 | 排名 | 公司名称 |
|---|---|---|---|
| 1 | Tata Consultancy Services Ltd. | 5 | Tech Mahindra Ltd. |
| 2 | Infosys Ltd. | 6 | L&T Infotech |
| 3 | Wipro Ltd. | 7 | Syntel Ltd. |
| 4 | HCL Technologies Ltd. | 8 | MphasiS Ltd. |

① 有关印度服务外包的数据在未经说明的情况下均来自 NASSCOM。

续表

| 排名 | 公司名称 | 排名 | 公司名称 |
|------|---------|------|---------|
| 9 | Genpact India Pvt. Ltd. | 15 | Hexaware Technologies Ltd. |
| 10 | MindTree Ltd. | 16 | NIIT Technologies Ltd. |
| 11 | iGate | 17 | Persistent Systems |
| 12 | KPIT Technologies Ltd. | 18 | Infinite Computer Solutions（India）Ltd. |
| 13 | Zensar Technologies Ltd. | 19 | Geometric Ltd. |
| 14 | Cyient | 20 | MASTEK Ltd. |

注：该名单不包括总部在海外但在印度拥有重要交付能力，但没有公布印度交付中心收入数据的公司。如果它们以印度收入进行排名，一些公司，如 Accenture、Cognizant、Capgemini、IBM 等也会出现在该排名表中。

资料来源：NASSCOM。

Javalgi 等 [1]（2013）总结，印度服务外包产业之所以如此成功，主要原因如下：①深厚的信息科技、科学及工程力量。这一条件赋予印度得以吸引知识流程外包的重要优势。[2] 长期以来，印度大学里形成的全民对数学、科学及技术的关注产生了一大批工程、科学、信息技术及医学毕业生。数据显示，2005 年美国工程、计算机信息技术学士学位（四年制）授予人数为 13 万人左右，印度约 17 万人。这些受过良好高等教育的毕业生对知识与技术把握较强，且具有一定的问题解决能力，是支持服务外包产业发展的重要人力资本。而最近兴起的对商业和金融的新兴趣又催生了数量充足的具有问题导向且能够处理一系列 BPO 项目的员工。②世界一流大学。印度拥有一批顶尖大学，如 India Institutes of Technology、India Institutes of Management，吸引了众多最优秀、最聪明的学生和教学人员，产生了不少杰出的校友，成为活跃于世界舞台的发明家、企业家、职业经理人和行业领袖。③私有经济及产权保护传统。印度传承了殖民地时期

---

[1] Javalgi R. G. Joseph W. B. Granot E. and Gross A. C., "Strageties for Sustaining the Edge in Offshore Outsourcing of Services: The Case of India", Journal of Business & Industrial Marketing, Vol.28, No.6, 2013, pp.475-486.

[2] 多年来，中国社会形成一种"重理轻文"的现象，可从流行口语"学好数理化，走遍天下都不怕"窥见一斑。由于中国就业形势比较严峻，相对来讲，理工就业好于文科，而且工业化过程中对理工专业需求量大，薪资也较高，因此家长们大多觉得理工比较务实，而文科知识由于实际可使用性不强，就业相对困难，因而容易导致对理工科重视的现象。

英国统治所遗留下的私有精神及产权意识。即使在其社会主义计划经济时期，印度也拥有一个兴旺的根植于西方传统的商业准则与法律的私人经济部门，尊重与保护个人权利与私有产权。这种有利的商业环境在 20 世纪 90 年代推行门户开放及市场经济政策时得到加强。虽然按照西方标准，印度的知识产权保护还参差不齐，但比其他亚洲国家已经强许多。④英语人口。据估计，印度有超过 3500 万名英语"使用者"（指会读写但不会说的人）以及 1000 万名能流利读写及说英语的人。印度可能是仅次于美国说英语最多的国家。英语是当今受过教育的印度人的通用语言。当两个来自不同洲的印度人见面时，他们不可避免地用英语交流。英语是印度大中型企业、许多政府部门及几乎所有大学的通用语言。事实上，几乎全部印度的计算机都安装的是 Microsoft Windows 英文版，只有不到 1% 的电脑使用印度语。更有甚者，全部电子邮件处理均为英语。⑤长期的民主政治。印度的民主政治已经连续走过 60 多年，使印度社会呈现出一种可与美国及其他西方民主国家相比肩的社会政治环境。虽然这种环境有时也会有官僚拖延的威胁，但至少可以使外国投资者对自己在印度做生意时的权利与责任得到保证具有信心与可预期性。

　　相比印度，中国作为世界上最大的发展中国家，拥有相对发达的制造业产业群，但与印度相比，以信息技术为基础的现代服务产业明显落后于印度。而且与印度不同，中国服务外包产业的内部需求巨大，而印度服务外包主要以出口为主。这种局面在一定程度上阻碍了中国服务外包企业的国际化竞争动力。但由于拥有庞大的工业基础，服务外包产业具有非常优越的产业基础，中国服务外包产业拥有十分广阔的市场空间。而且随着中国经济服务化制造及服务经济时代的到来，如何提高中国服务业产业水平是一个重要课题，而对印度 IT 服务外包产业发展经验的探讨对中国具有相当重要的借鉴意义。

## 二、爱尔兰服务外包发展现状

　　爱尔兰在 20 世纪 70 年代之前还是以农业和畜牧业为主导产业的西欧岛国。但如今，爱尔兰已成为一个欧洲发达国家，2011 年人均 GDP 达到

42920 美元。[①] 2014 年和 2015 年爱尔兰 GDP 增长分别为 5.2% 和 7.8%，连续两年居欧盟国家第一。2015 年，服务业产值占 GDP 的 73.5%，工业为 24.9%，农业仅占到 1.5%。

软件外包在爱尔兰经济成功转型的过程中发挥着不可替代的作用。从 1994 年开始，服务外包发展迅速，成为爱尔兰的支柱产业之一，如今爱尔兰已跃居全球最大的软件本地化基地龙头，是欧洲最典型的接包国，在欧洲软件外包市场上爱尔兰的占比超过 60%。[②] 据爱尔兰经济政策咨询委员会（FORFAS）统计数据，1990~2006 年，爱尔兰就业总量增长 61%，达到 211 万人；国内生产总值几乎翻两番，达到 1764 亿欧元，人均 GDP 猛增至 3.3 万欧元，居欧洲前三位，失业率由 17% 降至 4.4%。[③] 爱尔兰的经济主要依赖出口，2008 年金融危机对爱尔兰的冲击很大，在不得不接受 IMF 苛刻条件的援助下经济逐步得到缓解，避免了破产困局，并通过压缩政府赤字，2011 年以后爱尔兰经济开始复苏。出口对于依靠贸易的爱尔兰经济来说是主要发动机，其中，IT 服务出口占据重要地位。从图 8-1 可以看到，自 2009 年第二季度开始，服务贸易出口的同比增长几乎始终高于货物出口，在货物贸易出口受到重大挫折的危机时期，服务贸易出口仍呈现正增长状态。

受益于国际服务外包产业获得巨大成功，爱尔兰国民经济结构实现转型升级，从 1995 年开始爱尔兰由移民输出国变成净输入国。爱尔兰的国际服务外包产业积累了很强的产业基础。首先，爱尔兰软件产业的国际目标市场相对稳定、分布较为均衡，美国、欧洲大陆和亚太地区分别占 40%、40%、20%。其次，爱尔兰现在更注重开发拥有自主知识产权和自有品牌的产品，也希望能多接一些高附加值的外贸单。[④]

据相关统计，欧洲市场上 43% 的计算机以及 60% 的配套软件由爱尔兰创造，因而被人们赋予"欧洲软件之都"的美称。经过多年发展，爱尔兰逐步形成了以计算机、电子等高新科技产业为支柱的产业结构，软件业成为了爱尔兰的龙头产业。2008 年底，爱尔兰的软件企业超过了 900 家，

---

① 李辉：《爱尔兰服务外包产业发展的经验》，《全球化》2014 年第 4 期。
② 胡剑波、任亚运：《爱尔兰自由贸易园区服务外包发展研究》，《经济体制改革》2015 年第 5 期。
③ 徐兴锋：《印度、爱尔兰软件产业扶持政策及其对我国的启示》，《国际贸易》2007 年第 5 期。
④ 新东方：《爱尔兰软件和服务外包产业就业情况》，2011，http://ireland.xdf.cn/201306/9506071.html。

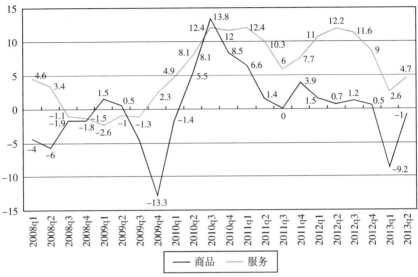

图 8-1　爱尔兰出口增长①

其中外国投资企业有 140 家，从业人员达 2.4 万人，软件销售的收入总额超过了 240 亿欧元，出口产品和服务的总额超过了 230 亿欧元②，为爱尔兰经济增长与就业带来巨大刺激。凭借与生俱来的语言、地理优势及后天培育的技术优势等，爱尔兰也是跨国公司比较理想的投资场所，世界 10 大软件公司中有 7 家在爱尔兰设立厂址，有的还建立了研究开发中心，爱尔兰是 Intel、Lotus、IBM 等公司在欧盟总部的所在地。这些外资对爱尔兰经济具有重要作用，爱尔兰软件产业 90% 以上的销售收入、出口收入和就业机会都是由跨国公司在爱尔兰的机构创造的。不仅如此，跨国公司也带动了相当数量优秀本土企业的诞生，很大一批后起的爱尔兰本土企业逐渐在某一专项领域找到位置，通过上市、并购等手段拓展国际市场。对于一个人口只有 460 万人的国家来说③，巨大的软件产业规模足以大大提高爱尔兰居民收入及生活水平。

在爱尔兰服务外包产业中，香农自由贸易园区具有举足轻重的地位。香农自由贸易园区始建于 1959 年，是全球最早的经济开发区之一，自 20

---

①② 李辉：《爱尔兰服务外包产业发展的经验》，《全球化》2014 年第 4 期。
③ 据世界银行数据库，2014 年爱尔兰全国人口为 461 万人。

世纪 70 年代开始发展服务外包，80 年代后期在世界服务外包市场崭露头角，90 年代中期进入快速发展期。1996 年以来，爱尔兰香农自由贸易园区吸引了大量社会及海外风险资金，并成功吸引了一大批跨国软件巨头进驻，其他跨国软件公司纷纷效仿，本土企业也受离岸服务外包兴起的刺激进入香农自由贸易园区。目前，爱尔兰香农自由贸易园区成为世界服务外包园区中的典型。

爱尔兰服务外包成功经验可以归纳为以下几点：第一，深刻的历史原因。19 世纪 50 年代爱尔兰发生大面积饥荒导致大量居民移民欧美。据统计，仅在美国的爱尔兰侨民就达到 4000 万人左右。[①] 这些在欧美国家定居的侨民有效地建立了双方 IT 界的联系。爱尔兰既是欧盟成员国，又是 12 个欧元首轮流通国，经济发展主要以欧洲大市场为依托。而且爱尔兰是欧元区中唯一以英语为母语的国家，英语为最常用的语言，仅约 38.7% 的人口将爱尔兰语作为第一用语或第二用语，主要分布于西海岸。[②] 与欧美的天然联系使众多欧美跨国公司优先考虑来爱投资。第二，政府优惠政策大力扶持。2016 年的一篇新闻报道足以说明爱尔兰政府对在爱跨国软件公司的保护。欧盟委员会裁定手机巨头苹果向爱尔兰政府补交 146 亿美元的偷漏税款，爱尔兰政府表达抗议，认为这一裁定侵犯了国家主权，并坚称苹果已向爱尔兰支付了应付的全部税款。爱尔兰政府实行低税政策，宽松的居住税收要求使爱尔兰成为跨国公司避税的场所。在国际压力不断加大的情况下，爱尔兰政府宣布将分阶段推行更严格的税收法律。第三，法治环境完善。爱尔兰的法律环境较为完善，拥有较为严格、有效的法律规范，它沿袭了欧洲地区在知识产权、专利保护等方面的习惯做法。与 IT 产业发展密切相关的法律也颁布很早，大大促进了产业发展。早在 2000 年爱尔兰就率先通过电子商务法，成为世界上第一批通过该法的少数国家之一，该法对电子商务的有效运作提供了框架。同时，基于信息数据产业安全考虑，个人数据隐私保护主要由 1988 年和 2003 年的《数据保护法》来实施。

---

① 徐兴锋：《印度、爱尔兰软件产业扶持政策及其对我国的启示》，《国际贸易》2007 年第 5 期。
② CIA, World Factbook, 2016, http: //www.cia.gov.

## 三、菲律宾服务外包发展现状

近年来，随着全球信息产业的飞速发展及深入各传统产业，以及制造服务化趋势的进一步加强，世界经济服务化趋势日趋明显，全球范围内服务外包产业不断发展壮大，并被许多发展中国家视为朝阳产业或新兴产业，作为赚取外汇、参与国际价值链的重要贸易方式。

作为"东南亚的门户"，菲律宾是东西方文化交汇点，在殖民地效应影响下，凭借其居民较强的外语能力和与西方文化的接近等优势，近几年通过不断培育，服务外包业已成为菲律宾发展最快的产业之一，对经济增长与就业产生很强的拉动作用。据相关研究，2004~2008年菲律宾离岸服务外包市场达到43%的年复合增长率。[①]尤其在呼叫中心产业，由于具有人力成本及语言优势，菲律宾具有很强的国际竞争力，此外，菲律宾在其他商务服务外包方面也发展很快。2008年，菲律宾ICT离岸服务外包市场收入达到60.61亿美元，占当年GDP的比重为3.6%；与此同时，在该产业方面菲律宾占世界的份额达到15%，成为世界第三大ICT离岸服务外包地。[②]2007~2009年菲律宾连续三年被英国全国外包协会评为世界最佳业务流程外包目的地。据菲律宾资讯科技与业务流程协会数据，目前菲律宾在业务流程外包国际市场中占有12.6%的份额，年营收额达230亿美元，115万菲律宾人受聘于这个行业。据该协会估计，2022年该行业将雇用180万菲律宾人，每年新增10万个就业机会，创造营收389亿美元。在最新的科尔尼全球服务外包目的地指数排名中，2014~2015年菲律宾连续保持第7名的位置，尤其在金融吸收力方面高于中国、泰国和马来西亚等发展中国家。

菲律宾联络中心协会（CCAP）会长赫尔南德斯接受媒体采访时曾表示，从呼叫中心从业人员的数量而言，菲律宾已超过印度，"去年菲律宾呼叫中心的员工为30万人，今年已上升到35万人，而印度的呼叫中心雇员仅有33万人"。现在菲律宾已成为全球设立呼叫中心的最佳选择地。[③]另据IBM发布的《环球定位趋势年度报告》，在共享服务和商务流程外包

①② 祝森：《菲律宾ICT离岸服务外包产业竞争力分析》，《东南亚南亚研究》2010年第4期。
③《菲律宾外包服务红红火火》，《光明日报》2010年12月23日第8版。

等方面，菲律宾已超过印度跃居世界第一。2010 年菲律宾服务外包业收入同比增长 26%，总额达 89 亿美元；服务外包业就业人数 52.5 万人，年增长率达到 24%。①

综合来看，菲律宾离岸服务外包业之所以取得成功，主要还在于以下几个因素：第一，人才的专业与成本优势。菲律宾拥有 9000 多万人口，受教育程度比例约为 92%，接受教育的普遍性为外包业提供了充足的后备人才。而且在这些人才培育中与服务外包相关的人才占很大比例，2008 年，全国共有 49 万多名本科毕业生，66.6% 的毕业生本科课程涉及 IT 网络、服务外包业。另外，据不完全统计，菲律宾全国拥有大量信息与商务产业技术员工，其中信息产业及计算机专业人员 7 万人、工程师 3.5 万人、注册会计师 10 万人、商务管理人员 10 万人。在语言方面，能流利使用英语的人口占全国的 72%。据相关调查显示，菲律宾服务人员的英语表达和理解能力甚至优于印度和爱尔兰，而且受美殖民地历史的影响，菲律宾的英语口语更接近美式英语，受到美国跨国服务外包企业的欢迎。除语言优势之外，菲律宾的技术人员往往对国际先进的专业知识及用户服务标准较为熟知，而且通常具备良好的业务能力及职业道德，受到发达国家服务外包商的青睐。另外，菲律宾普通劳动力成本为每月平均 234 美元，低于亚洲大多数国家。第二，政策优势。近年来，菲律宾历届领导和政府高官意识到服务外包产业历史机遇，通过大力扶持为外包业的快速发展奠定了基础。一方面，对电信业的管制逐步放松减持，并大幅解决电力供应等问题，从而为外包企业与产业发展打通道路；另一方面，通过免税政策刺激服务外包业的发展。在阿基诺时代，政府积极推动 12 年义务教育体制，大大提高了年轻人员的英语水平及识字程度，为服务外包人才的培养奠定了较雄厚的基础人才优势。另外，菲律宾政府对信息产业较为重视。20 世纪 90 年代，信息技术产业就被菲律宾政府列为战略性产业。早在 1997 年，菲律宾政府就公布了国家级信息产业计划，制定了未来 10~25 年 IT 产业发展框架，意图将菲律宾建设成"亚洲的知识中心、信息技术的领导者"。

另外，菲律宾服务外包业的成功还与其相关产业的基础设施不断提高

---

① 李国章：《服务外包业成菲律宾经济新增长点》，http://intl.ce.cn/right/jcbzh/201109/19/t20110919_22704111.shtml，2015 年 6 月 16 日。

直接相关，菲律宾的电信基础优于印度（见表8-3），这为以后赶超印度及其他发展中国家奠定了基础。

表8-3　2007年菲律宾、印度电信基础设施比较

| | 固定电话用户（人/百人） | 移动电话用户（人/百人） | 互联网用户（人/百人） | 个人电脑拥有量（台/百人） | 电视普及率（%） |
|---|---|---|---|---|---|
| 菲律宾 | 4.5 | 58.9 | 2.8 | 7.3 | 63 |
| 印度 | 3.5 | 20.8 | 1.2 | 3.3 | 53 |

资料来源：Information and Communications for Development（2009）。

菲律宾对本国的服务外包业发展前景充满信心。据有关机构预测，到2016年，菲律宾信息技术服务外包行业的年收入将达到250亿美元，占全球市场份额的10%。随着这个目标的实现，该行业从业人数将达到130万人，行业产值达到国内生产总值的9%。[1]

但菲律宾服务外包产业发展中还存在一些问题，直接影响着菲律宾服务外包产业的国际竞争力。首先，正如中国服务外包产业中高端人才极度缺乏一样，菲律宾也面临着熟练技术工人、高素质管理人才稀少的困局。在2009年科尔尼公司全球离岸服务外包目的地指数中，菲律宾在人员技能方面的得分仅为1.17（满分为5），落后于马来西亚、泰国、印度尼西亚等其他东南亚国家。[2]2015年在该项指标上菲律宾提高至1.43，但仍低于印度尼西亚的1.54，而中国和印度达到2.71和2.55。其次，菲律宾服务外包高度依赖美国，一方面美国的服务外包给菲律宾带来巨大经济效应；另一方面，一旦美国市场出现风险，如2009年美国次贷危机，就会给菲律宾服务外包产业造成严重冲击。而且美国国内一直存在外包导致本土工作流失的抱怨并呼吁制造业回流，美国政府也出台了一些优惠政策鼓励跨国公司"回国深造"。菲律宾应不断扩展世界其他英语国家的服务外包市场。最后，菲律宾的投资环境仍需不断完善。在《2009~2010全球年度竞争力报告》中，菲律宾的制度因素仅列第113位，其中反映政府效率

① 李国章：《服务外包业成菲律宾经济新增长点》，http://intl.ce.cn/right/jcbzh/201109/19/t20110919_22704111.shtml，2015年6月16日。

② A. T. Kearney，"The Shifting Geography of Offshoring: The 2009 A. T. Kearney Global Services Location Index"，2009，www.atkearney.com。

和司法公正的排名均比较靠后，说明菲律宾政府政治环境严重制约了其投资环境，不利于菲律宾吸收各类外商直接投资。

## 四、发展中国家服务外包发展总结

对于迫切谋求发展的广大发展中国家来说，发展服务外包是一个非常好的机会，拥有巨大的发展红利，通过服务外包可以刺激经济增长、拉动社会就业、提升产业结构等，这些都是发展中国家亟须不断解决的问题，也是发展中国家不断追求发展质量的重要途径。随着服务经济全球化趋势的不断加强，服务国际分工精细化程度日益加深，各国均能凭借自身优势不同程度地参与国际分工序列。那些在服务生产方面具有后发优势的国家完全可以通过比较优势融入全球服务生产贸易体系之中，从而可以实现本国经济的持续增长及结构转型。

通过信息产业发展获得服务外包成功的典型代表就是印度。作为世界上重要的发展中国家，印度通过 30 多年的努力成长为世界知名服务出口大国，带动印度经济结构从农业型直接过渡到服务经济主导型，开辟了一条发展中国家经济产业升级的新路径。到目前为止，印度通过发展服务外包主导的服务经济获得了出口提高、经济增长及就业扩大、贫困人口减少等诸多效益。发展服务外包不仅给印度带来服务经济的增长及外包城市的发展，从长远来看，随着服务外包产业的壮大，服务外包产业与其他经济部门可以形成良性循环，并且通过"扩散效应"与"涓滴效应"进一步将经济增长效益惠及更多产业与人群，从而为印度经济的持续增长与结构优化做出更大贡献。[①]

在印度等成功案例的影响下，服务外包产业的快速增长成为新兴市场国家发展的一个亮点，许多国家都纷纷加入或融入全球服务外包市场。除印度、中国、菲律宾及中东欧等传统服务外包承接国外，一些过去不曾涉足服务外包产业的国家，如非洲、中南美洲及加勒比地区等一些发展中国家都不断介入这一行业。有些后起国家在某些方面有超过传统服务大国的现象，如菲律宾通过产业与人才优势在客户服务和后台商务流程方面表现

---

① 姜荣春、江涛：《印度服务外包启示中国》，《服务外包》2014 年第 10 期。

出色，甚至出现超越印度的趋势。在中国，服务外包产业也受到各级政府的高度重视，并于近几年出台优惠政策给予大力扶持，近几年服务外包产业规模也达数百亿美元之巨，进一步拉小与印度的差距。全球服务经济趋势日益加强，服务业占全球 GDP 比重总体达 70%以上，由于发达国家和发展中国家在人工成本等方面仍具有很大差异，劳动力套利空间依然存在，再加上发展中国家基础设施不断得到改善，而且随着全球价值链的进一步深化，可以通过低成本提供且进入跨国贸易的非人工服务比重继续上升。另外，就目前国际边缘政治及安全因素来看，现有各国国际移民政策做出实质性改变还十分困难，在此情况下，通过服务外包解决资源配置效率仍将长期持续，而且拥有广阔前景。

# 第三节　发展中国家服务外包产业竞争力实证研究

## 一、数据说明与整理

根据前期相关研究成果及兼顾数据的可得性，选取了包括巴西、印度、中国、智利、马来西亚、埃及、印度尼西亚、墨西哥、菲律宾、拉脱维亚、立陶宛、俄罗斯、波兰、摩洛哥、哥伦比亚、南非和爱尔兰 17 个世界主要服务外包承接国的 30 个变量指标数据（见表 8-4）。由于个别样本的某些年度数据存在缺失，最终用于实证分析的数据为 2000~2010 年的平均值。通过重复进行因子分析，剔除共同度过小的指标，最终保留 21 个共同度均达 0.8 以上，其中的 12 个指标的共同度达 0.9 以上，达到因子提取对组合效度的要求。具体因子提取结果如表 8-5 所示，给出了初始样本相关系数矩阵的部分特征根及贡献度，共有 5 个公共因子对应的特征值大于 1，它们的方差贡献率分别为 35.293%、23.418%、12.985%、10.831%及 7.258%，累计方差贡献率达 89.786%，说明提取的公共因子对这 21 个变量指标的解释力较强，能够包含原始值方差变异的大部分信息，KMO 值显示较好地通过了巴特利特球形检验，因子提取的效果十分理想，进一步说明这 5 个公共潜在因子解释了原始变量指标的大部分变异信息量（见表 8-5）。

表 8-4  2003 和 2012 年印度服务外包竞争力影响指标说明

| 变量 | | 指标说明 | 2003 年 | 2012 年 | 变动幅度 |
|---|---|---|---|---|---|
| Y | | 离岸服务外包（亿美元） | 313 | 690 | 2.2 |
| 宏观经济总量 | $X_1$ | 国内生产总值（亿美元） | 10008.35 | 13890.5 | 1.39 |
| | $X_2$ | 全社会固定资产投资（亿美元） | 4077.61 | 5645.26 | 1.38 |
| | $X_3$ | 制造业增加值（亿美元） | 1819.94 | 2427.73 | 1.33 |
| | $X_4$ | 服务业增加值（亿美元） | 5275.58 | 7816.75 | 1.48 |
| | $X_5$ | 最终消费额（亿美元） | 8330.09 | 12794.14 | 1.54 |
| 私营经济发展 | $X_6$ | 上市公司资本额（亿美元） | 18191.01 | 12633.35 | 0.69 |
| | $X_7$ | 私人投资占 GDP 比（%） | 23.38 | 22.57 | 0.91 |
| | $X_8$ | 银行私人贷款占比（%） | 43.22 | 51.02 | 1.14 |
| 政府角色 | $X_9$ | 中央政府债务占 GDP（%） | 59.11 | 49.69 | 0.88 |
| | $X_{10}$ | M2 占 GDP 比（%） | 67.43 | 75.63 | 1.07 |
| 软性基础设施 | $X_{11}$ | 城市人口（亿人） | 3.47 | 3.91 | 1.13 |
| | $X_{12}$ | 手机用户（只/百人） | 20.16 | 69.92 | 3.47 |
| | $X_{13}$ | 固定宽带数（万户） | 313 | 1498 | 4.49 |
| 硬性基础设施 | $X_{14}$ | 国际航空离港数（万次） | 56.90 | 67.81 | 1.19 |
| | $X_{15}$ | 国际游客到达数（万人次） | 508.2 | 657.8 | 1.29 |
| | $X_{16}$ | 空运载客数（万人次） | 5189.74 | 7215.18 | 1.39 |
| | $X_{17}$ | 铁路货运量（万吨） | 48.10 | 62.57 | 1.30 |
| | $X_{18}$ | 用电量（亿千瓦时） | 6313.45 | 8938.78 | 1.42 |
| | $X_{19}$ | 能源使用量（万吨石油） | 56.72 | 76.17 | 1.29 |
| 人力资本研发 | $X_{20}$ | 高等学校入学率（%） | 13.48 | 24.77 | 1.84 |
| | $X_{21}$ | 科技期刊论文（篇） | 18202.9 | 24000.0 | 1.32 |
| | $X_{22}$ | 商标注册（万个） | 12.35 | 19.08 | 1.55 |
| | $X_{23}$ | 专利申请（个） | 5686 | 9553 | 1.52 |
| 对外经济 | $X_{24}$ | 货物与贸易出口（亿美元） | 2530.78 | 4460.29 | 1.76 |
| | $X_{25}$ | 货物与服务贸易进口（亿元） | 3028.04 | 5713.06 | 1.89 |

续表

| 变量 | | 指标说明 | 2003 年 | 2012 年 | 变动幅度 |
|---|---|---|---|---|---|
| 对外经济 | $X_{26}$ | 高新技术出口（亿美元） | 59.98 | 124.34 | 2.07 |
| | $X_{27}$ | FDI 流入（亿美元） | 252.28 | 239.96 | 0.95 |
| | $X_{28}$ | 向高收入国家出口比（%） | 65.10 | 64.47 | 0.99 |
| | $X_{29}$ | 国际贸易税率（%） | 14.66 | 14.84 | 1.01 |
| | $X_{30}$ | 汇率（/美元） | 41.35 | 53.44 | 1.29 |

注：括号内数值运用前四年数据的加权平均增长率估算而得，过程中去掉了显著突变量。
资料来源：World Bank WDI 数据库。

表 8-5　特征根与方差贡献

| 成分 | 起始特征值 | | | 平方载荷提取 | | | 平方载荷旋转值 | | |
|---|---|---|---|---|---|---|---|---|---|
| | 总值 | 方差(%) | 累计(%) | 总值 | 方差(%) | 累计(%) | 总值 | 方差(%) | 累计(%) |
| 1 | 7.412 | 35.293 | 35.293 | 7.412 | 35.293 | 35.293 | 6.320 | 30.093 | 30.093 |
| 2 | 4.918 | 23.418 | 58.712 | 4.918 | 23.418 | 58.712 | 5.722 | 27.248 | 57.341 |
| 3 | 2.727 | 12.985 | 71.697 | 2.727 | 12.985 | 71.697 | 2.854 | 13.592 | 70.934 |
| 4 | 2.275 | 10.831 | 82.528 | 2.275 | 10.831 | 82.528 | 2.405 | 11.453 | 82.387 |
| 5 | 1.524 | 7.258 | 89.786 | 1.524 | 7.258 | 89.786 | 1.554 | 7.399 | 89.786 |

注：提取方法为主成分分析法。

　　通过对初始因子载荷矩阵进行正交化旋转，得到旋转后的因子载荷矩阵（见表 8-6）。然后对 5 个公共因子进行命名。第一个公共因子主要是从宏观经济总容量角度来衡量，主要包括就业总人口、GDP 增长率、出口增长率、用电量、铁路货运量及公路总里程，所以该因子可称为宏观经济总容量因子。第二个公共因子比较强调知识、研发及交流媒介等方面，主要包括电话数量、研发人员数量、移动电话申请量、高校经费占比及汽车拥有量，因此该因子可命名为研发投入因子。第三个公共因子包括三个原始变量指标，拥有国际认证的企业占比、上市企业资本占 GDP 比重、国内私有部门的信贷占 GDP 比重，因此可归纳为私有部门发展因子。第四个公共因子包括互联网服务器数量和 ATM 数量，因此可称为商务环境因子。[①]第五个公共因子只包括通货膨胀率一项，可称为生活成本因子。

表 8-6　旋转后的因子载荷矩阵

| | 成分 | | | | |
|---|---|---|---|---|---|
| | 1 | 2 | 3 | 4 | 5 |
| 总就业人口（人） | 0.954 | −0.211 | 0.078 | 0.032 | −0.083 |
| 用电量（千瓦时） | 0.944 | 0.017 | 0.218 | 0.041 | 0.161 |
| GDP 增长率（%） | 0.915 | −0.168 | 0.053 | −0.233 | −0.039 |
| 本国居民专利申请数量（个） | 0.909 | 0.089 | 0.256 | −0.050 | 0.066 |
| 货物与服务出口增长率（%） | 0.829 | −0.098 | −0.319 | −0.084 | −0.277 |
| 铁路货运量（百万吨） | 0.822 | 0.189 | 0.111 | −0.050 | 0.484 |
| 公路总里程（千米） | 0.800 | −0.283 | −0.097 | 0.293 | −0.010 |
| 服务业就业占比（%） | −0.662 | 0.581 | 0.250 | 0.193 | 0.235 |
| 电话数量（台/百人） | 0.009 | 0.935 | 0.051 | 0.184 | −0.053 |
| 研发人员（人/百万） | 0.081 | 0.900 | −0.141 | −0.072 | 0.173 |
| 移动电话申请量（台/百人） | −0.351 | 0.884 | 0.109 | −0.032 | −0.055 |
| 高校经费占 GDP（%） | −0.191 | 0.882 | −0.238 | −0.176 | 0.096 |
| 汽车拥有量（辆/千人） | −0.253 | 0.872 | −0.046 | 0.089 | −0.266 |
| 提供培训的公司的占比（%） | 0.278 | 0.736 | 0.357 | 0.262 | −0.149 |
| 国际认证企业数量占比（%） | 0.169 | −0.062 | 0.902 | −0.156 | −0.086 |
| 上市资本占 GDP（%） | −0.084 | −0.224 | 0.875 | 0.046 | 0.116 |
| 国内私有部门信贷量占 GDP（%） | 0.104 | 0.303 | 0.820 | 0.033 | −0.257 |
| 互联网服务器数量（个） | 0.072 | 0.220 | 0.066 | 0.901 | −0.027 |
| 真实利率（%） | −0.074 | −0.246 | −0.186 | 0.860 | −0.050 |
| ATM 数量（台） | −0.223 | 0.610 | 0.095 | 0.698 | 0.125 |
| 通货膨胀率（%） | 0.011 | −0.081 | −0.162 | −0.018 | 0.951 |

注：提取方法为主成分分析法，旋转方法是具有 Kaiser 正规化的最大变异法。其中，6 次叠代循环收敛。

---

[①] 第四个公共因子中出现了"真实利率"这一原始变量，但在命名时未作考虑。主要是因为，在原始变量中，巴西的真实利率存在严重偏离正常值现象，该国真实利率为 41.17913%，与其他国家似乎不在一个度量体系内。另外，爱尔兰的真实利率为-0.59119，呈负值，因此也对公共因子的提取过程存在不小干扰。

从以上因子命名分析可以看出，世界主要服务外包承接国的竞争力可以从宏观经济总容量、研发投入、私有部门、技术环境及生活成本5个方面来体现。与前期研究成果相比，本次提取到的公共因子多达5个，对竞争力的解析将更加细致。根据表8-5中的特征根及方差贡献度中旋转后的方差贡献率，通过归一化处理求出各因子的得分权重分别为0.3352、0.3035、0.1514、0.1275和0.0824，如此可得到国际服务外包承接竞争力综合评价模型为：

$$S_t = 0.3352F_1 + 0.3035F_2 + 0.1514F_3 + 0.1275F_4 - 0.0824F_5^{①} \qquad (8-1)$$

其中，$S_t$ 代表 t 年印度服务外包综合评价得分，$F_1$、$F_2$、$F_3$、$F_4$ 和 $F_5$ 依次表示5个公共因子在该国的得分情况。根据上述模型就可测算出17个国家的得分排名情况。

## 二、服务外包产业竞争力国际比较评价结果分析

1. 综合得分分析

（1）国家综合得分排名比较。根据综合评价模型（8-1）计算出的各国服务外包竞争力综合评价排名如图8-2所示。总体来看，在2000~2010年，中国、欧洲四国及巴西服务外包竞争优势明显大于其他国家。具体来看，中国、爱尔兰、俄罗斯和巴西在17个国家中排名前四，中国的综合评价得分一枝独秀，这是中国经济、社会及生活等多项指标在此期间迅速发展的结果与表现。爱尔兰借由近岸优势及文化相近，再加上政府很早就推行服务外包鼓励政策，"软件之都"的声誉得到证实，排名第二。巴西与俄罗斯分别以南美及欧洲区域大国身份排名靠前，但它们的竞争力存在本质区别，巴西在第四和第五个公共因子上得分为正，其余为负，而俄罗斯则有相反态势，俄罗斯在第一和第二个公共因子上得分为正，其他为负，说明虽然都具有比较优势，但竞争力的贡献来源存在很大差别。菲律宾虽然近几年在BPO上发展迅速，但其服务外包产业依赖性较强，大部分为电话客服或结算中心处理等业务，就服务外包整体竞争力而言，它仍然受到国内经济总量偏小、基础设施不完善、人力资本水平较低等环境的

---

① 根据服务外包竞争力一般规律，由于第五个因子是生活成本，因此其前面应为负号。

制约。其他国家的竞争力水平也大都能比较客观地反映出各自服务外包承接的条件。值得提出的是，印度作为世界第一服务外包承接国未能挤进前五名，原因如下：①本次指标选取十分不利于印度，未能很好地照顾到印度服务外包产业崛起的深层独特原因，如语言、政体等。②由于在 $F_2$ 研发条件因子这一项上包括电话普及率、移动电话申请率及汽车拥有量这些印度相对劣势比较明显的指标，导致其在此项失分过多。③由于数据不可得，本指标未加上服务外包企业指标。印度的服务外包竞争力更多地来自经济效益和"干中学"等知识性技能，以塔塔（TCS）、Infosys 及 Wipro 等领衔的服务外包企业是其国家服务外包竞争力的重要微观载体，其他国家在短期内很难产生替代。因此，未来研究在企业层面的国际数据得到满足后将更具说明力。

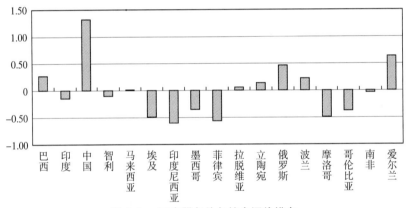

**图 8-2　国家服务外包综合评价排名**

更进一步地，根据分层聚类法对 17 个国家进行总体分类，第一类包括巴西、印度和俄罗斯，第二类只有中国，第三类包含其余国家。出现这样的结果可能是由于本节服务外包竞争力综合评价主要是建立在国家总体发展指标基础上，偏重于规模、体量等整体绝对量方面。而在某一服务领域具有外包比较优势的国家，如爱尔兰、菲律宾等，由于其规模或体量指标与中国、印度、巴西、俄罗斯这四个国家存在不小差距，因而均出现在第三类中。

（2）区域综合得分排名比较。从四个区域的综合评价情况来看（见表 8-7），欧洲作为一个整体，其平均服务外包竞争力水平（0.3028）远高于排名第二的东亚（0.0034）及其他地区。东亚由于经济社会发展水平参差不齐，整体竞争力水平被拉低，再加上印度在本次排名指标上存在被低估的现象，因此客观上这两个区域的真实差距可能并没有那么大。南美的排名要高于非洲，但两个区域都可能面临很多不确定性，南美经济失落与非洲社会问题的复杂化导致其未来一段时间承接服务外包的前景仍有一定限制。随着欧洲国家在人才、土地及社会性制约力量（如劳工）等因素造成服务成本上涨时，东亚凭借其成本比较优势具有很大发展潜力。

表 8-7　区域综合评价比较

| 区域 | 南美 | 东亚 | 欧洲 | 非洲 |
|---|---|---|---|---|
| 综合得分 | −0.1332 | 0.0034 | 0.3028 | −0.332 |
| 排名 | 3 | 2 | 1 | 4 |

2. 各公共因子排名分析

（1）国别角度。对样本在五个公共因子上的排名进行分析（见表 8-8）：①$F_1$ 宏观经济总容量因子。中国、印度、俄罗斯和巴西占据前四席，优势比较明显，说明传统的"金砖四国"在 2000~2010 年经济总量发展很强劲，形成庞大规模，在新兴经济体中表现突出。该四国巨大的经济底盘基础为包括服务外包在内的诸多产业提供了相当多的发展契机，从而形成服务外包比较优势。南非、智利、墨西哥和哥伦比亚排倒数四位，说明它们的经济总量规模效应还不突出，不能为服务外包提供比较优势，还存在很大提升空间。②$F_2$ 研发投入因子。在这一项排名上欧洲国家具有明显比较优势，爱尔兰、立陶宛、俄罗斯、拉脱维亚、波兰占据前五名，这也说明欧洲国家之所以受中高端服务外包商的青睐，不仅仅是其具有近岸地理区位优势，更重要的是这些国家在研发要素投入方面存在比较优势。引起注意的是，印度在此项竞争力的排名垫底，似乎与其服务外包第一大国的名声不相符。但通过查看原数据，发现除高校经费占比这一项之外，印度在 $F_2$ 公共因子中包含的电话普及率、研发人员数量、移动电话申请率及汽车拥有量这几项指标上确实均明显低于 17 个国家的平均值。③$F_3$ 私有部门因子。南非排名第一，马来西亚、中国、智利及爱尔兰分获第二至第五位。不难看出，这五个国家，基于不同的原因，如外国人占总人口比例（南非白人占比达 8.4%）、政治体制（南非、马来西亚和爱尔兰）或经过大幅市场化改革（中国和智利），在过去一段时间私有部门在国民经济体系中的地位与分量获得很大提高。但印度的再次垫底主要还在于其私有部门的宏观总量与其他发展中国家还存在一定差距。④$F_4$技术环境因子。巴西、爱尔兰、波兰、南非和印度分列前五席，显示出这些国家的技术便利性具有比较优势，如印度服务器数量达 1036 台，而中国仅有 884 台。而技术支持环境是基于 IT 的服务外包非常看重的优势来源，因此未来这些国家在吸引国际外包时在技术便利性环节具有较强竞争力。⑤$F_5$生活成本。由于原始数据是 GDP 平减指数，因此排名越靠前的国家意味着生活成本越高，俄罗斯排名第一，印度尼西亚排名第二，南非排名第三，说明这三个国家的通货膨胀率最高。排名倒数三位的波兰、爱尔兰和立陶宛在该项公共因子上最具竞争力。

表 8-8　国家服务外包竞争力分因子排名

| 国家 | $F_1$ | 排名 | $F_2$ | 排名 | $F_3$ | 排名 | $F_4$ | 排名 | $F_5$ | 排名 |
|---|---|---|---|---|---|---|---|---|---|---|
| 巴西 | -0.008 | 4 | -0.099 | 9 | -0.069 | 11 | 0.448 | 1 | 0.038 | 5 |
| 印度 | 0.427 | 2 | -0.432 | 17 | -0.152 | 17 | 0.019 | 5 | -0.058 | 13 |
| 中国 | 1.127 | 1 | 0.036 | 6 | 0.172 | 3 | -0.027 | 8 | -0.031 | 11 |
| 智利 | -0.212 | 16 | 0.023 | 7 | 0.126 | 4 | -0.031 | 9 | 0.017 | 6 |
| 马来西亚 | -0.173 | 13 | -0.026 | 8 | 0.269 | 2 | -0.065 | 12 | -0.044 | 12 |
| 埃及 | -0.065 | 7 | -0.240 | 15 | -0.078 | 12 | -0.103 | 17 | 0.004 | 8 |
| 印度尼西亚 | -0.049 | 6 | -0.336 | 16 | -0.138 | 15 | -0.080 | 15 | 0.056 | 2 |
| 墨西哥 | -0.208 | 15 | -0.129 | 11 | -0.026 | 7 | 0.018 | 6 | 0.016 | 7 |
| 菲律宾 | -0.155 | 12 | -0.275 | 13 | -0.056 | 9 | -0.073 | 14 | -0.013 | 9 |
| 拉脱维亚 | -0.116 | 9 | 0.337 | 4 | -0.101 | 13 | -0.061 | 11 | -0.014 | 10 |
| 立陶宛 | -0.068 | 8 | 0.435 | 2 | -0.140 | 16 | -0.092 | 16 | -0.080 | 15 |
| 俄罗斯 | 0.209 | 3 | 0.391 | 3 | -0.065 | 10 | -0.067 | 13 | 0.259 | 1 |
| 波兰 | -0.011 | 5 | 0.288 | 5 | -0.122 | 14 | 0.065 | 3 | -0.083 | 17 |
| 摩洛哥 | -0.131 | 11 | -0.278 | 14 | -0.023 | 6 | -0.051 | 10 | -0.076 | 14 |
| 哥伦比亚 | -0.195 | 14 | -0.113 | 10 | -0.047 | 8 | -0.012 | 7 | 0.043 | 4 |
| 南非 | -0.254 | 17 | -0.178 | 12 | 0.365 | 1 | 0.037 | 4 | 0.049 | 3 |
| 爱尔兰 | -0.120 | 10 | 0.595 | 1 | 0.085 | 5 | 0.072 | 2 | -0.082 | 16 |

（2）区域角度。将 17 个国家按区域进行分组并计算出各自的竞争力排名（见表 8-9）。结果发现：①东亚在宏观经济总容量这一项竞争力方面具有明显比较优势，紧接着是欧洲、非洲，最后是南美。南美国家一段时间以来受制于世界原材料价格下压、投资不足等因素影响出现经济增长低迷状况。②在研发投入竞争力上，欧洲具有很大优势，因此未来中高端服务外包市场仍占据重要地位。世界服务外包发展趋势已不仅是单纯追求降低成本，而是为提高核心竞争优势，企业更愿意追求性价比合理的外包目的地，因此欧洲在满足跨国公司的高质量服务外包需求方面仍具有很强竞争力。③非洲在私有部门发展方面具有比较优势，其次是东亚，紧接着是南美和欧洲。埃及和南非是这项区域竞争优势的主要贡献者。④在技术环境因子上，南美的优势较显著，东亚排名最后。⑤在生活成本这一项上，排名越靠前，说明其生活成本越高，因此东亚在这一项具有优势，生活成本最低，其次是非洲、欧洲和南美。通过对各区域的比较分析，发现各因子的排名情况大致反映了不同地区在经济社会发展等方面的成就情况。

表 8-9　分因子区域比较

| 区域 | $F_1$ | 排名 | $F_2$ | 排名 | $F_3$ | 排名 | $F_4$ | 排名 | $F_5$ | 排名 |
|---|---|---|---|---|---|---|---|---|---|---|
| 南美 | −0.156 | 4 | −0.079 | 2 | −0.004 | 3 | 0.106 | 1 | 0.029 | 1 |
| 东亚 | 0.236 | 1 | −0.206 | 3 | 0.019 | 2 | −0.045 | 4 | −0.018 | 4 |
| 欧洲 | −0.021 | 2 | 0.409 | 1 | −0.069 | 4 | −0.017 | 2 | −0.00012 | 2 |
| 非洲 | −0.150 | 3 | −0.231 | 4 | 0.088 | 1 | −0.039 | 3 | −0.00783 | 3 |

# 三、结论与讨论

全球 80% 的服务外包业务需求仍来自美国、欧洲、日本等发达国家和地区。据统计，2015 年全球服务外包已突破 1 万亿美元，为更多地获得国际服务外包以尽可能地发挥其促进本国经济发展和产业升级等功能，发展中国家争相出台各种优惠政策、加强基础设施建设等来提高本国服务外包竞争力，以分享这一块"诱人蛋糕"，基本形成"以发达国家为主体、以发展中国家为外围"的产业格局。随着中国经济增长方式转变及产业结构升级的演进，服务外包日益成为中国经济实现可持续发展的重要动力源泉。据商务部数据，2013 年中国服务外包（包括离岸和在岸）总规模已接近 1.7 万亿元人民币，占国民生产总值的 2.97%，对国民经济增长的贡献率约 0.8 个百分点。本节从 30 个指标中根据可靠度分析标准选出 21 个指标，对 17 个样本国数据进行因子分析，通过模型测算了各国服务外包竞争力综合得分及排名。结果显示：中国以其经济高速增长所释放出的巨大能量对服务外包形成了较强的比较优势，爱尔兰、俄罗斯和巴西紧随其后，前两者在研发因子、后者在私有部门因子上对中国具有相对比较优势。其他国家经济总量、基础建设等方面与排名前四的国家还存在一定差距，短期内很难在整体上形成抗争局面，但有些国家已在某一服务外包业务领域内崭露头角，形成一支不容小觑的力量，如菲律宾等。印度在此次综合排名中表现一般，说明其服务外包产业竞争力环境基础仍有很大提升空间。但鉴于其长期执服务外包牛耳地位及国际影响力，在未来可预见的时期内仍是具有绝对实力的强劲竞争对手。从全球区位排名上看，欧洲与东亚是具有相当潜力的服务外包承接所在地，分别在产业、成本及技术上相比其他两大区域形成鲜明的比较优势。

再具体到中国，虽然在本排名中表现十分出色，但有很大一部分原因在于因素指标的选取偏于宏观经济社会指标的规模及绝对值角度，因而对中国比较有利。但应清楚地看到，中国的技术人才、知识产权保护及税收优惠政策等方面还存在很大提升空间，通往承接高质量服务外包业务的道路还很长。2015 年 4 月 21 日笔者跟随课题组赴北京中关村软件园调研，国内一家知名服务外包企业相关负责人反映：由于现行社保体系是基于制造业而设计，从而对服务企业造成负担过于沉重的不利局面；政府优惠政策办理手续过于复杂从而对企业申请信心形成巨大打击；与印度的优惠普适性相比，中国的服务外包税收优惠政策往往设定较高门槛，从而未能起到真正的扶持效应；另外，在企业国内外人才相互派遣方面还存在许多不合时宜的签证限制问题，很多顽固的体制性问题是阻碍服务外包产业转型升级的最后关口。从本次因子分析可以看出，中国的成本价格优势逐渐消失，须注重向高技术含量的服务外包发展。因此，为积极应对未来国际服务外包市场的白热化竞争，中国还应不断加强服务外包竞争力基础性建设，从薄弱环节寻找突破口，努力提高软环境，加强服务外包城市的国际化建设，向承接更高附加值的服务外包迈进。

# 第四节　印度服务外包产业竞争力实证分析

## 一、印度服务外包产业竞争力分析

印度与中国是当今世界服务外包接包市场占据前两名的国家。印度服务外包产业起步比中国早，并通过承接服务业国际转移获得了大量经济效益。据 NASSCOM 数据显示，1991~2002 年，印度 ITO 以每年 45%的速度增长，对印度经济起到快速拉动作用。中国服务外包产业发展较印度晚了十多年，据中国软件协会相关统计数据显示，2003 年中国 ITO 仅为 20 亿美元，相当于印度的 20%。[①] 但近几年来，中国承接国际服务外包的增速在上升，而与此同时印度承接增速则在下降，在服务外包承接总额上中印差距逐步缩小。但过去几年里，印度通过海外兼并和收购快速建立了所需的核心技能和近岸服务能力，成功实现全球化布局，在欧美发达国家建立起职能各异的交付中心和支持机构，逐渐转向全面业务流程服务，一些公司的业务流程管理水平已接近美国和西欧的跨国公司。[②]

从产业成熟度、企业竞争力、知识产权保护及软件人才等方面来看，中国与印度在服务外包领域还存在不小距离。由美国杜克大学教授 Arie Y. Lewin 和上海交通大学教授刘益发起的一项调研显示，实现超越印度这一国家目标可能比政策制定者想象的更具挑战性。[③] 此项调研选取的商务服务外包企业位于五个重点城市：大连、北京、上海、西安和苏州。调查采用面对面访谈形式，受访者均为高级管理人员。在参加调研的 250 家企业中，179 家企业（占总数的 71.6%）为中国公司，15%为日本公司，6%为美国公司。他们还指出，中国零散的服务外包业未来仍以发展国内业务

① 张燕：《中印承接信息技术外包（ITO）竞争力的比较研究》，《江西财经大学学报》2008 年第 3 期。
② 姜荣春、刘绍坚：《后危机时代中国服务外包产业发展的机遇、挑战及路径选择》，《国际贸易》2010 年第 7 期。
③ 网易财经：《杜克大学教授：中国服务外包业赶超印度尚存持久战》，http://money.163.com/13/0729/19/94VMI0VN00254TFQ.html，2013 年 7 月 29 日。

为主，缺少国际市场的竞争动力。而且商务服务外包产业在中国仍处于早期发展阶段，79%的供应商成立还不到 10 年，在美国 71% 的供应商有超过 10 年的从业经验。他们表示，最新趋势为企业已经开始把一些创新和研发方面的工作加以外包，而不仅限于传统意义上针对公司非核心业务的外包服务。Lewin 教授同时指出，在外包服务行业增速正在放缓的现状之下，中国要赶超印度目前确实存在不小的挑战。

自 2006 年商务部实施"千百十工程"以来，中国服务外包产业经历了"十一五""十二五"近十年的黄金发展期，促成了中国服务外包大国的地位，中国已成为仅次于印度的第二大服务外包国。但中国的服务外包产业大而不强。2014 年，印度占全球服务外包市场份额为 43%，高于中国的 28%。在服务外包人均产值上，印度服务外包企业人均营业额达 3.7 万美元，而中国只有 1.3 万美元。虽然中国服务外包企业数量比印度多，但印度最大的 11 家服务外包企业人员和营业额均远远高于中国最大的服务外包企业。[①]

另外，在全球化布局方面印度企业也具有比较明显的优势。目前，印度 IT-BPO 企业的海外布局几乎覆盖了全球服务外包市场。其海外运营中心的职能包含了市场渠道拓展和现场服务交付中心的功能，不仅可抢占市场，而且充分利用了当地优质人力资源。据 Nasscom 数据显示，2007 年印度在全球 48 个国家建立了 340 个运营中心，到 2011 年增长到 70 个国家，共建立了 560 个运营中心，人力资源来自 103 个国家。

## 二、印度服务外包产业竞争力综合评价

根据前期国内外相关服务外包产业竞争力影响指标研究成果并考虑到数据的可得性，选取了 30 个印度经济社会发展指标（见表 8-4），对 2001~2012 年印度服务外包产业竞争力运用因子分析法进行年度层面的综合评价。数据显示，在此期间印度经济社会发展指标均得到不同程度的提高。为保证因子分析的科学性，第一轮因子分析结果发现，绝大部分指标共同度达 0.9 以上，只有少数几个低于 0.9，但都大于 0.7。只有一个指标

---

① 舒凯：《建设全球服务外包强国——专访商务部国际贸易经济合作研究院副院长李钢》，《服务外包》2016 年第 4 期。

的共同度低于 0.5，去掉该指标再次对 29 个指标进行因子提取，采用最大方差法进行因子旋转，以特征值大于 1 为标准，最终共得到两个公共因子，方差累计贡献率达 95.749%（见表 8-10），说明这两个公共因子能充分地解释原始 29 个指标所能表达的变异信息，说明可以被用来做综合评价。通过对初始因子载荷矩阵施加正交矩阵进行旋转，方便对公共因子命名。

表 8-10　特征根与方差贡献率

| 成分 | 初始特征值 | | | 提取平方和载入 | | | 旋转平方和载入 | | |
|---|---|---|---|---|---|---|---|---|---|
| | 合计 | 方差(%) | 累计(%) | 合计 | 方差(%) | 累计(%) | 合计 | 方差(%) | 累计(%) |
| 1 | 25.827 | 89.060 | 89.060 | 25.827 | 89.060 | 89.060 | 14.354 | 49.498 | 49.498 |
| 2 | 1.940 | 6.689 | 95.749 | 1.940 | 6.689 | 95.749 | 13.413 | 46.251 | 95.749 |

两个公共因子包含的影响指标如表 8-11 所示，即对应的影响指标因素均可由各自公共因子所解释。根据多数原则，可将公共因子 1 命名为经济增长、基础设施、科技发展与对外开放因子，同理，公共因子 2 可命名为产业投资、私有经济与国际便利化因子。可以看到，公共因子 1 所包含的影响指标要多于公共因子 2，但解释力相差不是太大。从两个公共因子的累计方差贡献分别为 14.354% 和 13.413% 也可以得到印证。通过归一化处理得到两个公共因子的权重分别为 0.52 和 0.48，从而可以得到印度服务外包产业竞争力年度综合评价公式：

$$S_t = 0.52F_{1t} + 0.48F_{2t} \quad (t = 1, 2, \cdots, T) \tag{8-2}$$

表 8-11　公共因子的影响指标

| 公共因子 | 影响指标 |
|---|---|
| 1 | $X_1$, $X_4$, $X_5$, $X_9$, $X_{11}$, $X_{12}$, $X_{13}$, $X_{17}$, $X_{18}$, $X_{19}$, $X_{20}$, $X_{21}$, $X_{22}$, $X_{23}$, $X_{24}$, $X_{25}$, $X_{26}$, $X_{30}$ |
| 2 | $X_2$, $X_3$, $X_6$, $X_7$, $X_8$, $X_{10}$, $X_{14}$, $X_{15}$, $X_{16}$, $X_{27}$, $X_{28}$ |

其中，$S_t$ 代表印度服务外包竞争力在 t 年的综合得分，$F_1$ 和 $F_2$ 分别代表两个公共因子的标准化单项得分，通过因子得分系统矩阵与标准化后的原始变量线性组合而得。经过计算就可得到 2001~2012 年印度服务外包产业竞争力的变化趋势，如图 8-3 所示。

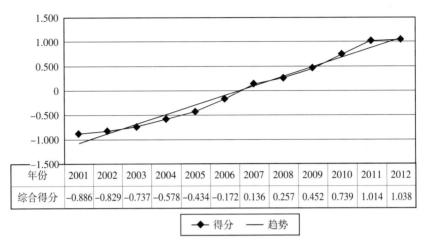

| 年份 | 2001 | 2002 | 2003 | 2004 | 2005 | 2006 | 2007 | 2008 | 2009 | 2010 | 2011 | 2012 |
|------|------|------|------|------|------|------|------|------|------|------|------|------|
| 综合得分 | −0.886 | −0.829 | −0.737 | −0.578 | −0.434 | −0.172 | 0.136 | 0.257 | 0.452 | 0.739 | 1.014 | 1.038 |

◆ 得分 —— 趋势

**图 8-3  2001~2012 年印度服务外包产业竞争力综合得分**

由于是年度的纵向相对评价，而经济社会发展指标总是趋向不断进步与提高，因此综合评价的得分在初始年份往往是最低的，而且很容易出现负值。从图 8-3 中可以看出，印度服务外包产业竞争力呈持续上升态势，这与印度服务外包在 21 世纪快速增长的实践相一致。在 2001~2012 年，2001 年的综合评分最低，并逐年提高，到 2012 年评分最高，期间未出现下降拐点。其中，2001~2006 年为负值。这种变化趋势与得分特征与笔者运用相同方法对中国服务外包产业竞争力进行定量研究时得到的结果非常相似。这可能与年度时间序列数据增长特征有关。两国经济总体上持续增长从而带来其他社会指标的不断提升，从基本面来看整个国家都处于不断提高与改进之中，因此各项经济社会指标都得到不同程度的改善。在 2001~2012 年，印度服务外包产业竞争力由−0.886 上升到 1.038，增长 1.924个分位点，期间 2007 年由负转正，最后 2012 年增速有所放缓。

图 8-3 中趋势线方程为 $y=0.1945x-1.2641$，说明整个期间综合评分平均以 20%的速率在增长。目前印度服务外包的世界地位还没有其他发展中国家能与之媲美，这也是其产业竞争力不断增长的结果与表现。进入 21世纪以来，全球服务外包竞争态势加剧，中国政府也意识到服务外包产业的战略地位，加快了服务外包产业发展步伐，其他发展中国家也效仿印度等国成功案例大力发展服务外包产业，因此迫使服务外包第一大国印度也不得不加快产业发展步伐，改善基础设施、加大优惠等促进服务外包产业竞争力进一步提升。

必须指出的是，印度服务外包竞争力很大程度上并非来自它的宏观数据；相反，印度的一些宏观增长数据并不是太好，与其服务外包第一大国的地位很不相符。印度服务外包产业竞争力来源于一些点上的成功优势，如印度受英国殖民而遗留下的法制、英语及政体均较好地延续下来，虽然落后的印度也是腐败严重但毕竟保留着西方人所熟悉的游戏规则。而且自20世纪90年代实施自由化经济政策以来，政府对外资与对外贸易加强鼓励与保护，甚至给予超国民待遇。再加上以印度理工学院为首的大专院校培养了大量软件方面的人才，相当一部分人员留学美国并工作再回国创业，与美国软件业的纽带关系是其他发展中国家所无法比拟的。印度在政治上亲美也是其居民便捷地赴美国留学、工作的重要原因。政治信任有利于两国间国际际贸易与投资往来。

# 三、印度服务外包竞争力影响因素实证分析

## 1. 数据指标与整理

为进一步探究印度服务外包产业竞争力的影响因素，本节采用灰色关联度分析法进行了实证分析，选取了印度经济社会发展的 30 个重要指标，分为宏观经济（$X_1 \sim X_5$）、私营经济发展（$X_6 \sim X_8$）、政府角色（$X_9 \sim X_{10}$）、软性基础设施（$X_{11} \sim X_{13}$）、硬性基础设施（$X_{14} \sim X_{19}$）、人力资本与研发（$X_{20} \sim X_{23}$）、对外经济（$X_{24} \sim X_{30}$）七个大类指标，每个大类中具体个数不等，具体如表 8-4 所示。

数据显示，2007~2012 年印度 30 个经济与社会发展指标绝大部分实现了 1 倍以上的增长幅度，仅有少量指标出现下滑状况。2012 年表示私营经济活力的两个指标——上市公司资本额（$X_6$）和私人投资占 GDP 比重（$X_7$）分别下降至 2007 年水平的 69% 和 91%，但私营贷款占比（$X_8$）增长 1.14，说明由于资本市场发展不足导致印度私营经济部门的间接融资比例增加。中央政府债务占 GDP 比重（$X_9$）下降，说明印度经济政府控制驱动成分比较小。$X_{27}$（FDI 流入）与 $X_{28}$（向高收入国家的出口比）均不如从前，可能与欧美国家经济危机及其"制造复兴"政策引导有关。另外，不难看出，印度经济社会的发展指标绝对值大多时候与中国相比还有一定的差距，相差比较大的领域有宏观经济体量、基础设施及对外经济，但并不影响印度作为世界第一服务接包国的地位，而且很多国际服务发包商看

重印度的工程师资源，仍将其列为最佳选择。这说明服务发包商看重的是性价比，并不单纯追求低价格，质量是主题的商业定律未曾更改。A. T. Kearney 的研究指出，服务外包承接地的劳动力薪酬成本优势并不能持续太长时间。

2. 权重确定结果

（1）信息熵法。熵原本是一个热力学概念，最先由 C. E. Shannon 引入信息论，称之为信息熵，现已在工程技术、医疗评价及管理经济等领域得到广泛应用。熵权法是一种基于指标变异程度，利用信息熵对各指标的权重进行修正，从而得出较为客观的指标权重的方法。一般来说，某个指标的信息熵越小，表明指标值的变异程度越大，提供的信息量越多，在综合评价中所能起到的作用也越大，其权重也就越大。相反，某个指标的信息熵越大，则表明该指标值的变异程度越小，提供的信息量也越少，在综合评价中所起到的作用也越小，其权重也就越小。熵代表系统中无序信息量集合。具体步骤如下：

1）数据的标准化。将各指标数据进行标准化处理，方法有多种，如初始值法、均值法及归一法等。设有 n 维 k 个指标 $X_i$，k = 1，2，…，k，其中 $X_i = \{x_1, x_2, \cdots, x_n\}$。标准化后的值为 $Y_1$，$Y_2$，…，$Y_k$，其中，

$$y_j = \frac{X_{ij}}{\sum_{i-1}^{n} X_{ij}}，j = 1，2，\cdots，n。$$

2）求出信息熵。根据信息论中有关信息熵的定义，一组数据的信息熵为 $E_j = -\ln(n)^{-1} \sum_{i=1}^{n} y_{ij} \ln y_{ij}$。如果 $p_{ij} = 0$，则定义 $\lim_{p_{ij} \to 0} y_{ij} \ln y_{ij} = 0$，从而得到 k 个指标的信息熵 $E_1$，$E_2$，…，$E_k$。

3）确定各指标权重。根据信息熵可计算出各指标的权重，公式为 $W_i = \frac{1 - E_i}{\sum (1 - E_i)}$，i = 1，2，…，k。其中，$1 - E_i$ 即为偏差系数，表明指标在系统中的重要程度，其值越大说明该指标作用越大。

（2）具体权重计算结果。根据信息熵法的计算步骤得到 30 个指标的具体权重，如表 8-12 所示。各指标权重分布在 0.0203~0.0418，比较均匀，未出现明显偏大或偏小的情况。在多属性决策过程中，有时会应用主观赋值法，但由于主观性太强及个体差异性较大，因此运用客观赋值法可

减少随意性，但客观赋值有时并不一定体现研究意图，必要时需用主观法协调。由于指标略多且不易主观区分，因此采用比较常见的信息熵法来确定权重。排名前三的分别为 $X_9 > X_{29} > X_{27}$，说明中央政府债务占 GDP 比重、国际贸易税率、向发达国家的出口占比这三个指标在印度经济社会发展的系统中十分重要，发挥着基础性杠杆撬动作用，这基本与印度经济发展模式相吻合。体现人力资本、研发的指标如 $X_{20}$、$X_{21}$、$X_{22}$、$X_{23}$ 权重地位也较大。权重最小的是经济宏观指标，$X_1$~$X_4$。

表 8–12　影响指标的权重测算

| | $X_1$ | $X_2$ | $X_3$ | $X_4$ | $X_5$ | $X_6$ | $X_7$ | $X_8$ | $X_9$ | $X_{10}$ |
|---|---|---|---|---|---|---|---|---|---|---|
| $E_i$ | 0.52 | 0.52 | 0.52 | 0.52 | 0.08 | 0.10 | 0.53 | 0.09 | 0.02 | 0.09 |
| $W_i$ | 0.0203 | 0.0203 | 0.0203 | 0.0203 | 0.0393 | 0.0384 | 0.0202 | 0.0387 | 0.0418 | 0.0390 |
| | $X_{11}$ | $X_{12}$ | $X_{13}$ | $X_{14}$ | $X_{15}$ | $X_{16}$ | $X_{17}$ | $X_{18}$ | $X_{19}$ | $X_{20}$ |
| $E_i$ | 0.10 | 0.42 | 0.46 | 0.11 | 0.13 | 0.17 | 0.14 | 0.16 | 0.14 | 0.21 |
| $W_i$ | 0.0385 | 0.0246 | 0.0229 | 0.0378 | 0.0373 | 0.0352 | 0.0366 | 0.0360 | 0.0367 | 0.0336 |
| | $X_{21}$ | $X_{22}$ | $X_{23}$ | $X_{24}$ | $X_{25}$ | $X_{26}$ | $X_{27}$ | $X_{28}$ | $X_{29}$ | $X_{30}$ |
| $E_i$ | 0.13 | 0.21 | 0.19 | 0.21 | 0.23 | 0.28 | 0.04 | 0.06 | 0.04 | 0.12 |
| $W_i$ | 0.0370 | 0.0337 | 0.0345 | 0.0337 | 0.0330 | 0.0309 | 0.0409 | 0.0400 | 0.0410 | 0.0374 |

3. 灰色综合关联度

灰色关联度衡量了母序列（印度离岸服务外包）与子序列（影响指标）之间的灰色关联信息，具体结果如表 8–13 所示。从个体分析来看，灰色关联度系数排名第一的为 $X_{20}$（高校入学率），达 0.93；其次为 $X_{26}$（高新技术出口额），为 0.91，$X_4$（服务业增加值）和 $X_{25}$（货物与服务贸易进口）则排名第三，服务业增加值和货物与服务贸易进口都为 0.9，排第四。这说明在 2007~2012 年，影响印度离岸服务外包的最主要因素依次为代表人力资本素质的高校入学率、高新技术出口能力、国内服务产业发展水平及进口能力，以上为第一梯队关联因素。处于 0.88~0.89 范围内的有 $X_1$、$X_2$、$X_3$、$X_{16}$、$X_{18}$、$X_{23}$、$X_{24}$，分别说明 GDP 增长、固定资本投资、制造业产值、一些基础设施空运载客人次、用电量、专利、出口实力对印度离岸服务外包的发展具有重要影响，它们构成第二梯队影响因素。第三梯队关联程度处于 0.80~0.87 区间，有 $X_8$、$X_{10}$、$X_{11}$、$X_{12}$、$X_{14}$、$X_{15}$、$X_{17}$、

$X_{19}$、$X_{21}$、$X_{22}$ 和 $X_{30}$，相对比较集中，说明私人贷款获得率、货币发行量、手机用户、国际航空离港频次、国际游客抵达规模、铁路运能、能源使用、科技论文、商标注册、汇率对印度离岸服务外包的影响较大。处于 0.7~0.8 范围的灰色关联度不是很强，有 $X_7$、$X_9$、$X_{13}$、$X_{27}$、$X_{28}$、$X_{29}$，说明私人投资比例、中央政府负债、宽带用户、进向 FDI、向高收入国家出口比、国际贸易税率对印度离岸服务外包有影响但不如其他指标显著，处于第四梯队。最后，$X_5$、$X_6$ 的灰色关联度低于 0.5，说明居民消费、上市公司资本与服务外包发展曲线斜率迥异，可能是因为印度服务外包大部分用于出口，与国内最终消费关联较低。具体分布情况如表 8-13 所示。不难发现，虽然有些指标同属一大类或在相同一级指标下，但各自的灰色关联度不同。这对发展中国家政府发展离岸服务外包具有政策启示作用，离岸服务外包需要一些关键因素去推动，而并不一定需要某大类指标下所有因素都要得到提升才能发展。也就是说，服务外包可以"点撬动"，而未必"面撬动"。

表 8-13    灰色关联度系数梯次分布

| 梯次 | 第一梯队 | 第二梯队 | 第三梯队 | 第四梯队 | 第五梯队 |
|---|---|---|---|---|---|
| 范围 | >0.9 | 0.89~0.88 | 0.87~0.80 | 0.79~0.70 | <0.5 |
| 因素 | 高校入学率<br>高新技术出口额<br>服务业增加值<br>货物与服务贸易进口 | GDP<br>固定资本投资<br>制造业产值<br>空运载客人次<br>用电量<br>专利<br>货物与服务出口 | 私人贷款占比<br>货币发行占 GDP 之比<br>手机用户数<br>国际航空离港率<br>国际游客抵达数<br>铁路运能<br>能源使用额<br>科技论文数量<br>商标注册数<br>汇率 | 私人投资占 GDP 之比<br>中央政府负债<br>宽带用户数<br>FDI 流入<br>高收入国家的出口<br>国际贸易税率 | 居民最终消费<br>上市公司资本额 |

资料来源：笔者整理。

通过因素组合并对比分析，在排除第一、二组内个别极小灰色关联度系数的情况下（见表 8-14），$\lambda_{0m} > \lambda_{0h} > \lambda_{0i-2} > \lambda_{0o} > \lambda_{0p} > \lambda_{0i-1} > \lambda_{0g}$，说明在此期间影响印度离岸服务外包的影响因素排名依次为：宏观经济、人力资本、代表产能和运能方面的基础设施、对外经济、私营经济、软性基础设施及政府角色。[①] 这个排名中的宏观经济删去了"最终消费"，说明投资与增长是拉动印度服务外包的主要因素。注意到代表政府角色的中央债务指标排名最后，说明印度服务外包的发展主要由企业及私营推动，而中国主要是政府驱动。企业的外包经验积累构成印度服务外包产业最重要的竞争力来源。在不排除任何因素的情况下，各灰色关联度指标排名为 $\lambda_{0h} > \lambda_{0i-2} > \lambda_{0o} > \lambda_{0m} > \lambda_{0i-1} > \lambda_{0g} > \lambda_{0p}$，人力资本上升到第一位，而且无论哪个排名中，人力资本都是非常靠前的影响因素。宏观经济落后到第四位，将最终消费包含在内导致排名下滑，进一步说明印度国内最终消费对服务外包产业影响比较小，其外包主要用于出口。政府角色上升一个位次，私营经济排名最后，增加上市公司资本这一因素后，私人经济排名下滑两个位次，印度上市公司资本的增加并不构成外包产业的重要影响因素。

表 8-14　灰色综合关联度分析：个体与比较

| 宏观经济 | | 私营经济 | | 政府角色 | | 基础设施 1 | | 基础设施 2 | | 人力资本 | | 对外经济 | |
| --- | --- | --- | --- | --- | --- | --- | --- | --- | --- | --- | --- | --- | --- |
| $\lambda_{01}$ | 0.89 | $\lambda_{06}$ | 0.41 | $\lambda_{09}$ | 0.74 | $\lambda_{11}$ | 0.83 | $\lambda_{14}$ | 0.85 | $\lambda_{20}$ | 0.93 | $\lambda_{24}$ | 0.89 |
| $\lambda_{02}$ | 0.88 | $\lambda_{07}$ | 0.79 | $\lambda_{10}$ | 0.80 | $\lambda_{12}$ | 0.81 | $\lambda_{15}$ | 0.86 | $\lambda_{21}$ | 0.87 | $\lambda_{25}$ | 0.90 |
| $\lambda_{03}$ | 0.88 | $\lambda_{08}$ | 0.82 | | | $\lambda_{13}$ | 0.76 | $\lambda_{16}$ | 0.89 | $\lambda_{22}$ | 0.87 | $\lambda_{26}$ | 0.91 |
| $\lambda_{04}$ | 0.90 | | | | | | | $\lambda_{17}$ | 0.86 | $\lambda_{23}$ | 0.89 | $\lambda_{27}$ | 0.74 |
| $\lambda_{05}$ | 0.47 | | | | | | | $\lambda_{18}$ | 0.89 | | | $\lambda_{28}$ | 0.79 |
| | | | | | | | | $\lambda_{19}$ | 0.85 | | | $\lambda_{29}$ | 0.78 |
| | | | | | | | | | | | | $\lambda_{30}$ | 0.83 |
| $\lambda_{0m}$ | 0.89 / 0.804* | $\lambda_{0p}$ | 0.81 / 0.67* | $\lambda_{0g}$ | 0.77 | $\lambda_{0i-1}$ | 0.80 | $\lambda_{0i-2}$ | 0.87 | $\lambda_{0h}$ | 0.88 | $\lambda_{0o}$ | 0.83 |

资料来源：笔者测算。* 表示去掉该组中低于 0.5 的灰色关系度系数。

### 4. 系统灰色综合关联度

前面对印度离岸服务外包与影响因素之间的灰色关联度进行了单独分析及组合比较，接下来进一步考察 30 个影响因素所构成的整个系统与离岸服务外包之间的灰色关联度，在此暂且称之为系统灰色综合关联度。各因素的权重已由信息熵法计算出，如表 8-12 所示，与各自对应的灰色综

---

[①] 其中，$\lambda_{0i-2}$ 和 $\lambda_{0i-1}$ 分别代表服务外包与硬性和软件基础设施的灰色关联度系数。

合关联度相乘再相加，得到所求系统灰色综合关联度，结果为 0.7982（见表 8-15），说明印度离岸服务外包与所有因素组成的系统之间存在一定程度的依赖性，但少数几个因素拉低了最终值，导致对整个系统的依赖并不那么强。如果去掉一些极低灰色系数，则系统灰色综合关联度必定超过 0.8 阈值，达到较强的依靠性或促进作用。但这一稍显尴尬的最终值似乎也可以表明，印度离岸服务外包的发展与本国经济社会整体发展并不存在协调一致性，因此即使非常低的人均 GDP 及落后基础设施也能达到世界第一外包大国的称号。这警示发展中国家在制定服务外包发展政策时，要抓住那些能真正撬动外包产业发展的关键性要素，有时可能非经济性因素更具有杠杆作用。当然，并不是忽视经济社会发展指标的提升，但对接包这种外围型国际经济性质来说，资源及资本稀缺的发展中国家可通过选择某些关键环节发展以取得突破，为向更高的服务外包产业水平过渡做足准备。

**表 8-15　全系统灰色综合关联度中各因素份额**

| $\rho_{0i}$ | $X_1$ | $X_2$ | $X_3$ | $X_4$ | $X_5$ | $X_6$ | $X_7$ | $X_8$ | $X_9$ | $X_{10}$ |
|---|---|---|---|---|---|---|---|---|---|---|
| | 0.0180 | 0.0179 | 0.0180 | 0.0182 | 0.0184 | 0.0157 | 0.0160 | 0.0318 | 0.0310 | 0.0313 |
| | $X_{11}$ | $X_{12}$ | $X_{13}$ | $X_{14}$ | $X_{15}$ | $X_{16}$ | $X_{17}$ | $X_{18}$ | $X_{19}$ | $X_{20}$ |
| 0.7982 | 0.0318 | 0.0199 | 0.0175 | 0.0323 | 0.0322 | 0.0314 | 0.0314 | 0.0320 | 0.0313 | 0.0313 |
| | $X_{21}$ | $X_{22}$ | $X_{23}$ | $X_{24}$ | $X_{25}$ | $X_{26}$ | $X_{27}$ | $X_{28}$ | $X_{29}$ | $X_{30}$ |
| | 0.0322 | 0.0295 | 0.0306 | 0.0299 | 0.0299 | 0.0280 | 0.0305 | 0.0315 | 0.0320 | 0.0310 |

## 四、结论与启示

印度在服务外包领域所取得的成就与其固有的经济社会发展条件之间存在一定反差。在一个人均 GDP 仅为 1500 美元左右、人口急剧膨胀、资源并不富裕、基建比中国落后的发展中国家通过服务外包出色地完成了服务经济转型，其中蕴含的缘由值得我们深究。基于此，本书选定 2007~2012 年印度离岸服务外包数据及 30 个经济社会发展因素指标，运用实证定量研究方法，测算出印度离岸服务外包发展与各因素的灰色关联度，发现其最主要的依赖因素为增长与投资、人力资本、对外经济发展。结合数据发现，在服务外包增长的同时，私人资本增长与中央政府负债下降同时发生，而且离岸服务外包与私人贷款占比增长呈显著灰色关联，而与政府角色指标之间关联度最弱，证明印度服务外包的发展主要源自于企业驱动，不同于中国的政府驱动模式。这一印度模式的最大副产品就是产生了一批具有实力的外包企业能以高性价比的组织方式较好地完成发包商的各项需求。WIPO 是世界第一家通过 CMM5 认证的企业，印度外包企业通过 CMM/CMMI（能力成熟度模型）和 ISO2000 的企业数量要远远多于中国同行。

研究结果表明，印度离岸服务外包与国内最终消费关联度低于 0.6，验证了其服务外包产业以出口欧美高收入国家为主，与国内消费联系不大的特征。这种局面存在非常大的风险敞口，一旦欧美经济出现如 2008 年那样的危机则会导致整个印度的不利局面，但所幸欧美经济的增长源泉一直会存在，所以印度的服务外包机会仍将是其未来改变世界经济格局的一个重要筹码。但印度政府也逐渐意识到制造业空心化的"短板"，最近几年也在推出积极的外向型优惠政策吸引制造业 FDI。与印度相反，中国服务外包产业国内比重占大头，通过承接国外制造业转移而建立的产业环境为服务外包提供了广阔空间，因此有研究预计再过一段时间中国服务外包将超过印度，可能是基于中国服务外包拥有强大土壤的判断。

另外，通过构造系统性灰色综合关联度估算了印度服务外包与整个经济社会发展环境之间的联系，结果显示两者的灰色关联不是很强。这可能与印度服务外包出口占绝对比重、服务提供方式不同于制造产品有关。服务外包是一种基于 IT 技术上的实现，与制造产品不同，后者需要充足的运输能力、能源消耗为前提，但服务外包是一种相对绿色、环保的产业，因此所需环境条件完备性不是很高，其依赖的配套侧重点不同于有形制造商品。当然，并不是说经济社会发展对服务外包产生不了刺激作用，从长远来看，服务外包的纵向分工日益需要经济社会的不断进步，而是说，对印度这一特殊情况，它的外包产业成长路径模式带有一种独特性。

# 第九章　中国服务外包产业升级
# 促进效应实证研究

最近 20 多年，随着经济全球化的深入和网络信息技术在全球范围内的普及，制度、技术障碍引起的交易成本急剧下降，印度等一些发展中国家以出口驱动方式实现了本国现代服务业快速发展，一举成为全球信息技术和服务重要参与国。服务经济在推动出口和增长、创造就业和促进区域经济发展方面发挥着引领和主导作用，这种以服务业驱动增长的模式被称为"服务革命"。然而，学术界对于服务经济是否能带动持续增长始终存在较大分歧。服务经济能否打破"工业化是经济发展的唯一路径"的铁律，仍是一个需要理论与实践不断检验的问题。但印度凭借自身优势抓住国际机遇发展出一条独特增长之路，实现了产业结构升级，却是不争的事实。据印度软件业和服务业企业行业协会（NASSCOM），截至 2014年 3 月，印度服务外包产业拥有企业 16000 多家，其中软件公司 3000 多家，总收入达 1050 亿美元，占 GDP 比重达 8.1%；出口 860 亿美元，占总出口比重约 1/4，直接带动就业达 310 万人，间接创造就业则高达 1000万。其不仅带动了以班加罗尔等一线城市为中心的区域经济增长，还不断向二三线城市、小城镇和农村地区扩散，发展收益逐步惠及更广泛的人群。

离岸服务外包是经济全球化水平不断提升的结果，也是其重要表现形式。对于中国等发展中国家来说，通过承接服务外包，获取国际分工红利可以有效疏导日益严峻的资源与环境压力对经济增长模式的呼求。一般来讲，产业升级能带动经济转向一条不严重依赖物质消耗的轨道上。传统产业结构理论根据经济社会生产的加工对象属性的差异性，将产业分为第一、第二和第三产业，根据各产业吸纳就业的渐次单递演进完成纵向全产业升级。它可能先验地排除了工序、区段或流程分工的可能性。[1]

# 第一节　理论解析

服务外包是国际生产专业化分工的进一步延续，是现代工业经济和信息经济发展的必然结果。生产过程的碎片化管理使不与生产直接相连的环节可以通过网络实现异时异地转包。承接服务外包不仅是高素质、高水平服务经济水平的体现，更是生产过程现代化模式的真正实现。服务外包产业的要素投入主要为智力与知识型非传统要素，是典型的科技含量高、污染少、消耗低、国际化程度高的产业，是对资源成本依赖程度较低且附加值高的现代服务产业。信息技术服务外包作为目前中国服务外包最大的产业，对企业价值链及产业间关联产生重要促进作用，对产业结构的升级具有不可低估的助推效应。据研究，最近 20 多年中，印度等南亚国家服务产业劳动生产率和全要素生产率增长不仅远远超过农业，也显著超过制造业，甚至可与东亚地区制造业生产率增长相比，已成为推动该地区整体经济增长和发展转型的新型发动机。[2]

很长一段时间以来，工业化一直是中国经济建设发展的重要目标。始于 1953 年的第一个五年计划及后续几个五年计划，以优先发展重工业为国家战略，并在短期内建立起比较完整的工业体系，但同时造成积累与消费严重不协调、物资严重短缺、人民生活水平落后的恶劣局面。改革开放之后，国家认识到轻工业对国民经济发展及提高人民生活水平的作用后，调整思路使资源向轻工业制造倾斜。受惠于政策开放及减税措施的实施，制造业领域大量利用外资实现了中国工业制成品生产与出口的快速增长，同是也为拉动国内消费提供了收入保证。但由于大量资源向工业转移，导致中国产业结构中服务业产值长期在低水平徘徊。到现在为止，服务业发展滞后的局面仍未根本改变，而且中国服务业结构仍以旅游、交通运输和

---

① 朱福林：《基于灰色关联理论视角下离岸服务外包结构与产业升级实证研究》，《科技与经济》2015 年第 2 期。
② 姜荣春、江涛：《印度服务外包启示中国》，《服务外包》2014 年第 10 期。

批发零售等传统行业为主，金融、保险、咨询、物流、传媒等现代服务业发展还很滞后。目前，这种产业格局的形成，一方面是不可避免的经济规律使然，中国产业结构的变迁基本遵循了世界产业结构演变的一般规律，现在处于工业向服务业逐渐转移的过程中，有些城市如北京、上海的服务业产值已超过工业，服务化程度已非常高；另一方面，长期重工思维导致全社会未能对服务业引起足够重视，中国服务业占 GDP 的比重不仅远低于欧美发达国家，而且低于印度、巴西、墨西哥等发展中国家。

# 一、承接信息服务外包有助于降低产业升级的难度

根据杨继军等（2008）的研究，承接服务外包能降低一国或地区实现产业升级所需的"最小临界条件"。[①] 所谓"最小临界条件"，指在产业内分工背景下，产业结构的升级是一种整体性的，对要素的数量、种类、比例和特定区域的组织能力均有严格要求，若达不到其要求，则要素只能在次优场合中使用。而在产品分工背景下的产业升级表现为一种工序到另一种工序、一个流程到另一个流程，是一种局部式的，因而所需"最小临界条件"较低，易于达到。卢锋（2007）认为，外包概念本质上涉及某个产品内部诸环节和区段分工的特定形态，而不是指产品之间分工方式的改变。[②] 因此，服务外包的发展通过产品内分工方式使产业升级的"最小临界条件"降低。而且这种阶梯式、渐进式及局部式的产业升级模式具有较强的"自我学习效应"，已有工序或流程的升级对于后继者具有示范作用。因此，通过承接服务外包，中国不仅可以获得更多参与国际分工的机会，而且还在积累一定高级生产要素的基础上及时进行局部的产业升级。信息技术服务外包的承接不仅能给计算机与信息服务业带来产品分工内价值链的网状分散，由于信息技术的基础性，还能为其他行业的产品分工的细化提供动力，从而在全社会范围内降低了产业结构升级的综合困难度。

① 杨继军、张如庆、张二震：《承接国际服务外包与长三角产业结构升级》，《南京社会科学》2008 年第 5 期。

② 卢锋：《当代服务外包的经济学观察：产品内分工的分析视角》，《世界经济》2007 年第 8 期。

## 二、信息技术服务外包具有较强的外溢效应

在承接发达国家的信息技术服务外包过程中，发达国家的跨国公司会把技术标准、产品规范、功能参数、管理经验等大量显性和隐性知识，通过与本土人员、信息渠道等方式进行交流，从而对发展中国家的企业产生较强的知识与技术溢出效应。因此，主动承接发达国家服务外包，是发展中国家企业产业获得技术升级的成本较低的途径之一。大量研究表明，发展中国家参与全球产业的主要方式是成为跨国公司供应链环节上的一员，服务外包逐渐成为发展中国家参与世界经贸活动的重要通道。通过利用外资带来技术、知识、人才、观念及创新等方面的溢出效应是发展中国家增强自主创新、实现产业快速升级的一个重要途径（王晓红，2007）。[1]喻美辞（2008）从内生增长模式出发，实证检验了国际服务外包的技术外溢对承接国技术进步和经济增长的影响。[2]结果表明，在开放经济条件下，国际服务外包产生的技术外溢效应对承接国的技术进步率具有正向促进作用，但是技术外溢效应的大小要受到承接国的贸易开放度、人力资本存量和国内外技术差距等因素的制约。承接国的贸易开放度越高、人力资本存量越丰富，国际服务外包的技术外溢效应就越大。在具有一定的技术吸引能力的基础上，当承接国与外包国的技术差距水平保持在一个适度的范围内时，承接国获得技术外溢效应的可能就越大，而且技术进步也会越快。国内外之间的技术差距过小，不利于承接国的技术升级，技术差距过大则不利于承接国的消化与吸收。因此，中国在参与国际服务外包时考虑优先选择适宜的技术水平差距。适宜的技术应当是那些能够发挥本国生产潜力，与本国现在生产水平、技术吸收能力相匹配的技术（赖明勇等，2005）。[3]

---

① 王晓红：《新一轮服务业离岸外包的理论分析》，《财贸经济》2007 年第 9 期。
② 喻美辞：《国际服务外包、技术外溢与承接国的技术进步》，《世界经济研究》2008 年第 4 期。
③ 赖明勇、包群、彭水军、张新：《外商直接投资与技术外溢：基于吸收能力的研究》，《经济研究》
  2005 年第 8 期。

## 三、服务外包提升制造业效率

随着市场环境的不断变化，中国发展将面临环境、资源等因素制约，制造业生产成本必须进一步降低，技术、附加值和市场竞争力需要进一步提升，制造业产业升级和结构高级化将面临诸多挑战。而优先发展服务业，尤其是金融服务、信息技术服务、商务流程外包等现代新兴生产性服务业，以服务业的加速发展带动先进制造业，充分利用 IT 技术使传统制造业得到信息化改造，是推进制造业结构转型、实现升级的重要保障。发达国家的经验表明，在工业化中后期，随着分工深化，逐渐出现制造业服务外包化趋势，企业的业务流程、组织架构不断调整，从制造领域独立出来的设计策划、技术研发、物流等现代生产性服务业对制造业升级的支撑作用逐渐显现。这些贯穿制造业生产全过程的人力资本和知识密集型生产性服务，已成为市场资源强大的"调适器"，能激活和优化配置各类产业要素，降低交易成本和非再生性资源消耗，从多方面对劳动生产率产生影响（杨继军等，2008）。[①]服务外包逐渐成为企业拆解价值链与整合战略业务、节约成本和降低风险的主要内容。实践证明，制造企业实行服务外包，将信息服务、物流服务、人事培训和商务流程等外包给专业性更强的企业外第三方，可以极大地提高企业的运作效率，使制造企业全力以赴培育自己的核心竞争力，实现生产效率和能力的成倍提升（何骏，2008）。[②]

然而，经济发展的现实表明，中国的一些经济聚集群，其块状产业集群经济中，与生产制造业紧密关联的现代生产性服务体系建设相对滞后，生产性服务供给不足或部分缺失，已成为制约制造业竞争力的重要因素（杨继军等，2008）。[③]例如，中小企业融资艰难、科技服务平台建设滞后、物流服务效率低下、人力资源培训等问题突出，会计、审计、法律、资产评估等各类中介服务供给短缺。从需求角度来看，生产性服务业的需求也有待进一步挖掘，大型制造企业服务外包意识还不是很强，许多服务需求还是通过内置式部门或下属子公司提供，总体服务效率低下。因此，通过

---

①③ 杨继军、张如庆、张二震：《承接国际服务外包与长三角产业结构升级》，《南京社会科学》2008年第 5 期。

② 何骏：《中国发展服务外包的动因、优势与重点》，《财经科学》2008 年第 5 期。

引入国外先进的服务业跨国投资和外包，加快生产性服务业的现代化和现代信息技术成果在生产过程中的应用，为中国制造企业提供高水平的生产性服务中间投入，使其产品链条上的技术研发、人员培训、经营管理等关键环节能够得到相关支撑服务体系的协作与配合，从而占据价值链的中高端环节，是实现中国制造业结构与技术升级的重要途径之一。

## 四、国际服务外包有利于提升服务业水平

目前，中国服务业发展滞后于中国经济发展。应当借鉴国际上的成功经验，以承接国际服务离岸外包为切入点和重要突破口，积极参与服务业全球化进程，稳步扩大基础性服务业和现代服务业的开放力度，完善服务业双向投资贸易政策，特别是全面提高服务业吸收外资水平，带动整个服务业快速发展。

制造业有高低端，服务业亦是如此。从劳动密集型服务业向资本密集、技术和知识密集服务业攀升，从消费者服务业偏向生产者服务业，从生产者服务业的低端向生产者服务业的高端演进，代表着产业结构升级的方向。国外许多国家的生产者服务业已占到服务业的70%左右，服务外包的两大领域——信息技术外包和业务流程外包承包的是生产企业的非核心价值链。因此，从本质上讲，服务外包承包的是生产者服务。目前，发达国家跨国公司外包的是非核心商业流程，技术含量和附加值相对较低，中国受服务供给技术水平和资源禀赋的限制，也只有接包这一类服务才具有低成本优势，但从生产者服务业的低端向生产者服务业的高端演进需要一定过程，因此，应立足于现实，着眼于长远，积极承接这类服务外包，夯实中国生产者服务业的基础，逐步提高生产者服务业在地区服务业发展中的比重，并逐步由低附加值的生产者服务向高附加值的生产者服务转变，才能最终达到优化中国地区服务业内部结构的目的。

服务外包可借助产品内分工模式对服务业供应链进一步碎片化。高水平供应链管理和生产性服务业专业化、精细化、系列化的经营使服务业能像制造环节一样在全球布局并高效配置资源。供应链系统涵盖从供应商到制造商，再到最终客户，包含信息流、物流、商流、资金流的复杂动态系统。任何一个企业都不可能在所有方面独揽全包，通过供应链环节外包，可以使企业集中精力发展核心竞争力，保持独特的竞争优势。同时，现场

安装服务、技术支持、生产流程控制咨询等原先隶属于制造业的辅助业务，正在从制造业独立出来并形成专业化的服务公司。在技术、经济与文化相结合的创意产业日益受到重视的今天，一大批传统的制造商，如 Nike、Dell 等已经转型成为真正的生产性服务供应商。

## 五、服务外包促进协同创新

通常来说，产业集聚化发展通常应具备五个条件：一是企业数量和产业规模达到能够发挥外部规模经济效益和集聚经济效益的水平；二是企业之间分工明确，专业化经济成为企业生产的主要形式；三是企业之间结成网络化关系，信息交互利用效率高；四是鼓励创新的产业文化，企业之间的密切合作成为创新灵感的重要来源；五是形成产业根植性，即产业与区域经济的融合，这种根植性巩固并壮大已经形成的产业整体，同时从产业内部衍生出新的企业（马方等，2012）。[①]软件与信息服务业就具备以上条件和产业特性，能产生比较明显的集聚效应，最典型的例子就是印度的班加罗尔，聚集着印度最多的软件与信息企业，成为世界最大的软件与信息服务外包基地。

产业链的上下游之间需要密切联系，各企业之间相互依赖、相互协调、相互补充，同时实现资源共享，更好地适应市场，满足多样化需求，实现利益共存的一体化发展。而且产业越是知识密集、信息变化越快、技术越未定型，产业集聚效应就越明显，形成外部规模经济和范围经济。软件与信息服务外包业的产业集聚与协同创新有利于中国加快转变经济发展方式、发展战略性新兴产业，产业集聚是实现这一目标的重要前提和基础，而协同创新是实现这一目标的重要手段。软件与信息服务外包业通过产业集聚能够集中和利用多方面资源，通过协同创新提升资源的利用效率，进一步提高自主创新能力，实现软件与信息服务外包业和现代服务业的快速发展，促进中国的经济结构顺利转型和升级。

---

① 马方、王铁山、郭得力、毛凤霞：《中国服务外包产业集聚与协同创新研究——以软件与信息服务外包业为例》，《经济问题探索》2012 年第 7 期。

# 第二节　中国服务外包与产业升级实证检验

国家统计数据显示，2012~2013 年，中国服务业占 GDP 比重首次超过工业，成为国民经济的第一大部门。2014 年第一季度，服务业以 7.8% 的增长率超过农业和工业，继续引领经济增长，中国经济开始快速进入服务经济新时代。服务经济主导通常是发达国家经济结构的主要特征，在总体经济发展水平不高的发展中国家服务经济比重提高是否可带来持续增长成为各界普遍关心的问题。实际上，服务经济占主导在发展中国家并非中国独有，印度通过服务外包出口使其服务经济产值占 GDP 比重于 1990 年就已超过农业和工业，成为第一大产业，而菲律宾的服务业则在 1986 年就成为第一大产业。

## 一、服务外包与产业升级变量测算

### 1. 服务外包数据的确定

由于服务本身的隐秘性及统计口径的差异，能真实反映一国服务外包水平的确切数据难以形成共识。赵晶等（2011）在研究服务外包城市竞争力因素时，采用了合同协议额和实际执行额作为因变量。[①]苏娜（2013）的研究直接用第三产业产值代表离岸服务外包业务发展情况，不免显得有些仓促。[②]相对来讲，刘艳（2010）的处理方法比较符合本书所需的服务外包概念，她用一国计算机与信息服务、其他商务服务的出口值分别代表信息技术外包、业务流程外包规模。[③]但"其他商务服务"不包括通信、金融、保险及文化等服务类别，与当前服务外包日趋知识化的特点不相对称。基于此，服务外包变量最后确定以刘艳的方法为基础，但另增加一

---

① 赵晶、王根蓓、王惠敏：《中国服务外包基地城市竞争力对离岸发包方需求决策的影响》，《经济理论与经济管理》2011 年第 10 期。
② 苏娜：《江苏承接服务外包竞争力的综合评价：1999–2011》，《科技与经济》2013 年第 12 期。
③ 刘艳：《发展中国家承接离岸服务外包竞争力的决定因素》，《经济经纬》2010 年第 1 期。

类，即知识流程外包，具体包括通信、保险、金融、专利与特许费、个人及文化服务五个部门，其中不包括建筑服务。[①]

2. 产业升级变量的估算

目前，国内有些研究在衡量产业升级的具体测算中，往往直接采用第三产业的产值或就业占比来代替，显示过于简单，未能表达出产业升级的动态特征。周昌林和魏建良（2007）以专业分工为出发点，构建了一个产业结构计算公式，测算该国或地区的产业结构水平度 U[②]，具体如下：

$$U = \sum_{i=1}^{n} k_i \times h_i = \sum_{i=1}^{n} k_i \times \sqrt{p_i / l_i} \quad i = 1, 2, 3, \cdots, n$$

其中，$k_i$ 代表第 i 个产业部门在所有产业中所占的比例，$h_i$ 表示第 i 个产业部门的产出劳动效率，$p_i$ 为第 i 产业的产值，$l_i$ 为第 i 产业的就业人数。为增加计算结构的变化弹性，对劳动生产率施加开方运算。U 的数值越大说明产业结构水平越高，表示按传统产业结构理论确定的产业升级越优化。与一般方法相比，产业结构水平度 U 不仅体现了产业内部的结构优化，而且将各产业间的产值和就业变化考虑在内，较好地反映了经济整体的产业结构演化趋势。1978~2012 年中国产业结构水平度具体结果如图9-1 所示。

3. 方法说明

服务外包的深化促使生产碎片化和专业化不断加强，导致产业出现时空裂变，释放出的能量推动着产业结构升级，可称之为服务外包对产业升级的影响。而产业结构在服务外包的发展带动下实现更精细化布局，可称之为产业升级对服务外包的响应。服务外包与产业升级之间的影响与响应作用充满着大量的不确定、随机和复杂信息，因此我们认为这两个系统之间的关联是灰色的，而且系统中各因素的关系也是灰色的，可以用灰色系统理论做出较好的解释。灰色关联分析的基本思想是根据序列曲线几何形状的相似程度来判断其关联是否紧密，曲线越接近，相应序列之间的关联

---

[①] 此处服务贸易的分类按联合国贸发会（UNCTAD）统计标准，与中国国际收支平衡表中的服务项目基本一致，但有细微差别。中国的服务国际收支中，除其他商务服务一项外，还单列了广告宣传一栏，而 UNCTAD 则只有其他商务服务。由于目前国内的建筑服务出口主要是工程劳务输出，因此不予纳入。

[②] 周昌林、魏建良：《产业结构水平测度模型与实证分析——以上海、深圳、宁波为例》，《上海经济研究》2007 年第 6 期。

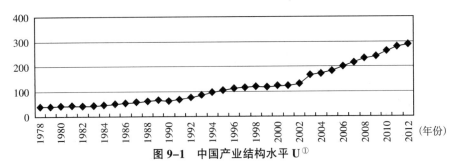

**图 9-1 中国产业结构水平 U[①]**

资料来源：根据图中各年度统计年鉴数据计算所得。

度越大；反之则越小（邓聚龙，1995）。[②] 由于灰色系统理论是由邓聚龙教授首次提出，因此也称为邓氏关联度。其主要是通过位移差反映序列间发展过程或量级的相近性，可以弥补回归分析、方差分析、主成分分析等数理统计方法对序列呈线性关系且不相关的缺陷，克服单纯依靠模型做量化的不足，直接找到系统发展过程中的主要和次要因素，对样本容量及是否规律均无特殊要求，不会出现量化结果与定性分析结果不符的情况（罗党，2005）。[③] 但一些学者通过后续研究也指出了邓氏关联度具体测算公式中的缺陷，分别根据序列曲线相对变化趋势的不同处理提出了绝对关联度、T 型关联度、斜率关联率、B 型关联度等。基于数据之间的关系类型，本书采用既可体现折线相似程度又能反映相对于始点的变化速度的接近程度，较全面地描述序列之间是否紧密的灰色综合关联度这个数量指标来分析。[④]

---

① 一直以来，中国国内产业升级受到外部经济力量的影响。通过对外贸易、吸收外国直接投资，中国在一定程度上填补了国内缺乏产业升级根本源动力的尴尬空白。因此，当国内经济改革顺应世界经济发展规律或潮流时，国内产业结构升级得到加速。从图中 U 线走势也可观察到，1992~1996 年是中国市场经济大规模活跃的头几年，产业结构升级步伐比较快。而后受亚洲金融危机及网络泡沫的不利影响，表现稍不如前。但到 2003 年，在正式成为世界贸易组织（WTO）成员等引起的一系列积极因素发生作用下，产业升级展示出前所未有的上升节奏。本研究的测算结果与方慧等（2012）基本一致。
② 邓聚龙：《灰色控制系统》，华中理工大学出版社 1995 年版。
③ 罗党：《灰色决策问题分析方法》，黄河水利出版社 2005 年版。
④ 具体推导过程见前面相关章节。

# 二、服务外包与产业结构升级实证结果

鉴于服务外包数据始于 1996 年，为保证数列容量一致性，截取了 1996 年以来的产业结构水平作为因变量，即为灰色关系分析中的参考数列。离岸服务外包的结构由 ITO、BPO 及 KPO 代替，为比较数列。具体原始数据与处理如表 9-1 所示。根据上述步骤，分别进行始值零化和初值化处理（见表 9-1），然后计算出公式中的各个数值，最终得到产业升级与服务外包结构之间的灰色关联度。

根据表 9-1 中的数据可得：

$|s_0| = 1064.7$，$|s_1| = 68802.6$，$|s_2| = 354016.2$，$|s_3| = 46302.9$

$|s_1 - s_0| = 7630.4289$，$|s_2 - s_0| = 34192.016$，$|s_3 - s_0| = 5896.3161$

从而根据公式计算出参照数列与比较数列的灰色绝对关联度：

$\varepsilon_{01} = 0.90154$，$\varepsilon_{02} = 0.907323$，$\varepsilon_{03} = 0.889302$。

$|s_0'| = 24.97$，$|s_1'| = 834.579$，$|s_2'| = 58.344$，$|s_3'| = 92.2875$

$|s_1' - s_0'| = 91.111$，$|s_2' - s_0'| = 3.3451$，$|s_3' - s_0'| = 9.12441$

同理，可得灰色相对关联度： $\theta_{01} = 0.9542$，$\theta_{02} = 0.997$，$\theta_{03} = 0.9922$。

根据前面结果，可得数列间的灰色综合关联度，具体如表 9-2 所示。

（1）总体分析。由计算结果可得出：各项关联度系数非常接近于 1，服务外包与产业升级之间存在非常显著的灰色关联。1996~2012 年，中国通过改革开放使社会生产力得到释放，尤其是加入世界贸易组织给中国经济带来巨大红利，中国通过发展外向型经济促进了经济增长及产业水平的提高。在产出弹性保持不变的情况下，通过增加服务产业国内外交流的频繁程度，锻炼了国内服务产业的"肌肉"和"免疫力"，对中国服务业满足自身及其他产业发展需求做出了重要贡献，对其在国民经济中占比的提高具有促进作用。在过去的 30 多年里，中国通过承接发达国家制造业 FDI 转移，在国际分工体系中取得符合本国劳动力特征的组装加工环节上实力的提升，一些区域已形成配套相对完备的特色产业群及前后向联系紧密的供应链群，相关产业实力得到增强，"中国制造"的质量不断提高，成为跨国公司进行投资选择的主要目的地。同样，服务外包正方兴未艾，对中国来说，能否实现类似制造业 FDI 的产业功效，还有待时间考验。近年

表9—1　产业升级与服务外包结构数列与变换

| 年份 | U | ITO | BPO | KPO | X(k)−X(1) | | | | X(k)/X(1) | | | |
|---|---|---|---|---|---|---|---|---|---|---|---|---|
| | | | | | U | ITO | BPO | KPO | U | ITO | BPO | KPO |
| 1996 | 112.5 | 84.00 | 8263.00 | 603.00 | 0.00 | 0.00 | 0.00 | 0.00 | 1.00 | 1.00 | 1.00 | 1.00 |
| 1997 | 115.4 | 134.00 | 6941.00 | 1324.00 | 2.87 | 50.00 | −1322.00 | 721.00 | 1.03 | 1.60 | 0.84 | 2.20 |
| 1998 | 117.5 | 265.00 | 7410.00 | 1070.00 | 5.03 | 181.00 | −853.00 | 467.00 | 1.04 | 3.15 | 0.90 | 1.77 |
| 1999 | 116.7 | 355.95 | 7663.02 | 1907.26 | 4.24 | 271.95 | −599.98 | 1304.26 | 1.04 | 4.24 | 0.93 | 3.16 |
| 2000 | 122.4 | 461.00 | 8448.00 | 1168.00 | 9.94 | 377.00 | 185.00 | 565.00 | 1.09 | 5.49 | 1.02 | 1.94 |
| 2001 | 123.2 | 638.17 | 10418.90 | 1335.77 | 10.76 | 554.17 | 2155.90 | 732.77 | 1.10 | 7.60 | 1.26 | 2.22 |
| 2002 | 128.5 | 1102.18 | 17427.00 | 1628.46 | 16.01 | 1018.18 | 9164.00 | 1025.46 | 1.14 | 13.12 | 2.11 | 2.70 |
| 2003 | 165.5 | 1637.15 | 22320.10 | 1681.66 | 53.00 | 1553.15 | 14057.10 | 1078.66 | 1.47 | 19.49 | 2.70 | 2.79 |
| 2004 | 171.3 | 1840.18 | 23282.60 | 1965.87 | 58.77 | 1756.18 | 15019.60 | 1362.87 | 1.52 | 21.91 | 2.82 | 3.26 |
| 2005 | 181.6 | 2957.71 | 28972.50 | 2358.85 | 69.07 | 2873.71 | 20709.50 | 1755.85 | 1.61 | 35.21 | 3.51 | 3.91 |
| 2006 | 198.6 | 4344.75 | 40407.70 | 3519.65 | 86.08 | 4260.75 | 32144.70 | 2916.65 | 1.77 | 51.72 | 4.89 | 5.84 |
| 2007 | 215.7 | 6252.06 | 46346.90 | 4921.94 | 103.26 | 6168.06 | 38083.90 | 4318.94 | 1.92 | 74.43 | 5.61 | 8.16 |
| 2008 | 231.8 | 6511.71 | 45623.30 | 4633.94 | 119.33 | 6427.71 | 37360.30 | 4030.94 | 2.06 | 77.52 | 5.52 | 7.68 |
| 2009 | 238.4 | 9256.34 | 52203.40 | 6186.13 | 125.88 | 9172.34 | 43940.40 | 5583.13 | 2.12 | 110.19 | 6.32 | 10.26 |
| 2010 | 259.9 | 12182.06 | 58269.84 | 7212.31 | 147.38 | 12098.06 | 50006.84 | 6609.31 | 2.31 | 145.02 | 7.05 | 11.96 |
| 2011 | 278.0 | 14453.51 | 66622.54 | 9168.29 | 165.55 | 14369.51 | 58359.54 | 8565.29 | 2.47 | 172.07 | 8.06 | 15.20 |
| 2012 | 287.6 | 15425.71 | 79471.88 | 11134.48 | 175.11 | 15341.71 | 71208.88 | 10531.48 | 2.56 | 183.64 | 9.62 | 18.47 |

资料来源：U 为本书测算所得；服务外包数据根据本书定义整理得到，原数据来自 UNCTAD 数据库，单位均为百万美元。

表 9-2　不同 $\alpha$ 水平下灰色综合关联度

| $\alpha = 0.2$ | $\gamma_{01} = 0.9279$ | $\gamma_{02} = 0.9522$ | $\gamma_{03} = 0.9407$ |
| --- | --- | --- | --- |
| $\alpha = 0.4$ | $\gamma_{01} = 0.9437$ | $\gamma_{02} = 0.9779$ | $\gamma_{03} = 0.9716$ |
| $\alpha = 0.5$ | $\gamma_{01} = 0.9332$ | $\gamma_{02} = 0.9611$ | $\gamma_{03} = 0.9510$ |
| $\alpha = 0.6$ | $\gamma_{01} = 0.9226$ | $\gamma_{02} = 0.9432$ | $\gamma_{03} = 0.9304$ |
| $\alpha = 0.8$ | $\gamma_{01} = 0.9121$ | $\gamma_{02} = 0.9252$ | $\gamma_{03} = 0.9099$ |

来，在各级政府的大力扶持下，在局部区域，服务外包已形成一级城市聚集、逐步向二、三级城市扩散的产业联动效应，对区域内城市产业结构的提升具有非常明显的作用。

（2）比较分析。随着信息技术的发展，可交易性革命带动产品分工的深化。在此影响下，国际服务外包的发展呈现出档次逐渐升高、由非核心转向核心职能等趋势。虽然传统的 ITO 仍占据着中国离岸服务外包的主要比重，但全球范围内业务流程外包及新兴的知识业务外包展现出的强劲势头也会带动中国服务外包结构呈现递进态势，从而对产业结构的升级施加更为有效的推动作用。

首先，看灰色绝对关联度，其实质上是利用两数列曲线之间所夹面积的绝对值从整体上测度两序列的相似性（田民等，2008）。[①]从灰色绝对关联度大小排序上可以看出，$\varepsilon_{03} < \varepsilon_{01} < \varepsilon_{02}$，说明中国产业升级的实现与 BPO 关联度最大，ITO 次之，KPO 最小。可能是相对而言 BPO 本身体量较大，从而产生比较大的规模经济优势。而且 BPO 中包含着大量生产性服务方面的外包，可以大大提高产业水平。而 ITO 的承接主要局限于信息技术服务贸易加工环节，对其他产业的辐射影响力有限。KPO 的规模还十分有限，即使处于高级层次，仍难以形成显著的产业升级效果。

其次，再看灰色相对关联度。总的来看，灰色相对关联度的数值比灰色绝对关联度要大，它是通过衡量两数列在各对应时段上的曲线斜率的接近程度来判断关联大小（田民等，2008）。从排序上来看，有所变化，$\theta_{01} < \theta_{03} < \theta_{02}$，但最大关联度仍发生在产业升级与 BPO 之间，说明产业升级运行趋势与业务流程外包密切相关。而与灰色绝对关联度不同的是，产

---

[①] 田民、刘思峰、卜志坤：《灰色关联算法模型的研究综述》，《统计与决策》2008 年第 1 期。

业升级与 KPO 的灰色相对关联要比其与 ITO 大。可能是因为从曲线滑行趋势来看，新时期产品分工视角下产业升级走势更多地趋于档次稍高的服务外包。

最后，一般情况下，灰色综合关联度公式中的 α 取 0.5，用以平衡面积与趋势两者状态下的关联信息。但是否因研究问题的不同而需采用不同的分配比例，目前还未形成较为明确的定量说明。本书选取了 α 在不同水平下服务外包结构与产业升级的灰色综合关联度，使综合关联效应趋势更加明显。当 α = 0.2，0.4，0.5，0.6 时，灰色综合关联度的排序一致，均保持 $\gamma_{01} < \gamma_{03} < \gamma_{02}$，说明从总的趋势来看，BPO 是影响产业升级的最重要服务外包，可能目前 BPO 的发展比较符合产业升级要求。KPO 处第二位，说明虽然 KPO 量小但产业带动效能高，通过承接知识性服务外包对国内产业提出了更高市场刺激，为满足发达国家发包商的产品要求，国内产业自然需要向更高一级的产业生产水平滑行。

## 三、实证研究结论

在信息、网络科技革命的推动下，离岸服务外包成为影响世界产业格局的重要力量。发展中国家通过承接服务外包或转移融入全球价值链，并承担越来越关键的角色。在此过程中，为适应发包方对产品与技术的要求，或通过外国发包商的示范、培训等溢出途径，以及行业波及效应，发展中国家的产业生产率能得到大幅提升。本节研究结论佐证了这一推断，离岸服务外包与产业升级之间存在非常显著的灰色关联，即两曲线运行轨迹具有非常相似的走势。本节计算出的灰色关联度最大值达到 0.997，最小值为 0.889，而且基本保持在 90% 的关联度水平之上，说明服务外包中的 ITO、BPO 及 KPO 都与产业升级之间保持高度灰色关联，表明服务外包对产业升级具有促进作用。通过进一步比较三种不同服务外包类型与产业升级水平度 U 关联度的大小，发现 BPO 与产业升级关联最大，其次为 KPO，最后是 ITO。政策含义就是，随着信息与经济融合的程度不断加深，产业升级更多地依靠高水平的服务外包，知识与生产密集性服务外包的产业促进效应更大。初级服务外包虽然也能带来社会就业与产值，但对提升中国服务外包竞争力乃至产业水平作用有限。据预测，KPO 虽然规模还较小，但未来可挖掘空间很大。为此，中国在吸引离岸服务外包时应紧跟技术发展趋势，不断开发本土服务提供能力，提高性价比，并创新优越条件吸引发达国家高水平服务外包。

# 第三节　总结与建议

传统的发展经济学理论认为，世界范围内产业演变有一定的规律性。因此，众多发展中国家基于自身工业基础薄弱，试图利用后发优势加快工业化进程成为它们实现产业升级和经济增长的必然的战略选择。印度面对全球化与 IT 革命带来的机遇，以服务外包为切入点，通过服务业的超前发展将产业升级带入了新的路径。这种产业升级模式对传统产业结构理论带来了挑战。从长远看，以服务外包发展为依托的印度产业升级模式的可持续性还有待时间检验。"印度的经济呈现出一幅分裂的画面，一边是中世纪的贫困，一边则拥有 21 世纪的高科技"（爱德华·卢斯，2007）。[1]这说明，印度服务外包的产业升级模式在一定程度上不是弱化而是加剧了其经济和社会结构的"二元"矛盾，服务业超前发展并不必然会使其全面实现现代化。或者说，以服务外包为依托的产业升级模式，或许对后发国来说是个"美丽"陷阱（黄健康等，2011）。[2]

鉴于此，对于处于工业化中期的中国，在未完成工业化及城市化进程的背景下，还需通过工业化实现产业能力的进一步提升、经济结构比例的协调及全社会居民收入的增长，避免"制造空心化"而使服务业失去重要基础，仍需在服务外包条件下，走工业化、信息化及服务化并举的发展战略。刘志彪（2009）也认为，中国产业升级的过程与促进升级的努力并不具有完全的内生性。也就是说，中国的产业升级需要依靠国际经济因素的推动，其路径具有一定的依赖性，从而容易被处于全球价值链高端的发达国家所"俘获"并锁定在低端。[3]为此，他指出中国应在全面提升制造业

---

① [英]爱德华·卢斯：《不顾诸神：现代印度的奇怪崛起》，中信出版社 2007 年版。
② 黄健康、孙文远：《后发国家基于服务外包的产业升级风险及规避路径》，《现代经济探讨》2011 年第 5 期。
③ 刘志彪：《国际外包视角下我国产业升级问题的思考》，《中国经济问题》2009 年第 1 期。

外包水平及服务外包的国际际遇的同时，实施制造业外包与服务业外包协同发展的策略，而不是像印度一样直接从"世界工厂"全面走向"世界办公室"。夏杰长（2012）也指出，中国正处于工业中后期发展阶段，更应坚持以实体经济为导向发展现代服务业，即使到了后工业社会，也要坚持以实体经济为依托来发展服务业，始终要把服务业与制造业、服务业与农业的融合发展摆在重要位置，避免服务业的单枪匹马的"跃进"。①服务业发展水平的高低及产业发展的档次根本来源在于制造业不断更新创造的产业推动，中国目前的发展阶段及地域特色决定了中国必须采取以实体制造带动服务分工的产业升级之路。

---

① 夏杰长：《中国应实施生产性服务业优先发展战略》，《21世纪经济报道》2012年10月18日。

# 第十章 中国服务外包就业促进效应实证研究

随着全球分工体系的进一步演化和信息技术的普及与快速增长，越来越多的跨国企业选择服务外包的方式，将非核心业务转由外部第三方专业服务公司提供，进而达到企业归核的"瘦身"战略目标，以提高核心竞争力和持续竞争优势。随着经济服务外包程度的加深，服务业成为吸纳全社会就业的重要经济产业部门。在国外需求受全球经济低迷影响表现不佳、制造业去产能等政策目标以及技术自动化程度不断提高等诸因素的影响下，第二产业吸纳就业的能力受到不同程度的制约，因而充分挖掘服务产业部门的就业能力成为缓解当前社会就业压力的重要着力方向，大力发展服务外包尤其对于解决国内大学生就业具有重要现实意义。据 IDC 数据，2014 年全球服务外包市场规模达 13698.4 亿美元，同比增长 5.4%；全球离岸服务外包市场规模达 1829.8 亿美元，同比增长 8.6%，增速优于全球外包市场总体规模。由于地租、通货膨胀等导致企业成本上升给产业、企业组织结构带来深层次影响，垂直市场在全球服务外包中备受重视，对节约成本更为苛刻的追求导致企业外包决策盛行，这为发展中国家利用自身成本优势承接服务外包提供了前所未有的机遇。目前，中国服务外包发展势态良好，2014 年，在全球贸易增速低于全球 GDP 增速、国内经济进入新常态背景下，服务外包产业仍保持稳步发展的趋势，全年服务外包执行额为 813.4 亿美元，同比增长 27.4%，承接离岸服务外包执行额为 559.2 亿美元，同比增长 23.1%。中国服务外包总体规模与离岸服务外包规模都实现了 20% 以上的增长幅度，说明服务外包产业供需旺盛，具有非常可观的市场前景。

# 第一节　研究背景

　　对承接国来说，服务外包不仅能促进产业结构调整与贸易增长及经济内涵结构转变，而且能实现非移民下的本地劳动出口，促进承接国社会就业。实践表明，承接国际服务外包可以带动相关服务业及就业的快速增长。印度通过承接欧美发达国家服务外包创造了数百万个就业岗位，TCS、Infosys 等超大型服务外包企业发展到超过 10 万多名员工的规模。而且最近几年以来，印度服务外包产业不断发挥辐射效应，带动了一批二、三线城市经济增长，从而进一步催生了更多的就业机会。菲律宾仅通过承接美国来源为主的"呼叫中心"服务外包就创造了 20 多万个工作机会，而且近年来在其他业务流程外包领域也不断突破，服务外包对菲律宾就业贡献越发重要。最近几年，中东欧地区逐渐成为世界服务外包中心，大大降低了中东欧地区的失业率并成功遏制了中东欧国家劳动力去西欧找工作带来的社会压力。在服务外包快速增长的时期，2002~2007 年捷克的失业率由7.8%降低到 7.1%，波兰的失业率由 20.2%降到 13.4%，斯洛伐克的失业率由 19.7%降低到 11.6%①。中国通过承接服务外包也取得较好的就业拉动效应。在服务外包规模较快增长的同时，服务外包行业就业规模也在稳步扩大。据商务部数据，截至 2014 年 10 月底，中国服务外包企业从业人员 594 万人，其中大专及以上学历占比高达 66.7%。服务外包企业已经成为中国知识型人才就业的重要容纳器。2014 年，中国新增服务外包从业人员 71.1 万人，同时新增大学毕业生就业人员 48.8 万人，占从业人员总数的 68.6%。服务外包产业的就业吸纳能力不断增强。

---

① 《东欧渐成新外包中心，2010 市场增幅将达 30%》，http：//CNETNews.com.cn，2007 年 4 月 23 日。

# 第二节 相关文献综述

国际外包通常会引起发包国就业流失的担忧。发达国家的跨国企业基于成本考虑将一些标准化服务职能活动搬到发展中国家开展，享受东道国优惠政策的同时可以实现劳动力套利。资本在逐利的同时提高了全球资源配置效率，使人尽其才，物尽其用，这本是一件"双赢"的事，虽然表面上发达国家的工作转移出去了，但发达国家的产业与人民享受到了性价比更高的中间品投入与生活品，因此从系统性观点来看离岸外包实质上有利于提高发达国家的福利。但由于这种发包行为直观上表现为接包国就业增加，发展中国家抢夺了发达国家一部分人饭碗，因此引起发达国家某些行业工会及失业人群的反对。但很多学者通过研究发现，服务外包导致大量就业岗位流失的担心是不必要的。Bhagwati 等（2004）指出，服务外包与传统商品贸易其实并无本质区别，国际服务外包是一种通过 IT 技术手段进行的跨国服务贸易，短期会造成部分失业与工资下降压力，但失业人员可通过技能再提高转移到报酬更高的行业[1]。Amiti 和 Wei（2004）及 Gorg 和 Hanley（2005）从服务外包生产率效应角度研究了服务外包对就业结构的影响，他们的研究揭示了服务外包可以提高企业劳动生产率，企业进而扩大生产规模，从而增加劳动力需求[2]。这表明了服务外包对要素生产率的促进效应，企业更有可能扩大生产规模从而对就业流失具有较大就业创造效应，可弥补低工资就业流失的负面效应。反过来，如果企业效率得不到持续提高，则不会具有生产规模扩大的意愿与能力，对未来就业增加也不利。Agrawal 和 Diana（2003）及 Mann（2003）等强调服务外包主要集中在计算机、信息技术与商务流程服务等领域，而零售、餐饮、旅游等需面

① Bhagwati J. Panagariya A. and Srinivasan T. N., "The Muddles over Outsourcing", The Journal of Economic Perspectives, Vol.18, No.4, 2004, pp.93–114.

② Amiti M. and Wei S. "Services outsourcing, Production and Employment: Evidence from the US", IMF Working Paper, 2004.

Gorg H. and Hanley A., "International Outsourcing and Productivity: Evidence from the Irish Electronics Dndustry", The North American Journal of Economics and Finance, Vol.16, No.2, 2005, pp.255–269.

对面接触的服务业则不可能外包,因此离岸外包的影响主要是信息技术含量较高的行业就业。言下之意,服务外包对整体就业的影响其实很小[1]。Amiti等(2004)、Brainard等(2004)及Falk等(2002)以发达国家制造业外包为例,研究得到外包只是影响就业和工资差异化的弱因素,对发包国就业影响其实并不显著[2],更何况体量比制造外包远不及的服务外包。魏浩和黄皓骥(2012)利用2000~2005年15个发包国25个行业投入产出表数据实证检验表明,服务外包对发包国国内就业影响呈不确定性,正负作用主要取决于服务外包数量大小、外包环节类型及规模效应与替代效应的比较,对多数国家而言,服务外包的就业效应不显著,是一个弱因素[3]。Mann(2003)对美国高价值创造工作的预测发现,就业增长最多的是计算机、信息技术相关的岗位,从而表明服务外包可以促进就业向高价值产业转移,从而有利于发包国就业与产业结构的优化[4]。

从接包国角度来看,多数研究认可离岸服务外包促进了东道国就业,一些发展中国家,如印度、菲律宾等通过承接离岸服务外包大大促进了本国信息服务产业及带动了相关产业的就业。就中国情况来看,陈银娥和魏君英(2010)研究发现,国际服务外包承接对中国存在就业扩展效应,且主要提高了第二产业的吸纳能力;对就业结构与劳动力工资水平均存在较大的正向作用[5]。王中华和梁俊伟(2012)发现,国际服务外包促进了工业行业的就业,并且扩大了高技能劳动力与低技能劳动的薪酬差距,而且对资本密集型行业比对劳动密集型行业的就业和薪酬差距的扩大效应更

① Agrawal V. and Diana F., "Who Wins in Offshoring", The McKinsey Quarterly, Special Edition: Global Directions, 2003, pp.37-41. Mann C. L., "Globalization of IT Services and White Collar Jobs: The Next Wave of Productivity Growth", International Economics Policy Briefs, No. PB03-11, 2003.

② Amiti M. and Wei S. "Services Outsourcing, Production and Employment: Evidence from the US", IMF Working Paper, 2004. Brainard L. and Litan R. E., "Offshoring Service Jobs: Bane or Boon and What to do", Cesifo Forum, Vol.5, No.2, 2004, pp.3-7. Falk M. and Koebel B. M., "Outsourcing, Imports and Labour Demand", The Scandinavian Journal of Economics, Vol.104, No.104, 2002, pp.567-586.

③ 魏浩、黄皓骥:《服务外包与国内就业:基于全球15个国家25个行业的实证分析》,《国际贸易问题》2012年第5期。

④ Mann C L., "Globalization of IT Services and White Collar Jobs: The Next Wave of Productivity Growth", International Economics Policy Briefs, No. PB03-11, 2003.

⑤ 陈银娥、魏君英:《国际服务外包对中国就业结构的影响分析——基于1997~2007年时间序列数据的计量检验》,《中国人口科学》2010年第2期。

大[1]。方慧等（2013）实证研究结果表明，承接服务外包对中国就业存在正向就业促进效应[2]。崔萍（2015）对 2008~2010 年 21 个服务外包示范城市面板数据进行实证研究，得出至少在短期内承接离岸服务外包就业扩展效应大于替代效应，从而有利于缓解失业率的增长，而且承接离岸服务外包可以促进就业结构的优化，加速劳动力由第一产业向第三产业转移[3]。然而也有不同结论，陈仲常和马红旗（2014）得出，由于服务外包规模尚小，还不足以对就业产生影响[4]。但他们可能忽视了一个问题，即许多传统行业一旦与 IT 技术相融合就能得到快速发展，如餐饮与信息技术结合催生了巨大的网上订餐业务市场，在当今 IT 技术无处不在、成为社会运行基础的前提下，基于 IT 技术的服务外包所产生的就业影响效应还是相当大的。

# 第三节　服务外包的就业促进机制研究

## 一、产业规模扩大效应

服务外包作为服务贸易的新兴领域，具有较强的发展潜力和显著的知识外溢效应，是未来中国开放型经济发展的新支点，也是经济转型与城市发展向集约型模式转变的关键。服务外包的发展增加了对高技能劳动力的需求并能有效地提升现有劳动力的技能，而高技能劳动力存量增加会提高劳动生产率，虽然在一定时期内可能会对就业产生挤出效应，但高效能的

① 王中华、梁俊伟：《国际服务外包、就业与工薪差距：基于中国工业行业数据的实证分析》，《经济经纬》2012 年第 1 期。
② 方慧、马玉秀、于文华：《中国承接国际服务外包的就业效应研究》，《山东财政学院学报》2013 年第 6 期。
③ 崔萍：《承接离岸服务外包的劳动力就业效应分析——基于服务外包示范城市的实证检验》，《广东外语外贸大学学报》2015 年第 2 期。
④ 陈仲常、马红旗：《我国制造业不同外包形式的就业效应研究——基于动态劳动需求模型的实证检验》，《中国工业经济》2014 年第 4 期。

劳动生产率会扩大产业与产出规模，从而反过来会增加对就业的需求。而且产业增加有利于促进经济增长，随着经济增长水平不断提高，生产与制造模块不断分化，每一段都需要服务中间品衔接，对服务外包的需求增加。同时，在全社会生产技术水平不断提高的背景下，新兴产业与传统产业融合不断加深，服务型制造等新型组织形态不断产生。因此，承接国际服务外包带动了产业发展与经济增长进而对扩大就业具有重要积极效应。

## 二、工资变动效应

从承接国角度来看，由于发达国家工资普遍高于发展中国家，即使存在劳动力国际套利空间，发达国家支付给发展中国家的服务外包业务报酬工资也会高于本土企业工资平均水平，而工资提高的产业会吸引更多的就业人员从事该行业，改变社会就业结构。例如，西方软件服务外包的进入，已引发印度工资上涨和管理人才短缺，外包雇佣热导致印度工资水平一年上涨 15%，以致 IBM 等跨国公司不得不选择其他东南亚成本更低的国家[1]。根据美国著名外包专业咨询公司 NeoIT 的估计，2010 年主要离岸外包地的工资薪酬较 2005 年普遍增长达到 50%[2]。服务外包行业与流水线或其他制造业相比是典型的高收入行业。Ashok（2006）发现，即使在印度从事国际服务外包中收入较低的工作，如呼叫中心、客服人员，他们的收入也排在前十位[3]。因此，承接国际服务外包有利于提高接包国服务外包产业整体工资水平，从而提高本行业就业。

## 三、产业关联效应

国民经济各部门相互关联，一个产业得到发展需要其他行业支撑，同时也能促进相关行业的发展，相关产业得到促进之后又会产生新的消耗与需求，从而带动更多产业发展，从第一波铺开，延展至第二波、第三波，

---

① 《IBM 外包成本增加，舍弃印度转向其他国家》，中国经济网，http://www.ce.cn，2007 年 3 月 13 日。
② 任志成、张二震：《承接国际服务外包的就业效应》，《财贸经济》2008 年第 6 期。
③ Ashok B., "Globalization Job Creation and Inequality, The Challenges and Opportunities on Both Sides of the Offshoring divide"（2006），http://staff.haas.berkeley.edu/offshoring/offshoring.pdf.

最终通过不断的产业关联效应促进整体经济的就业。更进一步来看，国际服务外包是分工由产品层面向工序层面进一步深化的结果，东道国企业承接了发达国家的服务外包业务势必会增加对本土相关企业产品的需求，发生物料采购、行业咨询、资金往来等生产性物质和服务活动，与本土前、后向企业联系增多，从而产生就业创造效应。据相关研究，2009年印度信息技术及其支持下的服务业就业人数达230万人，同时间接促进了其他行业就业增加650万人。印度Niyati公司首席执行官Ramesh Nair曾说过，印度每增加1个服务外包就业，就会带来3个新的工作机会[①]。

# 第四节 中国服务外包的就业效应实证研究

## 一、数据与变量说明

### 1. 服务外包变量的确定

由于现行统计制度缺乏测算服务外包的直接变量，因此国内外实证研究大都采用特定公式来测算某一行业的服务外包率。Feenstra和Hanson（1996，1999）最早提出了建立在投入产出分析基础上对离岸材料外包（Material Offshoring）的测算公式[②]，具体为：

$$\text{off}_{ij} = \sum_j \frac{IN_i^j}{Y_i} \frac{X_j}{TC_j} \tag{10-1}$$

其中，off代表离岸服务外包率，IN代表产业i购买服务业j的规模，$Y_i$表示产业i对所有非能源中间品的购买，$X_j$表示服务业j的出口，TC代表服务业j的总消费（总产出），包括国内消费与净进口。这一公式不断被后续研究用于对离岸服务外包率的测算。Amiti和Wei（2005）仿照

① 张婷婷：《承接国际服务外包的就业效应作用机制分析》，《对外经贸实务》2010年第9期。
② Feenstra C. and Hanson G., "Globalization, Outsourcing, and Wage Inequality", American Economic Review, Vol.86, No.2, 1996, pp.240-245.
　Feenstra C. and Hanson G., "The Impact of Outsourcing and High Technology Capital on Wages: Estimates for the United States, 1979-1990", Quarterly Journal of Economics, Vol.114, No.3, 1999, pp.907-940.

Freenstra 和 Hanson（1996，1999）公式测算了美国制造行业的离岸服务外包率并分析了离岸服务外包对制造生产率及就业的影响。姚战琪（2010）运用这个公式测算了中国总体外包率、制造外包率及服务外包率并实证检验了外包对生产率的影响。不难看出，这个公式本质上是用投入产出消耗系数为权重衡量国外中间服务品投入占总投入（或产出）的比重[①]。在全球化时代下，开放国家的中间品服务投入来源分国内、外两种渠道，于是出现两种情况：一是考察国外来源的中间品服务投入，计算所得结果就是离岸服务外包率；二是只考虑国内中间品服务投入，则可称为在岸服务外包率。据我们掌握的文献来看，目前大多研究只关注了对外承接离岸服务外包对国内生产率与就业的影响，而对在岸服务外包的就业影响问题关注还不是很多，因而缺乏离岸与在岸服务外包这两种不同渠道对就业促进机制与效应的差异比较分析。更何况，就目前来看，中国服务外包市场业务仍以在岸服务为主，与印度服务外包主要用于出口不同，中国服务外包主要用于国内消费。基于此，如果不考虑在岸服务外包，那就很难完全呈现服务外包产业的发展对中国就业的真实影响状况。不仅如此，我们还进一步将离岸服务外包区分，从对外接包与对外发包角度进行双向衡量，以比较服务外包方向不同对国内就业增长与结构的影响。

（1）在岸服务外包率测算。企业原先内置于自身的职能活动转由外部市场提供，当有企业通过外包获得效益提升时其他企业也跟着模仿，于是外包产业得到"滚雪球"似的扩大，促进了服务第三方提供商的规模，在投入产出表中表现为中间服务品投入量的增加。根据 Freenstra 和 Hanson（1996，1999）测算服务外包变量的思路，从投入产出表查找中间品服务投入数量，选取了五个行业来考察，分别为运输仓储邮政、信息传输、计算机服务和软件业，批发零售贸易、住宿和餐饮业，房地产、租赁和商务服务业，金融业，其他服务业。由于国家统计年鉴中只有 1997 年、2000 年、2002 年、2005 年、2007 年、2010 年和 2012 年的投入产出分析表，对于缺失年份较多的做法是采取用相邻年份值进行代替，但考虑到中国经济高速增长，数据的年度变化幅度很大，因此我们认为不宜采用简单替代方法，而是以 1997~2013 年 GDP 增速作为折算系数进行估算，中间

---

① 姚战琪：《工业和服务外包对中国工业生产率的影响》，《经济研究》2010 年第 7 期。

服务品投入数据确定之后，于是在岸服务外包率可通过"中间服务投入/GDP"来测算。

（2）离岸服务外包率测算。Freenstra 和 Hanson（1996，1999）在离岸服务外包计算公式中使用的是服务进口，但实际上对发展中国家来说考察服务外包的双向流动会更有价值。从进向来讲，承接服务外包对发展中国家来说具有诸多经济效应，这已被实践和研究所证实。但也不可忽视发展中国家作为发包方这一方向，有些中高端服务投入需求发展中国家自身难以提供，存在严重短缺，不得不依赖从发达国家的服务进口，因此发展中国家通过发包同样也能获得生产率的提高并导致规模扩大等良性效应，进而对就业产生促进作用。为此，根据离岸外包率公式从两个角度测量了离岸服务外包率：一个是从对外接包角度测算了中国对外接包服务外包率，另一个是从对外发包角度计算了对外发包服务外包率。其中，公式中的国内部分为"中间服务投入/服务业增加值"，数据来源于国家统计局；而国外部分仿照 Amiti 和 Wei（2005）的计算方法，当产业数据不明确时用国家层面数据规模，直接采用中国服务贸易出口与进口占世界比重来代替，出口对应的是对外接包，进口对应的是对外承接，国际贸易数据来源于UNCTAD。

根据以上分析思路与计算方法，得到中国在岸、对外接包和对外发包三个服务外包率的测算结果，如图 10-1 所示。大体上看，1995~2013 年三条服务外包率曲线均呈现逐步上升趋势，表明中国服务外包产业随着经济高速增长与产业结构转变得到较快发展，国内外服务外包对中国国民经济增长的贡献度持续攀升，服务外包产业得益于经济发展的深化同时也为其提供投入及发展动力。实践表明，经济越发展，服务分工越细致。2013年，在岸、对外接包和对外发包率分别达 44%、6.9% 和 4.1%。进一步看，中国服务外包的在岸率要远高于离岸率，这与中国服务外包产业主要用于国内消费的现状一致。对外接包率与对外发包率基本接近，发包略高于接包，与中国服务贸易长期逆差局面相一致。相对于在岸服务外包率，双向离岸外包率均处于低位运行水平，但随着服务业开放步伐加快，中国服务外包离岸率迅速增加，增速快于在岸率，2013 年在岸率相比 1995 年增幅为 1.51 倍，而同期对外接包与发包率增幅分别为 3.93 倍和 3.03 倍。

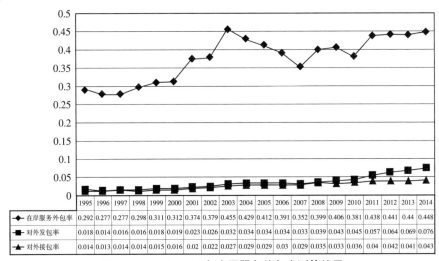

| | 1995 | 1996 | 1997 | 1998 | 1999 | 2000 | 2001 | 2002 | 2003 | 2004 | 2005 | 2006 | 2007 | 2008 | 2009 | 2010 | 2011 | 2012 | 2013 | 2014 |
|---|---|---|---|---|---|---|---|---|---|---|---|---|---|---|---|---|---|---|---|---|
| 在岸服务外包率 | 0.292 | 0.277 | 0.277 | 0.298 | 0.311 | 0.312 | 0.374 | 0.379 | 0.455 | 0.429 | 0.412 | 0.391 | 0.352 | 0.399 | 0.406 | 0.381 | 0.438 | 0.441 | 0.44 | 0.448 |
| 对外发包率 | 0.018 | 0.014 | 0.016 | 0.016 | 0.018 | 0.019 | 0.023 | 0.026 | 0.032 | 0.034 | 0.034 | 0.034 | 0.033 | 0.039 | 0.043 | 0.045 | 0.057 | 0.064 | 0.069 | 0.076 |
| 对外接包率 | 0.014 | 0.013 | 0.014 | 0.014 | 0.015 | 0.016 | 0.02 | 0.022 | 0.027 | 0.029 | 0.029 | 0.03 | 0.029 | 0.035 | 0.033 | 0.036 | 0.04 | 0.042 | 0.041 | 0.043 |

**图 10-1　1995~2014 年中国服务外包率测算结果**

2. 就业变量

通过国家统计局官网数据库可得就业总量与结构数据，如图 10-2 所示。从中可以看出，自 1978 年改革开放以来中国全社会就业持续增长，一系列国内经济体制改革与对外开放政策的实施大大释放了经济活力，导致社会对各层次劳动需求增加。然而，粗放式增长模式不能长期维继，随着经济势能下降及产业饱和，就业增幅明显下降，就业问题日趋严峻。受制于"二元"经济结构特征，农业长期占据着就业第一的位置但比重持续下降，直到 2010 年左右农业才失去就业第一部门的地位。在农业就业比重持续下滑的同时，工业与服务业就业地位持续上升，中国工业化、城市化与经济结构升级为农业劳动力转移提供了巨大发挥空间。服务外包产业发展是否与这种就业增长及结构变化具有相关性是一个有待检验的问题。

## 二、实证过程

1. 服务外包与就业总量

在回归之前，所有数据均进行了指数化处理，以消除量纲不同带来的误差影响，然后再取对数，避免多重线性相关。首先，对服务外包产业与就业总量之间的因果关系进行了回归分析。在不考虑控制变量的情况下，

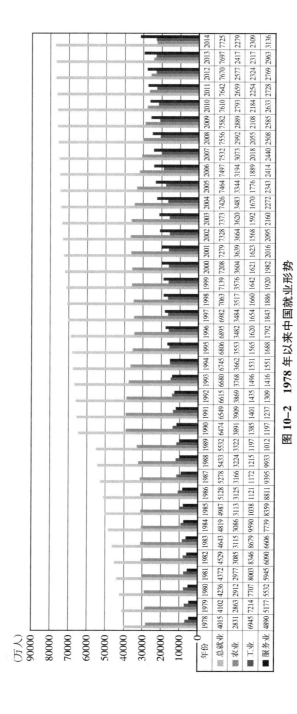

**图 10-2　1978 年以来中国就业形势**

具体见表 10-1 中的模型（1）~模型（4），回归结果表明：就业具有较强的滞后效应，即上期就业对当期就业具有非常显著的正向影响。上期的充分就业带动全社会良好就业预期，促进了就业，另外如果上期就业形势良好，说明经济增长速度有保证，从而有利于抬高就业市场的供应与需求均衡。对外发包与总就业呈显著正相关，前者每增加 1% 就能促进后者 0.086% 的增长，可能是因为对外发包弥补了国内产业链的短缺，使产业链可以迅速高效地全额运转起来，从而扩大了国内产业进而增加就业。农业就业与在岸外包呈显著正相关，但与离岸外包显著负相关，可能是目前国内农业服务化主要还是国内内部提供为主，因此在岸服务外包的发展为农业服务化转型提供了有力支持。目前的离岸服务外包主要涉及工业或服务业，以制造、金融、医疗、IT 等行业为主，因此对农业就业的直接影响不是很大。工业就业与在岸服务外包显著负相关，说明国内服务外包行业的发展对工业就业产生一定的挤压，由于服务外包行业相比工业具有薪资高、待遇好、工作环境优越等特点，因而对人才流向工业具有一定抑制作用。对外接包对工业就业具有显著正影响，对外承接服务外包具有产业关联、经济增长和市场扩大等增量效应，从而刺激了工业增长与其就业增加。国内服务提供商在承接离岸服务外包时获得可观的技术知识溢出效应，可以更好地胜任国内制造业对服务外包的需求，能力得到提高的服务供应商对制造业产业升级与规模扩大具有刺激作用。对外发包与服务业就业显著正相关，说明对外发包导致服务进口并未对服务业的就业产生负面影响，反而促进了服务业就业。

当控制了经济增长等基本面变量以后，服务外包与就业之间的回归关系呈现出不同程度的变化，如表 10-1 中的模型（5）~模型（8）结果所示。总就业与在岸服务外包的正相关关系由原先不显著转为显著，而对外发包的关系直接由正转负。农业就业与服务外包的关系没有影响方向上的变异，只是系数大小不同。工业就业与对外发包的负相关由不显著变成显著。服务业就业与对外发包的正相关系数变大而显著性下降。这说明控制变量在一定程度上影响了服务外包的就业效应。实际上，控制变量也在很大程度上对就业具有一定的解释力，总就业与上期 GDP 呈负相关，而固定资产投资和货物贸易与就业呈正相关，工资对就业的影响受到行业因素影响而表现各异。

**表 10-1 就业总量回归结果**

| 自变量 | (1) 总就业 | (2) 农业就业 | (3) 工业就业 | (4) 服务业就业 | (5) 总就业 | (6) 农业就业 | (7) 工业就业 | (8) 服务业就业 |
|---|---|---|---|---|---|---|---|---|
| $em_{t-1}$ | 0.9050*** (0.0203) | 0.4587*** (0.1750) | 0.4067*** (0.992) | 0.9041*** (0.1076) | 0.1508 (0.2715) | 1.0158*** (0.3143) | 0.1308 (0.1370) | 0.2694 (0.3031) |
| $on_t$ | 0.0015 (0.0050) | 0.9498*** (0.3135) | −1.3898*** (0.2194) | 0.1019 (0.1068) | 0.1179*** (0.0655) | 0.3908* (0.2440) | 0.2938 (0.3637) | −0.2430 (0.1746) |
| $out_t$ | 0.0858*** (0.0289) | −3.9020*** (1.3896) | −0.1777 (0.6954) | 1.3517*** (0.4442) | −1.0274*** (−5.0958) | −0.1394 (1.5965) | −3.1408*** (1.2039) | 2.3866* (1.3702) |
| $off_t$ | −0.1366 (0.1023) | −6.0679*** (1.3926) | 15.2485*** (1.6748) | −0.8580 (2.0257) | −0.2330 (1.0949) | −8.8495*** (2.6622) | −4.2850 (6.0572) | 1.9795 (3.6680) |
| $gdp_t$ | | | | | −0.0872*** (0.0307) | 0.3401* (0.1797) | 0.7023*** (0.2087) | −0.3833*** (−2.1727) |
| $k_t$ | | | | | 0.0937*** (0.0172) | −0.3262*** (0.1083) | 0.2035* (0.1189) | 0.3371 (0.2455) |
| $tig_t$ | | | | | 0.0283*** (0.0071) | −0.1051*** (0.0235) | 0.0908* (0.0272) | 0.1058* (0.0573) |
| $w_t$ | | | | | −0.0102 (0.0282) | 0.3145* (0.1163) | −0.8175*** (0.1735) | −0.1172 (0.2235) |
| $C_t$ | 0.5018*** (0.1039) | 2.4877*** (0.7914) | 3.4402*** (0.5741) | 0.5546 (0.6309) | 4.9078*** (0.1036) | −1.2150 (2.0259) | 2.2740*** (0.5328) | 4.4779*** (1.7305) |
| Adjusted-$R^2$ | 0.9995 | 0.9937 | 0.9871 | 0.9941 | 0.9945 | 0.9974 | 0.9960 | 0.9952 |
| F-Statistic | 7048.910 | 534.4157 | 262.4742 | 574.6419 | 497.4146 | 738.7183 | 477.9650 | 466.3434 |
| D.W. | 2.27 | 1.88 | 2.11 | 2.18 | 1.91 | 2.47 | 2.04 | 2.15 |
| Obs | 20 | 20 | 20 | 20 | 20 | 20 | 20 | 20 |

注：因变量为就业总人数，$em_{t-1}$ 代表因变量 t−1 期，on、out、off、gdp、k、tig、w 分别代表在岸服务外包、对外发包、对外接包、国内生产总值、固定资产投资、货物贸易和工资。***、**、* 分别代表通过 1%、5% 和 10% 显著性水平检验。

2.服务外包与就业结构

再看服务外包产业发展对就业结构的影响，以三次产业占比为因变量、服务外包为自变量构建模型进行检验，具体结果如表 10-2 所示。首先，在不施加控制变量的情况下，发现农业就业占比与服务外包呈显著正相关，由于农业比重呈下降趋势，说明在岸服务外包的发展有利于农业就业比重下降，这与国内服务业发展对就业产生"虹吸效应"相映衬；而离岸服务外包与农业占比呈负相关，说明离岸服务外包的增长不利于农业比重的下降。工业就业占比与在岸服务外包呈显著负相关，可能是因为国内服务外包发展引起服务业快速增长，相对于工业制造等行业的危险性、枯燥性及远离城市特性，很多人宁愿选择相对安全的城市服务工作，从而导致对工业就业产生一定替代。而工业就业占比与离岸服务外包呈正相关，即服务外包的进出口均对工业就业具有促进作用，由于工业的服务外包是服务外包产业的重要领域，说明对外发包与对外接包有利于制造规模扩大进而增加就业。服务业就业占比与服务外包的估计系数均未通过显著性检验。由于服务外包产业主要分布在城市，因此还以城镇就业总量与占比为因变量进行了回归，结果发现［见表 10-3 中模型（7）~模型（8）］，城镇就业总量与比重均与在岸服务外包相关性不显著，与对外发包呈显著负相关，与对外接包呈显著正相关，说明对外发包是一种产能流失从而对城镇就业不利，而对外接包是一种产能引进从而促进就业。

表 10-2　就业结构回归结果

| 自变量 | (1) | (2) | (3) | (4) | (5) | (6) |
|---|---|---|---|---|---|---|
| | 农业/总 | 工业/总 | 服务业/总 | 农业/总 | 工业/总 | 服务业/总 |
| $on_t$ | 0.3057*** (0.0223) | −0.4329*** (0.0237) | −0.0421 (0.0492) | 0.0976* (0.0586) | −0.0514 (0.0753) | −0.0295* (0.0706) |
| $out_t$ | −1.3045*** (0.1193) | 0.4678*** (0.1270) | 0.5807 (0.5130) | −1.2049*** (0.1867) | 0.2877 (0.2318) | 0.4888*** (0.2175) |
| $off_t$ | −2.3174*** (0.2561) | 3.2083*** (0.2663) | −0.3359 (0.5330) | 1.0440 (0.9811) | −1.1141 (1.2588) | −0.2563 (1.1812) |
| $gdp_t$ | | | | −0.0738*** (0.0275) | 0.1713*** (0.0353) | −0.0126 (0.0332) |
| $k_t$ | | | | 0.0112 (0.0154) | −0.0569*** (0.0197) | 0.0330* (0.0185) |
| $tig_t$ | | | | −0.0012 (0.0064) | −0.0120 (0.0082) | 0.0190*** (0.0077) |
| $w_t$ | | | | 0.0247 (0.0253) | −0.0407 (0.0325) | −0.0283* (0.0304) |
| $C_t$ | 0.8984*** (0.0056) | 1.1312*** (0.0059) | 1.3689*** (0.7177) | 1.2369*** (0.0929) | 0.5827*** (0.1192) | 1.0234*** (0.1118) |

续表

| 自变量 | (1) | (2) | (3) | (4) | (5) | (6) |
|---|---|---|---|---|---|---|
| | 农业/总 | 工业/总 | 服务业/总 | 农业/总 | 工业/总 | 服务业/总 |
| Adjusted-$R^2$ | 0.9897 | 0.9629 | 0.9822 | 0.9945 | 0.9800 | 0.9862 |
| F-Statistic | 433.0399 | 117.7905 | 248.9587 | 492.5803 | 133.8333 | 194.8447 |
| D.W. | 2.05 | 2.10 | 1.74 | 1.78 | 2.21 | 1.58 |
| Obs | 20 | 20 | 20 | 20 | 20 | 20 |

注：因变量为三大产业就业占比，$em_{t-1}$代表因变量 t－1 期，on、out、off、gdp、k、tig、w 分别代表在岸服务外包、对外发包、对外接包、国内生产总值、固定资产投资、货物贸易和工资。***、**、* 分别代表通过 1%、5% 和 10% 显著性水平检验。

同样加入控制变量以后，与前面就业总量回归结果一样，就业结构变量与服务外包的回归关系，呈现出不同程度的变异。对农业就业占比因变量来说，对外承接服务外包的影响由负显著转为不显著。工业占比与服务外包的回归关系由之前的均通过显著性检验变为均未通过，说明控制变量对工业就业的影响强度较大。服务业就业比重由均不显著变成部分显著，与在岸服务外包呈显著负相关，而与对外发包呈显著正相关。这说明控制变量对就业结构具有很大影响进而影响了服务外包的产业结构促进效应。

3. 服务外包与行业就业

随着组织业务流程再造及成本压力增大，服务外包已成为社会营运单元新竞争环境下"归核"的重要战略，服务外包产业的深入不仅影响着企业就业形式、结构等，还对城市就业结构产生影响。回归结果如表 10-3 所示，对外承接服务外包对城镇就业总量规模与占比均显著正向相关，分别为 1.2389 和 0.4727，说明通过承接国外服务外包可以促进城镇就业人口数量增加及提升全社会就业人口的城市贡献比率，从而有利于城市化建设进程。

再看部分行业就业与服务外包的回归关系，制造业就业与对外发包显著正相关，可能是因为制造业通过向国外发包，获得先进生产性服务要素，从而促进了制造业效率的提高，产生规模扩大效应并进而刺激了制造业就业。信息与计算机服务行业就业也与对外发包呈显著正相关，可能也是因为通过向外发包获取先进服务生产要素从而刺激该服务业增长并产生大量就业机会。但注意到，制造业和信息与计算机服务业就业均与在岸服务外包、对外承接服务外包呈显著负相关，这两个部门的就业与在岸、对

表10-3 服务外包与部分行业就业回归结果

| 自变量 | (1) 城镇就业 | (2) 城镇就业占比 | (3) 制造业 | (4) 信息与计算机服务业 | (5) 金融业 | (6) 教育业 | (7) 建筑业 | (8) 卫生保障福利业 | (9) 公共管理与社会组织业 |
|---|---|---|---|---|---|---|---|---|---|
| $on_t$ | -0.0154 (0.0267) | -0.0006 (0.0133) | -1.6962*** (0.6255) | -3.3420*** (0.7843) | -1.4276* (0.7422) | -0.5282 (0.0423) | -3.0026 (0.3306) | -1.2911*** (0.2291) | -0.9420 (0.2003) |
| $out_t$ | -0.4717*** (0.1275) | -0.2847*** (0.0650) | 18.6565*** (2.2192) | 28.6858*** (4.3386) | 2.4716*** (0.0650) | 3.4809*** (0.1257) | 40.7905*** (2.1178) | 8.9251*** (1.1925) | 3.0798*** (1.1484) |
| $off_t$ | 1.2389** (0.5408) | 0.4727** (0.2154) | -14.3822*** (4.8070) | -8.6994*** (10.7381) | 29.6850*** (4.6147) | 1.7808*** (0.2718) | -23.9929*** (5.1244) | 10.2747*** (2.9451) | 12.4717*** (2.8374) |
| $em_{t-1}$ | 0.9706*** (0.0211) | 1.0341*** (0.0332) | | | | | | | |
| AR(1) | | | -0.2864*** (0.6186) | -0.4392 (0.3577) | -0.1570 (0.5832) | -0.2832*** (0.4685) | -1.0349*** (0.3112) | -0.3159 (0.2771) | -0.5015* (0.3212) |
| MA(1) | | | -0.9999 (0.6046) | | -0.9986 (0.6918) | -0.9994 (0.3138) | | | |
| $C_t$ | 0.3271* (0.2061) | -0.0033 (0.0096) | 8.5560*** (0.2483) | 5.5366*** (0.3975) | 5.5210*** (0.2771) | 7.3496*** (0.0156) | 7.3758*** (0.1801) | 6.1647*** (0.1115) | 7.0388*** (0.1041) |
| Adjusted-R² | 0.9998 | 0.9997 | 0.9828 | 0.9650 | 0.9739 | 0.9990 | 0.9925 | 0.9905 | 0.9699 |
| F-Statistic | 23425.30 | 18191.82 | 115.24 | 69.8489 | 75.7914 | 2033.68 | 333.6250 | 262.4245 | 81.5861 |
| D.W. | 1.95 | 1.79 | 1.99 | 2.15 | 1.94 | 2.18 | 2.27 | 2.20 | 2.35 |
| Obs | 20 | 20 | 11 | 11 | 11 | 11 | 11 | 11 | 11 |

注：模型（3）～模型（9）中的因变量为行业就业规模，数据均来自国家统计局，回归时进行了对数处理。***、**、*分别代表通过1%、5%和10%显著性水平检验。

外承接服务外包未获得回归检验上的支持。可能是因为许多制造业和信息与计算机的外包直接向国外发包，而国内在岸服务外包和对外承接服务外包均处于低端环节，因此对这两个行业不能产生足够大的推动作用。教育业就业与对外发包、对外承接服务外包呈显著正相关，说明中国国际服务外包进出口均能显著促进教育业就业增加。随着服务外包产业的蓬勃发展，在国内许多城市，尤其是服务外包发达的城市，一些针对性的教育培训机构应运而生，通过弥补学生时代动手能力的短缺，增加真实情景实训演练，达到提高实际操作能力，为服务外包企业提供了大批人才。建筑业就业与对外发包呈显著正向相关，而与在岸服务外包、对外承接服务外包呈显著正相关，可能是因为建筑行业通过服务外包进口能获得提高，但在岸服务外包、对外承接服务外包对建筑业增长作用有限。医疗与卫生服务行业和公共管理部门是服务外包的重要领域，卫生保障福利服务业及公共管理部门的就业均与国际服务外包进出口呈显著正相关，说明国际服务外包有效地促进了这两个行业就业增加，但在岸服务外包未能对它们产生显著正影响。可能还是因为国内卫生与公共管理生产提供要素相对落后，而通过国际服务外包，一方面获得较高层次的服务要素，另一方面不断接触先进的行业知识，对该类行业能产生明显促进效应。

从城市分行业总体来看，①制造业等七个行业的就业与在岸服务外包均未检验出正向相关关系，或显著负相关，或不显著。原因何在？主要原因在于国内服务外包产业规模占 GDP 大盘比重还偏小，而且在岸服务外包参与国际产品分工的程度有限，因此失去了通过竞争、模仿等效应获得快速提高的途径，因而在岸服务外包可能对生产率与就业的贡献不是很大。②而对外服务发包与七个行业的就业均显著正向相关，可能对外服务发包能获得所需服务中间品，中国服务贸易逆差中有关专利、特许经营等方面的技术服务进口占到很大比重，因而通过向国际发包解决了生产链短板问题，从而促使产业规模壮大带动就业增长。③就对外承接服务外包来看，除制造业和信息与计算机服务部门之外，对外承接服务外包均与其他行业的就业呈显著正相关。也就是说，对外接包未对制造业和信息与计算机服务业就业产生促进作用，但对金融、教育、建筑等其他五个行业均产生了显著的促进效应。综合来看，服务外包产业发展的就业促进效应可能受到行业控制变量的影响而有所变异，但通过回归结果发现，国际服务外包发展对就业的促进程度高于在岸服务外包，因此下一步在保持国际服务外包发挥就业促进效应的同时，也要打造在岸服务外包，使其充分发挥出就业拉动作用。

## 三、结论与讨论

目前中国经济正处于结构性调整期，前一阶段改革开放中国经济得以高速增长的人口红利及廉价劳动力优势逐渐减少，以环境为代价及 GDP 主义为核心的经济必须进行结构性调整，必然导致增速放缓。虽然未来中国经济不再可能像 20 世纪 90 年代那样实现两位数的增速，但经济学家普遍认为中国经济诸多潜力仍大有可挖空间。而要继续释放这些发展潜力，在经济方面，中国应继续对外开放国内市场，进一步放开准入，减少审批，实行事后、事中管理，调整"国进民退"的现状，激发中小私营企业的发展活力，从行动上进行市场化改革。经济放缓无疑增加了就业压力，而国际服务外包被称为第二次经济全球化，服务生产要素的国际化配置蕴含着巨大的潜能。在全球产品垂直分工体系中，中国服务生产要素的比重逐渐增加，现已成为仅次于印度的全球第二大服务外包国，服务贸易进出口规模均排世界前列，因此完全具有"世界办公室"的实力。承接离岸服务外包，不仅有助于提升中国在全球产业链中的国际地位，而且对构建多样化城市就业产业结构体系、缓解大学生就业难的社会问题均有很大帮助。但目前虽然中国服务外包发展迅速，但与印度、爱尔兰等服务外包强国相比，中国服务外包产业发展基础还存在很多不足，企业规模、利润、人力资本等生产要素、服务产业发展环境均需要不断提升。为促进服务外包的就业效应，综合现状分析与实证研究结论，提出以下几点建议：

第一，注重国内外服务外包协调均衡发展，充分发挥服务外包在岸、进出口的就业拉动效应。中国服务贸易长期处于逆差状态，究其原因，主要是因为一些先进的生产性服务要素不得不依赖国外进口。服务出口仍然是以服务劳动密集型低附加值产品为主。造成这种局面的原因在于国内先进服务外包发展严重滞后，既不能满足国内先进制造业对中高端生产性服务中间投入的需求，也不能有助于提升"中国服务"的国际出口品牌。为此，还要不断夯实服务业发展基础。目前，中国服务外包主要是以满足国内需求为主，国际化视野及能力不强导致中国服务外包企业竞争力不如印度等服务外包强国，服务外包产业发展的国内条件仍需进一步加强。因此，为扩大服务外包规模以达到创造更多就业的目的，中国服务外包产业应注重内外部均衡，发挥联动效应，通过承接离岸服务外包带动国内服务外包产业与企业的发展，而国内服务外包基础的不断提升可以促使中国能承接到更为先进与复杂的服务外包，形成良性循环。服务外包产业只有通过国内、外两种渠道都得到较好发展才能变得真正强大起来，届时服务外包势必会产生非常可观的就业容量。

第二，提升产业基础并扩大服务外包规模，增强就业促进效应。就目前来看，中国服务外包在 GDP 中所占比重还很小，服务外包产业通过增加中间服务品提供对其他产业具有产业关联带动效应，进而促进了就业，但规模过小显然是影响其整体就业拉动的制约因素，是造成服务外包对就业结构升级提升乏力的重要原因。从回归结果发现，当施加了控制变量之后，服务外包的总体就业促进及结构提升效应受到一定的消弱，反而控制变量对就业具有较强的因果关系。可以看出，GDP 增长及由此带动的经济与社会发展仍是目前中国就业的原动力。1995~2014 年，中国全社会就业规模增加了 10.5 倍，高于同期 GDP 的增幅 1.8 倍，GDP 每增长 1 个百分点可拉动就业增长 5.8 个百分点。但服务外包与就业之间仍能局部性地检验出显著相关性，在岸服务外包的发展对总就业具有显著促进效应，对外接包对服务业总就业呈正相关，对外发包、接包对工业就业比重具有促进作用。而且分行业就业的回归中，对外发包与对外接包两方面均对各产业就业显示出较明显的促进关系。这说明服务外包对就业的拉动效应还未达到全局性效果，在某些区域、行业及产业中表现比较明显，但在其他行业不显著，可能与该行业产品内分工深化程度不够等因素有关。

# 第十一章　中国离岸服务外包技术溢出研究

改革开放以来，中国对外贸易发展取得重大进步，融入世界经济的程度不断加深。数据显示，2013 年中国货物贸易进出口总额达 4.16 万亿美元，在世界贸易中的占比达 12%。中国已成为 120 多个国家的第一大贸易伙伴。在国际贸易多边框架下，这些国家成为中国贸易出口地的同时受惠于中国经济的腾飞，在 4.16 万亿美元的贸易总额当中有将近 2 万亿美元的进口。中国已成为影响世界经济增速的重要力量。

实践表明，对外贸易是中国经济增长的重要"引擎"。到目前为止，中国改革开放已走过 40 年，在前一轮改革开放中所获得的一系列经验教训为下一轮新型改革开放奠定了基础。在前一轮改革开放中所获得的经济、产业及社会与人文等方面的成就为下一轮新型改革开放创造了进一步提升的空间可能。国内学者普遍认同，中国的改革开放一开始就是走在通过开放倒逼国内经济体制改革的轨道，对外开放的程度、方式及速度深刻地影响了国内经济增长条件。当前，世界经济逐步向服务经济形态转变，新一轮以服务业开放为主的全球经济大融合对中国具有十分重大的影响。

# 第一节　研究背景

众多发展中国家的开放历史事实表明，以国际规则融入国外市场是一条有效的市场化改革促进剂。中国通过不断放开市场准入与扩大开放取得巨大成就，不但没有被国外主流市场吞没或冲垮，反而通过更深层地融入世界经济体系享受到全球化带来的巨大红利，从而获得增长速度上的东亚奇迹[①]。通过发展开放经济，国内一大批经济技术开发区通过引进外资与国际市场接洽以推进制度创新，成为一种普遍的行之有效的发展特征。正是这种开放型经济在国内的持续深入为体制改革与创新不断提供了动力来源。中国之所以能实现经济高速发展及超常的市场化进程，很大程度上得益于对外开放的不断深入发展。"开放带来成长、封闭导致落后"已形成广泛共识。裴长洪（2013）指出，中国新一轮对外开放本质上就是要从沿边开放进一步向内陆境内体制性开放纵深推进，其中，探讨如何使国内经济社会体制与国际规则更加接轨是关键点[②]。总之，回顾中国改革开放历程，归根结底，是一部通过开放不断学习国外并促进国内制度改革的当代史。

在当前经济全球化背景下，服务外包是一种新型的国际贸易方式，是目前全球经济服务化趋势中重要的国际经贸活动安排。在新形势下，离岸服务外包是跨国公司为进一步提升核心竞争力而采取的战略调整的副产品。通过全球范围内跨国公司的组织变革，发展中国家的企业在全球价值链环节上具有一些可活动的空间，服务外包的发展为众多外包承接国及企业提供了大好机会，从而可以更多地参与国际分工体系，借此可获得更多国外先进技术并有利于提高自身创新实力。正如 UNCTAD 在一份报告中所提出的，在离岸服务外包过程中，跨国公司通过多种途径助推了接包国的技术进步，更重要的是，通过离岸服务外包带来了众多软性实力的提升，包括技术知识、管理经验和市场信息等[③]。

## 第二节　相关文献综述

一些西方学者主要是基于发包方的角度探讨了服务外包对本国产业的技

---

① 克鲁格曼在《萧条经济学的回归》中指出，亚洲取得了卓越的经济增长率，但却没有与之相当卓越的生产率增长。它的增长是资源投入的结果，而不是效率的提升。但易纲和樊纲等（2003）指出了中国的经济增长效率提升的证据。

② 裴长洪：《全球治理视野的新一轮开放尺度：自上海自贸区观察》，《宏观经济》2013 年第 12 期。

③ 徐姗：《基于离岸服务外包的就业效应与技术扩散国外研究综述及展望》，《国际贸易问题》2013 年第 1 期。

术溢出（Pack and Saggi，2001；Bartel et al.，2005；Long，2005）[1]。Markusen（1989）构建了一个具有非完全竞争的市场结构特征的中间品贸易模型，证明了服务贸易的自由化可促进生产者服务投入品的专业化生产，从而有利于其生产率的提高，通过增加服务中间品的供给可以使参与方从其他方的技术进步中受益[2]。Gorg 和 Hanley（2005）运用爱尔兰 1990~1995 年数据得到服务外包对电子行业的生产力产生积极的影响[3]。Girma 和 Gorg（2003）对英国 1980~1992 年数据的实证研究发现，服务外包对劳动生产力和全要素生产率都有正向影响[4]。Amiti 和 Wei（2004）验证了 1992~2000 年服务外包对美国制造业生产率的影响，发现离岸服务外包对美国生产率具有显著影响，贡献了大约 11% 的生产率增长，原材料离岸外包对生产率也有正影响但较小，仅贡献了 5% 的生产率增长[5]。他们还指出，从更大工业范围来看，离岸外包并未对美国就业产生负面影响，某些行业外包所引起的工作流失可能被其他行业对用工的增加而抵消。Crino 等（2008）运用 9 个欧洲国家行业数据进行实证研究，发现离岸服务外包对本国生产率具有较大的显著经济效应，1% 的离岸服务外包的增长能带来0.5% 的全要素生产率的增长[6]。Hijzen 等（2010）运用 1994~2000 年日本企业数据，研究得到离岸外包总体上对生产率增长具有显著效应，离岸服务强度每增加 1% 就能引起生产率 0.17% 的增长，他们还发现离岸外包对

① Pack H. and Saggi K.，"Vertical Technology Transfer via International Outsourcing"，Journal of Development Economics，2001，No.65，pp.389–415.
Bartel A. P. Lach S. and Sicherman N.，"Outsourcing and Technological Change"，NBER Working Paper No.11158，2005.
Long N.，"Outsourcing and Technology Spillovers"，International Review of Economics and Finance，No.14，2005，pp.297–304.

② Markusen J. R.，"Trade in Producer Services and in Other Specialized Intermediate Inputs"，The American Economic Review，Vol.79，No.1，1989，pp.85–95.

③ Gorg H. and Hanley A.，"International Outsourcing and Productivity：Evidence from the Irish Electronics Dndustry"，The North American Journal of Economics and Finance，Vol.16，No.2，2005，pp.255–269.

④ Girma G. and Gorg H.，"Foreign Ownership，Returns to Scale and Productivity：Evidence from UK Manufacturing Establishments"，Cepr Discussion Papers，Vol.12，No.5，2003，pp.817–832.

⑤ Amiti M. and Wei S.，"Services outsourcing，Production and Employment：Evidence from the US"，IMF Working Paper，2004.

⑥ Crino R. and Crinā R.，"Service Offshoring and Productivity in Western Europe"，Rosario Crino，Vol.6，No.35，2008，pp.1–8.

生产率的提升效应与企业生产率的初始水平并不相关[1]。Keiko 和 Kiyoyasu（2010）以日本 1988~2004 年制造业数据为例，发现原材料外包与行业生产率具有正相关关系，尤其是发往亚洲的离岸外包该效应尤其显著。他们的结果还显示，制造外包促进日本本土生产率，但服务外包与行业生产率不相关，仅信息服务行业生产率与离岸外包呈正相关[2]。但也有一些反对观点，认为跨国公司基于垄断的考虑将关键技术、核心技术控制在本公司，东道国本土企业基本不可能学到与模仿，而且跨国公司对本土优秀人才的吸引造成东道国企业科技人才的大量流失，没有高素质的人才外溢效应很难被吸收。Dossani（2006）指出，许多跨国公司以外包订单、培训等条件引导东道国发展软件编码等低层次服务外包，可能对东道国软件业的良性发展造成负面打击[3]。联合国贸发会的一项研究也表明，软件研发大多是通过企业内部贸易形式提供，跨国公司附属机构与本土企业相对较少，从而制约了跨国公司对印度的技术外溢（任志成和张二震，2012）[4]。

学者们从接包方角度大多肯定了服务外包的技术溢出效应的存在性。Dossani（2005）发现，发展中国家在承接发达国家企业外包过程中通过技术外溢效应和自我学习可实现逐步由简单代工向较高附加值环节升级[5]。Kang 等（2010）运用亚洲国际投入产出表（Asian International Input–Output Table）（1990，1995，2000）研究了东亚区域生产网络和原材料与服务的外包，发现服务外包比原材料外包对生产率具有更重要的促进作用，而且来自先进发达国家，如美国、日本的服务外包比来自其他国家的服务外包具有更强的影响[6]。原毅军和刘浩（2007）从价值链和投入产出角度分析了服务外包对制造业企业的技术创新效率的促进效应，并进行实证研究发

[1] Hijzen A. Inui T. and Yasuyuki Todo., "Does Offshoring Pay? Firm-level Evidence from Japan", Discussion Papers, Vol.48, No.4, 2010, pp.880–895.

[2] Keiko Ito and Tanaka K., "Does Material and Service Offshoring Improve Domestic Productivity? Evidence from Japanese Manufacturing Industries", Discussion Papers, 2010, pp.49–99.

[3] Dossani R. "The Origins and Growth of the Software Industry in India", Stanford University Press, 2006.

[4] 任志成、张二震：《承接国际服务外包、技术溢出与本土企业创新能力提升》，《南京社会科学》2012 年第 2 期。

[5] Dossani R., "Globalization and the Offshoring of Service: The Case of India", Brookings Trade Forum, 2005, No.1, pp.241–267.

[6] Kang M. Kim H. H. Lee H. and Lee J., "Regional Production Networks, Service Offshoring, and Productivity in East Asia", Japan & the World Economy, Vol.22, No.3, 2010, pp.206–216.

现，制造业技术创新效率受外包活跃度影响，不同外包部门具有不同的创新促进作用。喻美辞（2008）通过构建包括了三部门的开放经济增长模型，认为国际服务外包对承接国具有技术外溢效应，但其大小受承接国贸易开放程度、人力资本存量和国内外技术差距等因素的影响。崔萍（2010）以中国 IT 行业上市公司数据为研究对象，发现承接国际服务外包的企业在技术创新投入强度及其产出方面显著高于不从事国际服务外包的企业。王晓红（2008）通过对中国 80 家设计服务外包公司的调查问卷数据进行实证研究，证明了承接国际服务外包能带来显著的技术外溢效应，主要表现在规模迅速扩大，自主创新能力、学习能力显著提高，产业链向高端延伸，国际市场的开拓及品牌创建速度加快等方面。刘绍坚（2008）同样基于企业问卷调查数据得到中国企业承接国际软件外包获得了技术外溢，提升了本土软件研发能力的结论。阚澄宇和郑继忠（2010）在对大连市软件企业离岸外包进行调研的基础上，通过对数据进行实证分析证明了大连市软件业承接服务外包具有显著地提升行业竞争力等技术外溢效应。武晓霞和任志成（2010）以江苏省服务外包为切入点，通过实证分析发现服务外包直接的技术外溢效应显著，但间接技术外溢效应由于人力资本门槛的存在而结果不显著。任志成和张二震（2012）以江苏省三个服务外包基地城市企业调查数据为样本进行了实证研究，结果表明承接国际软件外包获得了技术溢出，企业创新能力得到提升，其中人力资本作用最为突出，发包方技术转移较为显著。朱福林等（2016）选用了 132 个国家或地区的面板数据进行实证分析，总样本及分样本计量结果均表明：离岸服务外包显著地促进了东道国技术进步，而且制度质量与离岸服务外包的技术溢出效应呈正相关关系，即经商便利化、知识产权保护、经济自由度及政府治理效率等制度方面越好的国家越能从离岸服务外包中获得国际技术溢出。

# 第三节　服务外包技术溢出理论机制探讨

Ernst 和 Kim（2002）构建了一个概念模型，对全球化生产网络、发达国家跨国公司的技术扩散及东道国企业技术提升三者之间的关系进行了专门研究①。在服务外包产业链上生产、在全球范围内进行资源的网络化配置，从而不断催生出知识与技术在国家之间、区域之间及个体企业间扩散。在这样一个密切联系的全球化生产网络中，发包商为了提升服务外包的质量，使东道国第三方提供商的服务交付达到特定要求，跨国企业往往通过一系列正式或非正式途径，将相关技术与知识转移给东道国本土企业，从而实现"双赢"局面，东道国企业技术水平与管理能力的提高可以更好地服务于跨国公司的产业链，更加有利于发包商对核心竞争力提高的目标追求。如果这种外包契约关系的期限较长，则跨国公司对提高东道国接包企业的管理、技术技能会更加积极主动地扶持。

## 一、示范效应

东道国服务接包企业在跨国发包商及自身生产竞争双重压力下不断加强自身能力建设，通过模仿、学习跨国公司的先进技术、成熟有效的管理经验，可达到提高运营效率的目的。目前，现代服务外包市场已由过去简单的合同关系进化为新型战略协作伙伴关系，合作的稳态化可以消弭双方的短视功能障碍，大大缓解发包商对知识、技术形成转移的主观顾虑。稳定的合作关系可促进发包商知识转移及承包商学习曲线的迁移，由于服务活动具有"类似性活动"的属性，水平分工对于接近于母公司技术水平的企业更有利于示范效应的发挥（赵玻，2008）②。跨国公司鉴于与东道国本土企业长期开展合作，从而更愿意将更多的知识与技术进行分享。对东道国企业来说，为了维护与跨国发包企业的业务，也会加大对自身实力的投资，加强模仿与学习等提升行为。另外，东道国企业意识到差距之后形成的管理反思也有可能加强企业模仿与学习的冲动。

## 二、知识转移

知识转移是知识接收方受发送方影响的过程，是指知识从有知识的一

---

① Ernst D. and Kim L., "Global Production Networks, Knowledge Diffusion, and Local Capability Formation", Research Policy, Vol.31, No.8–9, 2002, pp.1417–1429.
② 赵玻：《服务业国际转移的产业发展效应及承接对策》，《第二届中部商业经济论坛论文集》2008年。

方向知识接受的一方传递（Easterby-Smith et al., 2008）[1]，是企业积累能力的重要途径。Ernst 和 Kim（2002）指出，离岸外包与 FDI 虽然同是海外生产，但离岸外包的全球化生产发展路径更加有利于促进知识转移[2]。随着技术的发展及"双赢"商业模式的普及，组织之间不再仅是一次性交易关系，而是不断向深入密切合作关系迈进，逐渐发展为成熟稳定性共事伙伴。而知识转移与组织学习通常发生在合资、联盟企业、母子公司等具有长期稳定关系的企业之间（Chang et al., 2012；Lee et al., 2008）[3]。企业间的知识不仅包括明确的知识，而且包括沟通与近距离接触产生的隐性知识转移。Leonardi 和 Bailey（2006）对离岸服务外包过程的知识转移进行了重点分析，发包商在拆分任务包进行分配时，有时会不可避免地将"隐性"变为"显性"[4]，从而有利于接包企业领会技术路线、元件说明等，从而提高了接包企业知识存量。

## 三、人员培养

在服务外包过程中，为了使本土员工素质满足跨国公司对服务生产的严苛要求，跨国公司往往会对东道国企业的员工进行各种方式的培训，从而对东道国产业人才培养与素质提高具有促进效应。当这些人员自己成为雇主或通过社会流动加入其他企业时，培训获得的技术与知识得以扩散，对东道国产业人才队伍的扩大提供了支持。Ngo Van Long（2005）研究认为，服务离岸外包主要通过对低工资国家雇员进行培训对东道国竞争企业

[1] Easterby-Smith M. Lyles M. A. and Tsang E. W. K., "Inter-organizational Knowledge Transfer: Current Themes and Future Prospects", Journal of Management Studies, Vol.45, No.4, 2008, pp.677-690.

[2] Ernst D. and Kim L., "Global Production Networks, Knowledge Diffusion, and Local Capability Formation", Research Policy, Vol.31, No.8-9, 2002, pp.1417-1429.

[3] Chang Y. Y. Gong Y. and Peng M. W., "Expa-triate Knowledge Transfer, Subsidiary Absorptive Capacity and Subsidiary Performance", Academy of Management Journal, Vol.55, No.4, 2012, pp.927-994.
Lee R. P., Johnson J. L. and Grewal R., "Understanding the Antecedents of Collateral Learning in New Product Alliances", International Journal of Research in Marketing, Vol.25, No.3, 2008, pp.192-200.

[4] Leonardi P. M. and Bailey D. E., "Transformational Technologies and the Creation of New Work Practices: Making Implicit Knowledge Explicit in Task-Based Offshoring", Mis Quarterly, Vol.32, No.2, 2006, pp.411-436.

产生外溢效应①。同样，Etimes（2006）证实了离岸服务外包人员培养效应的存在性，指出在离岸服务外包中跨国公司会建立培训制度，对发展中国家水平较高的工程师进行多种培训，以便其更好地进行接手部分设计业务，"这些本土设计师、工程师从美国的经验中获取能力，并不断提高新技术，在市场竞争中不断获得新机会"②。

## 四、产业关联

跨国服务外包公司在进入东道国产业时，通过产业的前向和后向联动产生技术扩散，可有效改善东道国产业结构及相关企业技术水平。当国内本土企业承接到一笔服务外包订单时，在东道国国内会迅速形成与之相配套的新兴产业群。而且东道国在接到外包业务之后会产生对相关生产性服务的消费，拉动了相关产业的增长。另外，有研究证实了服务外包对制造业效率具有显著提高效应（原毅军和刘浩，2007）③，也有学者对服务业全要素生产率的影响机制进行了研究（姚星等，2015）④。

## 五、聚集效应

服务外包产业具有很强的聚集效应，世界服务外包的发展催生了全球相当数量的产业园的诞生，比如爱尔兰著名的香农自由贸易园区、北京的中关村软件园等。这些产业园区集中了一大批跨国及本土典型 IT 行业厂商，对当地经济与就业发挥着重要的促进作用。实践证明，产业集群是推动地区经济发展的重要形式，服务外包产业集群也不例外。在自由贸易区内服务外包企业可以便捷地通过社会网络获取有效资源。物理距离的缩短大幅降低信息不对称从而减少了交易费用。在服务外包园区内的企业可以

---

① Ngo Van Long., "Outsourcing and Technology Spillovers", International Review of Economics and Finance, Vol.14, No.3, 2005, pp.297-304.
② 王晓红：《中国承接国际设计服务外包的技术外溢效应研究》，《财贸经济》2008 年第 8 期。
③ 原毅军、刘浩：《制造业的服务外包与技术创新效率的提升》，《大连理工大学学报》（社会科学版）2007 年第 4 期。
④ 姚星、李彪、吴钢：《服务外包对服务业全要素生产率的影响机制研究》，《科研管理》2015 年第 4 期。

有多种途径方便地进行知识交流、转移、技术分享与共同开发等活动从而能获得较强的技术外溢效应。

知识密集型服务业已成为知识经济社会发展的重要标志，服务外包产业作为知识密集型服务业的主要部门，承接了重要的知识生产、配置及转化等功能。随着科技与产业的进一步整合，目前服务外包企业采取协作聚集式发展方式，服务外包产业聚集群已成为当代服务外包产业组织的基本形式之一（于晓东，2013）[1]。知识扩散已成为不少产业集群企业获取新技术、新市场等重要信息的有效方式，服务外包产业聚集为知识空间转移提供了很好的途径。

服务外包产业聚集一方面受到市场机制的影响，另一方面政府政策也起到很关键的作用，实际上服务外包产业园区的形成很大程度上是市场选择与政府推动的结合。集群内企业自发形成的分工与专业化、竞争与协同、技术创新与扩散等自组织动力机制是服务外包产业聚集的内在动力。政府政策支持是服务外包产业聚集形成过程中"他组织"聚集机制的最主要形式。

# 第四节　服务外包技术溢出实证检验
## ——基于中国数据的经验分析

## 一、数据说明与整理

### 1. 技术进步

在实证研究中，国内外学者习惯用全要素生产率来代替技术进步。而有关全要素生产率理论大多数采取新古典经济增长模型提出的"索洛残差"，即剔除要素数量增长之后的那部分增长源泉，这其中最主要的是技术进步。可通过柯布—道格拉斯生产函数推导：

$$Y_t = A_t K_t^\alpha L_t^\beta \tag{11-1}$$

---

[1] 于晓东：《服务外包业产业集群聚集机制的理论与实证研究》，东北大学博士学位论文2013年。

其中，Y、K 和 L 分别为产出、资本和劳动，α、β 分别代表资本和劳动的产出弹性，且满足 α + β = 1，该条件内含规模报酬不变原则。

对式（11-1）的两边取对数，得：

$$\ln Y_t = \ln A_t + \alpha \ln K_t + \beta \ln L_t \qquad (11\text{-}2)$$

然后对式（11-2）进行以时间 t 为自变量的求导，并通过整理和移项得：

$$\frac{\Delta A}{A_t} = \frac{\Delta Y}{Y_t} - \alpha \frac{\Delta K}{K_t} - \beta \frac{\Delta L}{L_t} \qquad (11\text{-}3)$$

其中，$\dfrac{\Delta A}{A_t}$、$\dfrac{\Delta Y}{Y_t}$、$\dfrac{\Delta K}{K_t}$ 和 $\dfrac{\Delta L}{L_t}$ 分别为索洛残差、产出、资本和劳动的增长率，其中 $\dfrac{\Delta A}{A_t}$ 就代表全要素生产率。

在具体测算中，用国内生产总值代替 Y，以 1978 年价格水平进行平减，K 用永续盘存法计算所得，L 以全社会就业人数来代替，所有数据均通过指数化处理消除量纲不同造成的误差影响。先通过模型测算出 α 和 β，然后根据式（11-3）代入相应数据得到全要素生产率的增长率。

2. 服务外包率的测算

鉴于目前国际上有关服务外包的统计标准、数据及测算还未形成统一观点，在实证研究中学者们大多采取以下三种处理方法：第一种，根据投入产出表直接核算，具体是使用各产业部门对服务部门的中间品需求来代替服务外包。第二种，根据 Feenstra 和 Hanson（1995）[1] 及 Olsen（2006）[2] 在投入产出分析表的基础上，加上服务贸易进口或出口数据，计算出综合的服务外包率得到。具体公式为：服务业 j 对其他产业 i 的服务外包率 $off_{ij}$ = $\sum_j \dfrac{IN_i^j}{Y_i} \dfrac{X_j}{TC_j}$，其中，IN 代表产业 i 购买服务业 j 的规模，$Y_i$ 表示产业 i 对所有非能源中间品的购买，$X_j$ 表示服务业 j 的出口，TC 代表服务业 j 的总消费（总产出）。第三种，使用国际服务贸易数据来代替服务外包额。

① Feenstra R. C. and Hanson G., "Foreign investment, outsourcing and relative wages", in Feenstra R.C Grossman G. M. and Irwin D. (eds.) The Political Economy of Trade Policy: Essays in Honor of Jagdish Bhagwati, Cambridge, MA: MIT Press, 1995, pp.89-127.

② Olsen K. B., "Productivity Impacts of Offshoring and Outsourcing: A Review", OECD Science, Technology and Industry Working Papers, No.1, 2006.

由于服务外包交易的是生产性服务，中间品特征比较强，因此可用各国生产性服务中间品贸易来代替。

相对来讲，第二种方法较为准确地刻画了服务外包对产业的贡献情况，该公式可用于衡量某一产业的服务外包率。但在运用它测算一个国家某一服务产业整体外包率的时间序列数据时，需做适当调整，调整后得到 $\mathrm{off_t} = \dfrac{\mathrm{IN_{jt}}}{\mathrm{Y_t}} \cdot \dfrac{\mathrm{X_{jt}}}{\mathrm{TC_{jt}}}$，其中，$\mathrm{off_t}$ 代表 t 年度服务业 j 的整体外包率，$\mathrm{IN_{jt}}$ 为经济中 t 年度对服务业 j 的中间需求，$\mathrm{Y_t}$ 为 t 年度总投入，$\mathrm{X_{jt}}$ 为 t 年服务业 j 的出口，$\mathrm{TC_{jt}}$ 为 t 年该服务业总消费（总产出）。由于服务外包是基于 IT 技术的服务加工贸易，因此实际上行业 j 就是指基于 IT 技术的服务业。根据以上梳理，本书选取了 1997 年、2000 年、2002 年、2005 年、2007 年、2010 年和 2012 年投入产出分析表来测算 1997~2013 年中国服务外包率时间序列。目前国民统计核算体系中还没有单独的 IT 产业分类，因此在实际测算时均采用现有分类下最接近的产业目录数据来代替。在投入产出表只有运输仓储邮政、信息传输、计算机服务和软件业这一大的分类，因此以该类别的中间投入与总投入分别代表 $\mathrm{IN_{jt}}$ 和 $\mathrm{Y_t}$，它们两者的比值就是 t 年该产业的总直接消耗系数。相应地，以运输、通信与计算机信息技术出口代表 $\mathrm{X_j}$。而在年鉴中分行业增加值统计分类中也没有明确的 IT 产业，与之最接近的是交通运输、仓储和邮政业，因此，以该产业类别的增加值代替 $\mathrm{TC_{jt}}$。数据均来自各年《中国统计年鉴》。根据公式代入数据并运算，可得考察期间中国整体服务外包率（见图 11-1）。

## 二、实证过程与结果

### 1. 平稳性检验

对于时间序列来说，变量是否具有平稳性对于回归结果具有重要影响，如果是不平稳的数据则可能导致伪回归等现象。因此，先对各序列数据进行单位根检验查看其稳定性，利用 Eviews8.0 以 1%、5% 和 10% 显著性水平为参照，可通过比较 ADF 检验统计量与不同显著性水平下的临界值的大小来得到验证结果，如表 11-1 所示。各变量自身的 ADF 统计量绝对值均小于临界值的绝对值（或 ADF 统计量大于临界值，因为均为负数），说明原变量是非平稳的。同时这些变量的一阶差分 ADF 统计量绝对

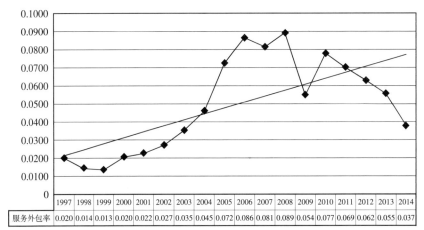

**图 11-1　1997~2014 年中国服务外包率测算结果**

值均大于临界值的绝对值（或 ADF 统计量小于临界值，因为均为负数），因而各变量的一阶差分是平衡的，从而各变量均为一阶单整序列，在同一阶平稳条件下可保证回归的真实性。

**表 11-1　ADF 检验结果**

| 变量 | 检验形式 | ADF 统计量 | 临界值 1% | 临界值 5% | 临界值 10% | 结论 |
|------|---------|-----------|-----------|-----------|------------|------|
| TFP | (C, 0, 0) | −1.9370 | −4.8864 | −3.8290 | −3.3630 | 不平衡 |
| off | (C, T, 0) | −1.3309 | −3.9203 | −3.0656 | −2.6734 | 不平衡 |
| opn | (C, T, 0) | −1.0318 | −4.6679 | −3.7332 | −3.3103 | 不平衡 |
| fdi | (C, T, 0) | −2.9109 | −4.6679 | −3.7332 | −3.3103 | 不平衡 |
| ΔTFP | (C, 0, 1) | −3.3885** | −3.9591 | −3.0810 | −2.6813 | 平衡 |
| Δoff | (C, T, 1) | −4.5726** | −4.7283 | −3.7595 | −3.3249 | 平衡 |
| Δopn | (C, 0, 1) | −3.4160** | −3.9591 | −3.0810 | −2.6813 | 平衡 |
| Δoff | (C, T, 1) | −4.9461*** | −4.7284 | −3.7597 | −3.3250 | 平衡 |

注：C 为截距项，T 为趋势项，P 为滞后阶数，* 为通过临界值。

2. 回归分析

在数据整理与变量说明基础上，构建模型以技术进步为因变量进行回归分析，结果如表 11-2 所示。从模型 （1）中可以看出，技术进步与服务外包呈显著正相关关系，服务外包对技术进步的影响为正，且通过

1%显著性水平统计意义上的检验，模型可决系数达 0.9865，F 统计量通过 P 值检验，说明模型模拟效果很好。具体促进效应为，服务外包每提高 1%就能有效地促进技术进步提高 1.34%，这一弹性系数表明服务外包对技术进步的促进幅度要大于自身增加幅度，说明通过扩大服务外包能带来十分显著的技术进步，即服务外包具有非常积极的技术溢出效应。模型（2）说明服务外包对技术进步的促进存在明显的滞后效应，当在模型（1）基础上增加上期服务外包变量 $off_{t-1}$ 时，当期 $off_t$ 系数明显变小，效应降幅达 0.6756。具体滞后效应为，上期服务外包 offt-1 每提高 1 个百分点能带来技术进步获得 1.0053 个百分点的提高。模型（1）和模型（2）结合起来说明，服务外包不仅具有当期促进效应，而且还对下一期技术进步产生正影响，促进效应具有延续性。

表 11-2　服务外包技术溢出实证结果

| 自变量 | TFP | | | |
| --- | --- | --- | --- | --- |
| | （1） | （2） | （3） | （4） |
| $off_t$ | 1.340*** (0.3624) | 0.6644*** (0.3043) | | |
| $off_{t-1}$ | | 1.0053*** (0.2613) | | |
| $edu*off_t$ | | | 7.6617*** (2.5013) | |
| $rd*off_t$ | | | | 0.1733*** (0.0474) |
| $opn_t$ | 0.0739*** (0.0173) | 0.0787*** (0.0149) | 0.0616*** (0.0237) | 0.0707*** (0.0182) |
| $fdi_t$ | 0.2014*** (0.0297) | 0.1606*** (0.0253) | 0.1597*** (0.0301) | 0.1828*** (0.0284) |
| $C_t$ | −1.4594*** (0.1120) | −1.3367*** (0.0945) | −1.1303*** (0.2276) | −1.3397*** (0.1407) |
| Adjusted-$R^2$ | 0.9865 | 0.9936 | 0.9840 | 0.9864 |
| F-Statistic | 392.1293 (0.0000) | 580.8742*** (0.0000) | 328.4189 (0.0000) | 387.4029 (0.0000) |
| D.W. | 2.1311 | 2.4853 | 1.7794 | 2.0870 |

注：***、**、* 分别代表通过 1%、5%和 10%显著性水平检验。

在服务外包对技术进步的正向关系得到验证之后，通过在模型中加入教育与服务外包交叉项 edu*off_t、研发与服务外包交叉项 rd*off_t，分别考察教育与研发的增加是否有利于服务外包进一步促进技术进步。模型（3）结果显示，教育与服务外包交叉项与技术进步呈显著正相关，估计系数达7.6617，且通过统计意义上显著性检验。而且这一交叉项的系数大于服务外包单独估计时的系数，即 7.6617 > 1.340，说明教育对服务外包技术溢出的产生具有十分强大的助推作用。从而证实服务外包由于是知识人才密集型产业对教育要素的依赖比较明显，中国快速发展的高等教育为服务外包提供了巨大动力。模型（4）显示，研发与服务外包的交叉项也与技术进步呈正相关关系，且通过统计意义上的显著性检验。研发每提高 1 个百分点就能增强 0.1733 个百分点的服务外包促进技术进步效应的提升。研发的间接作用不如教育，这在一定程度上是由于目前中国服务外包企业大多是以中小规模为主，研发投入严重不足，导致其还未能发展为研发型服务外包企业，直接影响了其从海外承接高质量服务外包业务的能力，因此其对服务外包技术溢出效应的助推效应有限。

3. 协整检验

采用 Johansen 极大似然估计法，对技术进步与服务外包变量进行协整检验。最优滞后项通过构建无约束的 VAR 模型参照 AIC 原则确定为 2。协整检验结果如表 11-3 所示，表示服务外包与技术进步之间至少存在一个协整关系，说明离岸服务外包与技术进步之间存在长期均衡关系。在长期内，具体表现为服务外包每增加 1% 技术进步则能增加 2.2687%（极大似然比为 88.7736）。

表 11-3　Johansen 和 Juselius 协整检验结果

| 原假设 | 特征根 | 迹统计量（P 值） | 特征根 | λ-max 统计量（P 值） |
|---|---|---|---|---|
| 0 个协整向量 * | 0.9504 | 46.4496（0.000） | 0.9504 | 42.0627（0.000） |
| 至少 1 个协整向量 * | 0.2690 | 4.3868（0.6857） | 0.2690 | 4.3868（0.6857） |

注：* 表示在 5% 显著性水平下拒绝原假设，相伴概率 MacKinnon-Haug=Michelis（1999）均小于 0.05，迹统计量和最大特征值统计量均指明系统中存在 1 个协整方程，本书选取第一个协整方程为研究对象。

4. 动态检验

（1）Chow 预测检验。对时间序列来说，因变量与解释变量之间的关系可能会发生结构变化，这可能是由于经济体系中的供求冲击或制度政策等转变带来的结果，从而导致一般回归分析无法衡量转折点对估计关系的影响。例如，中国加入 WTO 后经济关系各方面逐渐发生改变，人民币"入篮"等也会使经济系统不断调整，从而对模型内生关系产生结构性影响。因此，需要对参数和设定关系的稳定性进行检验。本书通过 Chow 检验的 F 统计量检查模型参数在数据样本的不同子区间是否稳定，通常采用 Chow 分割点检验，把方程应用于由分割点划分出来的每一个子样本区间，然后比较全样本回归得到的残方差和子区间样本估计所得的加总残差平方和，判断估计关系是否发生了结构变化。由于 Chow 间断点检验要求每一个子区间有至少同被估计参数一样多的样本数，但现实中经常会遇到某一区间期样本较少的问题，而 Chow 预测检验可以很好地解决这个问题。

Chow 预测检验是将时间序列数据集合分成两部分，先估计包括 $T_1$ 个样本的模型，然后用估计出来的模型去预测剩余 $T_2$ 个数据点区间。如果实际值与预测值差异很大，说明模型可能不稳定。优点在于 $T_1$ 和 $T_2$ 的样本相对大小没有确定的规则，可根据事件（如战争）等明显的转折点来确定。预测检验与断点检验一样也可通过 F 检验进行，具体公式为 $F = \dfrac{(\hat{u}'\hat{u} - \hat{u}'\hat{u})/T_2}{\hat{u}'\hat{u}(T_1 - k - 1)}$，式中，$\hat{u}'\hat{u}$ 为所有样本观测值估计方程而得到的残差平方和，$\hat{u}'\hat{u}$ 是利用 $T_1$ 个子样本进行估计得到的残差平方和。$k + 1$ 为参数个数。通过比较 F 统计量与临界值的大小可判断模型是否稳定。

本节旨在考察服务外包与技术进步的影响程度，前面已经通过回归得到两者的实证系数，但还需检验两者影响关系的稳定性。若检验结果表明无结构变化，则该系数能很好地表达此期间服务外包对技术进步的稳定作用大小；若有结构变化，则还需要运用状态空间模型进一步挖掘时序变系数模型，以查窥经济体系的冲击给它们之间影响关系造成的动态变动趋势。从全球范围来看，服务外包产业受到优惠政策的刺激而表现出迅猛增长，因此政策出台时间上的转折是一个比较好的间断点。考虑到中国服务外包产业大规模国家级政策的出台始于 21 世纪初的头几年，而后在 2006 年国务院推出"千百十工程"，主要是为了响应国家"十二五"规划提出的大力促进服务业发展的战略目标。据此并兼顾到前后样本子区间的个数均衡性选定好时间断点，运用 Eviews8.0 软件对各自时间断点划分后的两个区间子样本模型进行检验，共得到 3 个通过 F 统计量验证的间断点，它们的 F 统计量具体分别为 11.9067、17.8810 和 22.5574，均大于 3.39（显著性水平为 5%的临界值），因此可以认为 2003 年、2004 年和 2005 年前后模型变量之间的影响关系都发生了结构变化（见表 11-4）。言下之意，固定系数显然不能很好地表达出整个时间期间服务外包与技术进步之间的影响关系变化情况。实际上，在现实经济生活中变量之间的关系总是会受到很多客观冲击的干扰而表达出时序差异性。

**表 11-4　模型稳定性 Chow 预测检验**

| 断点 | F 统计量 | 自由度 | P 值 |
|---|---|---|---|
| 2003 年 | 11.9067 | （11，2） | 0.0800 |
| 2004 年 | 17.8810 | （10，3） | 0.0184 |
| 2005 年 | 22.5574 | （9.4） | 0.0044 |

（2）状态空间模型。根据 Chow 预测检验可得模型估计系数存在结构变化，因此运用状态空间模型对参数的时序变化趋势做进一步分析。为考察系数的结构性变化，运用状态空间模型进行修正来构造时变参数模型（Harvey，1989；Hamilton，1994），它是动态模型的一般形式，包括经典的 OLS 模型及 ARIMA 模型均能作为特例写成状态空间模型形式。状态空间模型在经济计量学领域及其他方面得到大量应用，得益于它能将不可观测的变量（状态变量）并入可观测模型并与其一起估计，以及利用强有力的迭代算法——卡尔曼滤波（Kalman filter）来估计。卡尔曼滤波可以用来估计单变量和多变量的 ARMA 模型、马尔科夫转换模型和变参数模型，状态空间模型主要是运用到其变参数功能。具体模型形式为：

$$\ln TFP_t = c(1) + \sigma_t off_t + \varepsilon_t \quad (t = 1, 2, \cdots, n) \tag{11-4}$$

$$\sigma_t = c(2) + c(3)_t \sigma_{t-1} + \mu_t \tag{11-5}$$

本状态空间模型由量测（信号）方程（11-4）和状态（转移）方程（11-5）组成。其中，时变参数 $\sigma_t$ 为不可观测的状态变量，必须用可观测变量 TFP、off 来估计，表示各解释变量在各个时间上对解释变量的敏感程度，$c(1)$ 和 $c(2)$ 分别代表常数项。状态方程描述了状态变量的生成过程，这里假定其服从 AR(1) 过程。$\varepsilon_t$ 和 $\mu_t$ 为随机扰动项，相互独立且服从均值为 0、方程分别为常数且协方差矩阵固定的正态分布。模型设定可通过

Karlman 滤波迭代算法得到时变参数估计值，当产生固定协方差时系数唯一停止迭代。具体估计结果如下：

$$\ln TFP_t = 0.2459 + 6.2736 off_t + \varepsilon_t \quad (t = 1, 2, \cdots, n)$$
$$\qquad\quad (0.0231)\quad (0.1130)$$
$$\qquad\quad [10.6368]\quad [55.5051] \qquad\qquad\qquad (11-6)$$

$$\sigma_t = 0.4222 + 1.0031\sigma_{t-1} + \mu_t$$
$$\quad (0.1999)\quad (0.0581)$$
$$\qquad [2.1127]\quad [17.2497] \qquad\qquad\qquad (11-7)$$

Log likelihood = 29.3566，AIC = -2.8655，SC = -2.6204

方程（11-6）给出了状态空间模型的基本回归模型结果，进一步证实了服务外包与技术进步的正向相关关系。方程（11-7）代表了模型估计系数的时序变化规律，显示上期估计系数与当期估计系数之间具有 1.0031 的正相关关系。图 11-2 中曲线展示了时序变化系数运行趋势，2003 年之前的一段时间时序系数保持相对较高的稳定性，2006 年之前还相对平滑，但由于受到政策等系数性原因冲击导致经济系统关系的变化，2006 年后模型变量之间的实证关系表现出较大的上下波动幅度，也就是估计关系产生了结构变化，这与上面 Chow 预测检验得到的时间断点具有高度一致性。回到政策层面，在意识到服务外包产业的作用后，中国政府一方面顺应世界经济服务化及国内服务业快速发展趋势，另一方面抢占服务业国际转移市场份额，并借助国家"十二五"规划的机遇，2006 年以后中央和多地政府不断推出力度颇大的产业促进政策，时序变参数运行轨迹也反映出这种政策加大影响。2006~2009 年在优惠政策刺激下，模型关系呈现跳跃式上升态势。2008 年始于美国次贷危机的金融危机给全世界经济、贸易带来了重大影响，导致全球经济低迷、贸易萎缩，欧美国家经济遭受不同程度的挫折，导致服务外包需求下降，影响了发展中国家服务外包出口。作为逐渐崛起的服务外包大国，中国在世界服务外包市场的比重不断提高，因此受到的负面影响也是巨大的，由于国际经济动荡传递至国内存在一定的时滞，起源于国际对模型关系具有的负面作用直到 2010 年才下降至最低谷，而后随着欧美等发达国家经济的复苏及中国服务外包产业政策力度的不断跟进，服务外包又获得大幅增长从而又呈现出较强的技术溢出效应。通过以上分析可以看出，世界经济环境及中国经济系统性因素对中国离岸服务外包促进技术进步的实证关系产生了正负两方面交替影响。

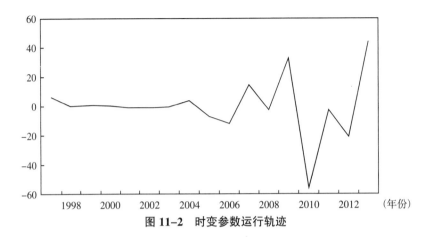

**图 11-2　时变参数运行轨迹**

（3）VECM 模型。协整关系是对变量之间在长期是否具有稳定均衡关系做出判断，而根据状态空间模型得到，在短期内变量可能会与这种长期均衡产生一定偏离，但经济系统各个方面都受某种力量驱使，其结果可调整短期偏离逐步向长期均衡靠近。为了探究服务外包与技术进步之间短期偏离态势以及随后的修正机制，可利用向量误差修正模型（VCEM）进行实证分析。

设 $y_t = (\text{tfp}_t, \text{off}_t)$，其中，tfp 代表技术进步，off 代表离岸服务外包率，则 VEC 基本模型为：

$$\Delta y_t = \alpha\beta' y_{t-1} + \sum_{i=1}^{p-1} \Gamma_i \Delta y_{t-i} + \varepsilon_t \tag{11-8}$$

式中每个方程的误差项都具有平稳性。一个协整体系有多种表示形式，用误差修正项 $\text{ecm}_{t-1} = \beta' y_{t-1}$ 代入，则变成：

$$\Delta y_t = \alpha \text{ecm}_{t-1} + \sum_{i=1}^{p-1} \Gamma_i \Delta y_{t-i} + \varepsilon_t \tag{11-9}$$

其中，$\alpha$、$\beta$ 分别代表调整系数矩阵和协整向量矩阵。

运用 Eviews8.0 软件对变量进行 VECM 模型构建并运行得到协整方程和附带调整的 VAR 结果。

$$\text{TFP}_{t-1} = 8.5727\text{off}_{t-1} - 0.0473 + \text{VECM}_{t-1} \tag{11-10}$$
$$(1.6393)$$
$$[-5.2294]$$

$$\Delta\text{TFP}_t = -0.0751\text{VECM}_{t-1} - 0.2930\Delta\text{TFP}_{t-1} - 0.6175\Delta\text{TFP}_{t-2} +$$

$$(0.1149)\qquad\qquad(0.4260)\qquad\qquad(0.3858)$$

$$[-0.6532]\qquad\quad[-0.6879]\qquad\qquad[-1.6005]$$

$$0.5566\Delta\text{off}_{t-1} + 1.4987\Delta\text{off}_{t-2}\qquad\qquad\qquad(11\text{--}11)$$

$$(1.0160)\qquad\quad(0.8624)$$

$$[0.5478]\qquad\quad[1.7377]$$

$$\text{Adj--}R^2 = 0.3359,\ F = 0.8092,\ \text{AIC} = -3.6896,\ \text{SC} = -3.4157$$

上述协整检验表明，变量系统存在一个协整方程。经检验，协整向量得到的线性组合都是平稳的，即都是 I(0) 的。$\text{VECM}_{t-1}$ 表示技术进步和服务外包的线性组合序列，也是协整方程的残差项，并将作为式（11-11）误差修正模型的误差修正项。方程（11-10）表明，在其他条件不变的情况下，前一期服务外包每增加 1 个百分点，技术进步则增长 8.5727 个百分点。服务外包的增长扩大了中国与国际技术、管理等先进生产要素前沿的接触面，从而增加了获得技术溢出的贸易基础。式（11-11）即为误差修正模型，$\text{VECM}_{t-1}$ 前的系数为 -0.0751，由于系数符号为负说明存在一种反向修正机制，也就是说，在短期内技术进步存在偏离均衡协整关系的趋势，但服务外包的发展对其具有反向调整机制，使之以 0.075 的速率做出调整，从而修正技术进步的偏离程度。

## 三、结论与展望

作为国际分工与全球化进一步加深背景下的重要业态，离岸服务外包成为新一轮全球产业转移的重点方向与领域。目前，全球服务外包仍是以发达国家发包、发展中国家接包，或者发展中国家将一些中高端服务外包给发达国家的大致格局。无论哪一种接、发包方向，发展中国家都有可能从服务外包中获得可观的技术外溢效应。据 IDC 数据，2014 年全球离岸服务外包继续保持增长态势，离岸服务外包市场规模达到 1829.8 亿美元，同比增长 6%。服务外包全球市场格局基本稳定，美洲地区仍是全球最主要的发包市场，美国、加拿大是该地区的主要发包国。欧洲的服务外包业务需求仅次于美洲，英国、德国、法国、奥地利、瑞士是这一地区的主要发包国。亚太地区服务外包增长迅速，日本是该地区最大的发包国。发展中国家争相在全球服务外包市场竞争以期获得更多来自发达国家的服务外包业务，如此不仅能给本国经济带来显著的增长效应，同时也可以通过承接国际服务外包获得发展内涵上的提升。中国是全球第二大接包国，2014年承接离岸服务外包 559.2 亿美元。虽然在体量上服务外包直接拉动 GDP 的贡献比较微弱，但服务外包通过 IT 技术的扩散使新产业与传统产业达到跨界融合可以产生很高的产业技术促进效应。

　　本书通过模型与公式测算了技术进步与服务外包两大变量，运用回归、协整、状态空间模型对两者的影响关系进行了实证研究。结果发现，服务外包对技术进步具有显著的正相关影响作用，而且在长期内服务外包与技术进步保持稳态均衡性。也就是说，服务外包在短期与长期内均能达到促进技术进步的效应。通过 Chow 预测检验发现，服务外包对技术进步的促进关系受到了外部经济系统关系的冲击从而表现出结构性变化特征，运用状态空间模型估计两者系数在区间上的时序变化趋势，得出当经济系统传递有利信息时，服务外包对技术进步的促进作用也得到提升，而当经济系统产生出负面冲击时，服务外包对技术进步的促进作用也受到不利影响的结论。而经济系统向来呈现利好、利差不断交替转换的进程，从而对服务外包与技术进步两者关系的影响也呈现交替。但误差修正模型结果显示，经济系统内存在一种反向运行机制，使短期内的变量偏离以一定的速率迅速调整。

　　作为国际服务外包市场的重要推动力量，发达国家跨国公司在技术、知识与管理等多个方面均优于本国企业水平，因此通过承接离岸服务外包可借由竞争、人员流动、示范、"干中学"等效应促进本国技术进步。因此，应加大离岸服务外包的承接力度，促使离岸服务外包规模迅速发展，尤其是来自欧美等跨国公司的服务外包，从而使服务外包产生技术溢出的基础数量与质量都增强。另外，加快服务外包产业升级，微观企业不断进行企业承接能力的提升，促进发包方委托技术水平更高的服务外包业务。一般来说，在全球价值的构造中，承接企业所处的价值链环节越高，就越有可能与发包方共享知识与技术，从而更加直接地获知先进的生产知识与组织方式，通过提升产业水平与企业能力吸引更多的跨国公司选择中国进行发包。为此，相关产业与企业应不断增大研发投入和开放力度；服务外包企业要具有国际视野并不断向研发型转变，专注核心竞争力的挖掘；进一步通过政策利好优势促进服务外包产业聚集与发展，培育区域内的服务外包集群并形成规模和品牌效应。未来中国经济增长将进入中低速时期，整个经济过渡到一个比较艰难的调整期，但服务业比重不断上升、服务贸易逆流而上均表明服务外包产业仍存在很大空间。随着制造业产业升级及服务业水平提升，对中高档服务中间品的需求将不断扩大，因此未来中国应走出一条通过研发增强自身产业能力以不断承接离岸服务外包，同时利用离岸服务外包承接不断汲取技术的内外结合、循环生长的路径。

# 第十二章　全书总结

经过 20 多年的努力，中国服务外包取得迅速发展，成为仅次于印度的全球第二大承接国，对中国产业结构升级、大学生就业及城市科技化进程等均产生了巨大的推动效应，服务外包已日益成为中国促进经济增长的重要方式。其实，服务外包产业从体量上来看还是比较小的，2015 年全球服务外包产业额为 1.4 万亿美元左右，离岸服务外包规模 1829.8 亿美元，而 2015 年全球服务贸易出口 4.8 万亿美元，离岸服务外包仅是国际服务贸易的一小部分，与货物贸易规模的差距更大，因此从数量上来看，服务外包似乎对世界范围内经济与贸易发展的贡献有限。但服务外包之所以成为一个热点问题，国内外知名学者对此研究经久不衰，还是有很重要原因的：第一，服务外包是一种管理创新，是企业组织模式上的一次突破，在 IT 技术的支持下史无前例地扩大了企业边界。第二，因为服务外包是跨国公司进行全球布局的重要方式，而跨国公司对全球贸易与投资流动具有重要影响。通过服务外包，跨国公司可以比之前实现更好的国际化经营。第三，服务外包赖以存在的基础是 IT 技术，而这一技术仍在不断飞速发展，网络革命对经济生活造成全局影响，国家竞争、企业行业等一些经济管理活动受此影响并发生革命性转变。第四，一些发展中国家通过服务外包获得了较多的经济外溢效应，典型的如印度、爱尔兰，这些国家的成功实践对发展中国家具有很强的示范效应。第五，服务外包是服务业国际转移的集中体现，对承接国和发包国产生了重要的影响，发达国家一些产业面临就业流失的政治问题，而发展中国家通过服务外包带动了大量就业，这些影响的存在使服务外包具有一定争议。

但离岸服务外包是分工机制发展的又一次国际产业转移大潮，无法阻挡，是不以人的意志为转移的趋势。将最有效率的要素组合置于最需要的位置是人性内生追求合理与公平的本能使然。虽然在现实生活中非理性、感情因素时而战胜理性，但在大的范围内当涉及主体经济利益时理性仍是影响行为的主导原则。离岸服务外包是资本、劳动等要素与资源在国际间实现效率化配置的努力与结果。效率是人类追求的永恒主题，对效率的向往是经济行为的基础，服务外包只是这种人性上所附带的效率本能下经济运转方式中的一种。发展服务外包是全球与国内经济服务化、全球化的必然结果与体现，这一过程释放的巨大经济红利只有积极推动才能得到，因此对中国来说，积极推动服务外包产业并走向世界不失为又一个融入国际经济、获取全球化红利的良好机会。

本书主要对服务外包的两大问题展开了研究：第一个大问题是服务外包竞争力。从全球角度来看，服务外包产业竞争力，归根结底，表现为发达国家有多大意愿将服务外包交给你，跨国公司能否在你这个国家寻找到满意的服务外包企业，以及你这个国家是否有良好的服务外包产业基础生产出国内外市场所需的、性价比高的服务外包产品。可见，服务外包竞争力是一个多维概念。但就发展中国家来看，一个国家很难在这些维度上都具有国际竞争力，在某一方面具有比较优势就能获得相应的服务外包。就属地竞争力来讲，经济增长趋势及制度环境是重要的吸引条件，中国能成为服务外包大国主要在于经济增长得以预期，在经济增长势能带动下人口、产业及城市均得到巨大提高，为服务外包参与全球价值链奠定了坚实基础。而印度之所以执世界服务外包产业之牛耳，民主制度与英语环境是最关键因素。服务外包竞争力的最终落脚点还是企业，但企业竞争力也是一个包含复杂内涵的综合体，企业实际上是一系列反映本国经济、政治、文化及政策等具有多大成功的直接成果。中国服务外包企业能否提供性价比优于印度、爱尔兰等国的服务外包业务，往往还取决于企业自身之外的诸多因素。因此，提高中国服务外包竞争力的政策抓点就是培育一批具有国际承接实力的服务外包企业，发挥大企业引领开拓的作用并形成"大带小"的企业合作网络格局。为此，我们应不断反思什么样的政策与制度环境才能使服务外包企业获得高质量成长。最近几年，国家在资金扶持、政策优惠、培训补贴、财税减免等方面做出了很大努力，中国的服务外包产业也不负众望，成为仅次于印度的第二大服务外包国。但也应清楚地意识到，目前中国服务外包企业规模偏小、利润率低的深层次原因还在于服务外包企业不够强大。而客观情况是，企业的发展日益受到落后行政管理思维的掣肘，一些源自体制性的细节性社会管理问题，如签证、子女教育、户口等难题对国际、国内人才要素资源的流动还不是十分有利。为此，中国应在加强市场经济体制进一步推进的同时，快速修正不合时宜的行政与治理措施，为包括服务外包企业在内的所有企业提供一个公平正义的发展环境。

第二个大问题是服务外包的经济效应。服务外包的发展对东道国具有哪些经济上的好处，这是国内外学者经常讨论的话题。服务外包竞争力的提高显然有利于促进这些经济效应的发挥。服务外包作为国际产业转移与国际贸易的新形式，进一步完善了全球产业分工体系，服务生产要素逐渐在全球实现优化配置，与有形商品生产要素一样各国依靠比较优势在全球价值链中承接各自角色。本书从三个方面探讨了服务外包对中国的经济益处：一是服务外包与产业升级之间的关系。对此，有些国内学者从产品内分工角度出发探讨了服务外包促进产业升级的机理，认为服务外包有利于促进中国产业升级；也有一些观点认为服务外包不足以引起较大的产业升级，仍需通过工业化带动服务业实现有基础的产业升级。本书通过变量测算及实证分析检验了服务外包与产业升级具有较高的灰色关联度，从而说明服务外包有利于促进产业升级。二是服务外包的就业促进效应。服务外包有在岸和离岸之分，离岸外包又可分为对外发包与对外接包两个方向。作为一个正在兴起的现代产业，由分工导致并促进更深入的分工，对就业的影响是必然的。许多传统行业开始尝试将原先内置的业务交由第三方公司来完成，在这一客观趋势推动下，服务外包企业得到不断发展，相对较高的工资及产业壮大对其他行业的就业产生一定的"虹吸效应"。规模的扩大也能缓解服务外包导致效率提高而产生的就业替代效应。因此，从总体来看，服务外包能有效地促进就业，本书实证研究结果也支持了这一观点。三是服务外包的技术溢出效应。国际上有关国际投资贸易领域中可能存在的国际技术溢出问题早已得到学者们的关注。随着服务外包体量的增大，有关服务外包的技术溢出研究逐渐开展。许多学者从东道国角度出发探讨了承接国际服务外包能否为东道国带来显著的技术进步效应。与制造业国际产业转移一样，大多数学者持认同观点，也有一些持不赞成态度。但从实践层面来看，承接服务外包的企业在工作效率、人文环境及公司文化等方面均好于仅做国内业务的公司。而且，发达国家是世界研发的最主要来源地，新科技、新产品、新模式大多产生于这些国家，尤其是G7国家对世界新技术的贡献最大。发展中国家企业与高于它们的发达国家企业保持业务关系肯定会获得诸多业绩之外的好处，这是通过直觉就可得到的判断，本书实证检验结果也显示离岸服务外包与技术进步之间呈正相关，说明服务外包具有较显著的技术溢出效应。但也应注意到，发展中国家的服务外包也有可能长期被绑定于低技术产业链环节，单纯地依靠技术溢出显然不现实，谁也不可能偏激到不进行自主研发的地步，通过增强自主核心竞争力并与技术溢出形成良性循环，才能成功跳向全球价值链高阶区段。

# 参考文献

艾明、侯志翔：《西安服务外包竞争力实证研究——基于 16 个服务外包基地城市的比较研究》，《经济问题》2010 年第 8 期。

白瑜婷：《服务外包的出口效应——基于制造业生产率差异的门限回归》，《国际贸易问题》2014 年第 7 期。

陈若愚、郑玲：《企业承接离岸 IT 服务外包的能力评估指标体系研究》，《商业经济》2011 年第 23 期。

陈银娥、魏君英：《国际服务外包对中国就业结构的影响分析——基于 1997~2007 年时间序列数据的计量检验》，《中国人口科学》2010 年第 2 期。

陈仲常、马红旗：《我国制造业不同外包形式的就业效应研究——基于动态劳动需求模型的实证检验》，《中国工业经济》2014 年第 4 期。

崔萍：《承接离岸服务外包的劳动力就业效应分析——基于服务外包示范城市的实证检验》，《广东外语外贸大学学报》2015 年第 2 期。

邓聚龙：《灰色控制系统》，华中理工大学出版社 1995 年版。

对外经贸大学课题组：《国际服务外包发展趋势与中国服务外包业竞争力》，《国际贸易》2007 年第 8 期。

鄂丽丽：《服务外包竞争力影响因素研究：基于中国的分析》，《经济问题探索》2008 年第 3 期。

方慧、马玉秀、于文华：《中国承接国际服务外包的就业效应研究》，《山东财政学院学报》2013 年第 6 期。

官华平、周建农：《基于因子分析的区域金融服务外包竞争力分析》，《国际经贸探索》2010 年第 11 期。

郭利华、李海霞：《上海金融服务外包发展竞争力分析》，《国际金融研究》2013 年第 7 期。

何骏：《中国发展服务外包的动因、优势与重点》，《财经科学》2008 年第 5 期。

何平、闵庆飞、王建军：《IT 服务外包承接商能力识别与评价研究》，《信息系统学报》2012 年第 1 期。

何文章、郭鹏：《关于灰色关联度中的几个问题的讨论》，《数理统计与管理》1999 年第 6 期。

胡剑波、任亚运：《爱尔兰自由贸易园区服务外包发展研究》，《经济体制改革》2015 年第 5 期。

华迎、孟环宇：《我国服务外包产业竞争力研究》，《国际经济合作》2012 年第 4 期。

黄健康、孙文远：《后发国家基于服务外包的产业升级风险及规避路径》，《现代经济探讨》2011 年第 5 期。

姜荣春、江涛：《印度服务外包启示中国》，《服务外包》2014 年第 10 期。

姜荣春、刘绍坚：《后危机时代中国服务外包产业发展的机遇、挑战及路径选择》，《国际贸易》2010 年第 7 期。

江小涓、李辉：《服务业与中国经济：相关性和加快增长的潜力》，《经济研究》2004 年第 1 期。

赖明勇、包群、彭水军、张新：《外商直接投资与技术外溢：基于吸收能力的研究》，《经济研究》2005 年第 8 期。

李辉：《爱尔兰服务外包产业发展的经验》，《全球化》2014 年第 4 期。

〔美〕理查德·蔡斯、罗伯特·雅各布斯、尼古拉斯·阿奎拉诺：《运营管理》，机械工业出版社 2007 年版。

刘磊：《中国服务外包业的经济学解析》，《财经科学》2012 年第 3 期。

刘琼：《在世界的舞台上华丽转身——访文思海辉技术有限公司首席营销官吴建》，《软件与信息服务》2014 年第 4 期。

刘绍坚：《承接国际软件外包的技术外溢效应研究》，《经济研究》2008 年第 5 期。

刘思峰、党耀国：《灰色系统理论及其应用》，科学出版社 2004 年版。

刘艳：《发展中国家承接离岸服务外包竞争力的决定因素》，《经济经纬》2010 年第 1 期。

刘志彪：《服务业外包与中国新经济力量的战略崛起》，《南京大学学报》（哲学、人文科学、社会科学版）2007 年第 4 期。

刘志彪：《国际外包视角下我国产业升级问题的思考》，《中国经济问题》2009 年第 1 期。

卢建平、叶玉蕾：《服务外包：转变经济增长方式的绿色引擎》，《开发研究》2010 年第 1 期。

卢锋：《当代服务外包的经济学观察：产品内分工的分析视角》，《世界经济》2007 年第 8 期。

罗党：《灰色决策问题分析方法》，黄河水利出版社 2005 年版。

吕海霞、韩健：《我国主要省份软件企业竞争力比较研究》，《经济纵横》2015 年第 6 期。

马方、王铁山、郭得力、毛凤霞：《中国服务外包产业集聚与协同创新研究——以软件与信息服务外包业为例》，《经济问题探索》2012 年第 7 期。

马振华、黄玉杰、韩瑞香：《服务外包风险：控制机制与实证分析》，《国际经济合作》2015 年第 4 期。

［美］迈克尔·波特：《竞争优势》，陈小悦译，华夏出版社 1997 年版。

裴长洪：《全球治理视野的新一轮开放尺度：自上海自贸区观察》，《宏观经济》2013 年第 12 期。

阙澄宇、柴渊哲：《中印承接国际服务外包竞争力比较研究》，《财经问题研究》2010 年第 8 期。

阙澄宇、郑继忠：《服务外包的技术外溢效应研究——基于大连市软件外包行业的分析》，《国际贸易问题》2010 年第 6 期。

任志成、张二震：《承接国际服务外包的就业效应》，《财贸经济》2008 年第 6 期。

任志成、张二震：《承接国际服务外包、技术溢出与本土企业创新能力提升》，《南京社会科学》2012 年第 2 期。

尚庆琛：《我国服务外包企业国际竞争力与创新战略研究——基于 21 个示范城市的调查》，《科技进步与对策》2014 年第 24 期。

沈鹏熠、王昌林：《我国企业承接离岸服务外包竞争力评价体系研究》，《中国科技论坛》2012 年第 4 期。

宋丽丽、薛求知：《国际服务外包供应商选择影响因素研究——基于在华服务承接企业的实证分析》，《财贸经济》2009 年第 8 期。

舒凯：《建设全球服务外包强国——专访商务部国际贸易经济合作研究院副院长李钢》，《服务外包》2016 年第 4 期。

苏娜：《江苏承接服务外包竞争力的综合评价：1999–2011》，《科技与经济》2013 年第 12 期。

孙洁、陈建斌、沈桂兰:《全球价值链下 IT 服务外包企业能力的评价指标体系研究》,《管理现代化》2014 年第 1 期。

孙林岩、李刚、江志斌等:《21 世纪的先进制造模式——服务型制造》,《中国机械工程》2007 年第 19 期。

孙晓琴:《我国服务外包城市竞争力评价研究》,《国际经贸探索》2008 年第 7 期。

谭力文、田毕飞:《美日欧跨国公司离岸服务外包模式的比较研究及启示》,《中国软科学》2006 年第 5 期。

田民、刘思峰、卜志坤:《灰色关联算法模型的研究综述》,《统计与决策》2008 年第 1 期。

王根蓓、赵晶、王慧敏:《中国服务外包基地城市竞争力的演化》,《经济与管理研究》2011 年第 1 期。

王江、王丹:《新形势下北京服务外包的竞争力评价及发展前景》,《国际商务》(对外经贸大学学报) 2012 年第 5 期。

王晓红:《中国承接国际设计服务外包的技术外溢效应研究》,《财贸经济》2008 年第 8 期。

王晓红:《新一轮服务业离岸外包的理论分析》,《财贸经济》2007 年第 9 期。

王晓红:《全球服务外包发展现状及最新趋势》,《国际贸易》2011 年第 9 期。

王晓红:《制造业与服务业融合发展的六大趋势》,《中国经济周刊》2014 年 7 月 1 日。

王晓红、于倩:《全球经济治理视野的服务外包产业转型》,《改革》2016 年第 4 期。

王中华、梁俊伟:《国际服务外包、就业与工薪差距:基于中国工业行业数据的实证分析》,《经济经纬》2012 年第 1 期。

魏浩、黄皓骥:《服务外包与国内就业:基于全球 15 个国家 25 个行业的实证分析》,《国际贸易问题》2012 年第 5 期。

武晓霞、任志成:《人力资本与服务外包中的技术外溢——基于江苏省的实证研究》,《经济与管理研究》2010 年第 7 期。

夏杰长:《中国应实施生产性服务业优先发展战略》,《21 世纪经济报道》2012 年 10 月 18 日。

夏炎德:《欧美经济史》,生活·读书·新知三联书店 1991 年版。

徐姗:《基于离岸服务外包的就业效应与技术扩散国外研究综述及展望》,

《国际贸易问题》2013 年第 1 期。

徐兴锋：《印度、爱尔兰软件产业扶持政策及其对我国的启示》，《国际贸易》2007 年第 5 期。

杨波、殷国鹏：《中国 IT 服务外包企业能力研究》，《管理学报》2010 年第 2 期。

杨继军、张如庆、张二震：《承接国际服务外包与长三角产业结构升级》，《南京社会科学》2008 年第 5 期。

杨圣明：《当代世界服务业发展新趋势》，《经济学动态》2008 年第 9 期。

杨学军、曾国军：《影响服务外包承接地竞争力的因子分析——基于示范城市软件外包企业的问卷调查》，《科技管理研究》2011 年第 20 期。

姚星、李彪、吴钢：《服务外包对服务业全要素生产率的影响机制研究》，《科研管理》2015 年第 4 期。

姚战琪：《工业和服务外包对中国工业生产率的影响》，《经济研究》2010 年第 7 期。

殷国鹏、杨波：《服务外包的供应商能力研究——基于我国的现实思考》，《管理评论》2009 年第 10 期。

于立新、陈昭、江皎：《我国服务外包产业竞争力研究——基于部分试点城市的分析》，《财贸经济》2010 年第 9 期。

于晓东：《服务外包业产业集群聚集机制的理论与实证研究》，东北大学博士学位论文 2013 年。

喻美辞：《国际服务外包、技术外溢与承接国的技术进步》，《世界经济研究》2008 年第 4 期。

原小能、石奇：《服务外包与产业结构升级研讨会综述》，《经济研究》2008 年第 2 期。

原毅军、刘浩：《制造业的服务外包与技术创新效率的提升》，《大连理工大学学报》（社会科学版）2007 年第 4 期。

赵晶、王根蓓、王惠敏：《中国服务外包基地城市竞争力对离岸发包方需求决策的影响》，《经济理论与经济管理》2011 年第 10 期。

赵玻：《服务业国际转移的产业发展效应及承接对策》，《第二届中部商业经济论坛论文集》2008 年。

詹晓宁、邢厚媛：《服务外包：发展趋势与承接战略》，《国际经济合作》2005 年第 4 期。

张燕：《中印承接信息技术外包（ITO）竞争力的比较研究》，《江西财经大学学报》2008 年第 3 期。

张婷婷：《承接国际服务外包的就业效应作用机制分析》，《对外经贸实务》2010 年第 9 期。

郑吉昌、夏晴：《现代服务业与制造业竞争力关系研究——以浙江先进制造业基地建设为例》，《财贸经济》2004 年第 9 期。

祝淼：《菲律宾 ICT 离岸服务外包产业竞争力分析》，《东南亚南亚研究》2010 年第 4 期。

周昌林、魏建良：《产业结构水平测度模型与实证分析——以上海、深圳、宁波为例》，《上海经济研究》2007 年第 6 期。

朱福林：《印度服务外包竞争力影响因素分析——基于灰色关联度方法的实证》，《世界经济研究》2015 年第 5 期。

朱福林：《基于灰色关联理论视角下离岸服务外包结构与产业升级实证研究》，《科技与经济》2015 年第 2 期。

朱福林、夏杰长、胡艳君：《我国生产性离岸服务外包竞争力影响因素的实证研究》，《国际商务：对外经济贸易大学学报》，2015 年第 3 期。

朱福林、夏杰长、王晓红：《中国离岸服务外包国家竞争力及促进效应实证研究》，《商业研究》2015 年第 1 期。

朱福林、张波、王娜等：《基于熵权灰色关联度的印度服务外包竞争力影响因素实证研究》，《管理评论》2017 年第 1 期。

朱福林、赵绍全、兰昌贤：《制度质量是否影响服务外包技术溢出？——基于跨国面板数据的实证分析》，《研究与发展管理》2017 年第 2 期。

朱晓明：《服务外包——把握现代服务业发展新机遇》，上海交通大学出版社 2006 年版。

Agrawal V. and Diana F., "Who Wins in Offshoring", The McKinsey Quarterly, Special Edition: Global Directions, 2003, pp.37-41.

Alcacer J. and Oxley J., "Learning by Supplying", Strategic Management Journal, Vol.35, No.2, 2014, pp.204-233.

Amin A. and Robbins K., "Industrial Districts and Regional Development: Limits and Possibilities", in Pyke F., Becattini G. and Sengenberger, W, (eds.) Industrial Districts and Intra-firm Cooperation in Italy, Internatioal Institute for Labor Studies, 1990, pp.185-219.

Amiti M., "Location of Vertically Linked Industries: Agglomeration versus Comparative Advantage", European Economic Review, Vol.49, No.4, 2005, pp.809-832.

Amiti M. and Wei S., "Services outsourcing, Production and Employment: Evidence from the US", IMF Working Paper, 2004.

Antràs P., "Firms, Contracts, and Trade Structure", Nber Working Papers, Vol.118, No.4, 2003, pp.1375-1418.

Antras P. Garicano L. and Rossi-Hansberg E. Extensive Offshoring: The Role of Middle Management, Cambridge: Harvard University Press, 2006.

Antras P. and Helpman E., "Global Sourcing", Social Science Electronic Publishing, Vol.112, No.3, 2003, pp.552-580.

Aubert B. Rivard S. and Patry M., "A Transaction Cost Model of IT Outsourcing", Information & Management, Vol.41, No.7, 2004, pp.921-932.

Apte U. and Sobol M., "Outsourcing Practices in the USA, Japan and Finland: A Comparative Study", Journal of Information Technology, Vol.12, No.4, 1997, pp.289-304.

Ashok B., "Globalization Job Creation and Inequality, The Challenges and Opportunities on Both Sides of the Offshoring divide", 2006, http://staff.haas.berkeley.edu/offshoring/offshoring.pdf.

Atkinson R. D., "Understanding the Offshoring Challenge", Progressive Policy Institution Policy Report, May, 2004.

Bartel A. P. Lach S. and Sicherman N., "Outsourcing and Technological Change", NBER Working Paper, No.11158, 2005.

Bems R. and Johnson R. C., "Value-added Exchange Rates", NBER Working Paper, No.18498, 2012.

Bergkvist L. and Johnasson B., "Evaluating Motivational Factors Involved at Different Stages in an IS Outsourcing Decision Process", The Electronic Journal Information Systems Evaluation, Vol.10, No.1, 2007, pp.23-30.

Bhagwati J. Panagariya A. and Srinivasan T. N., "The Muddles over Outsourcing", The Journal of Economic Perspectives, Vol.18, No.4, 2004, pp.93-114.

Brainard L. and Litan R. E., "Offshoring Service Jobs: Bane or Boon and What to do", Cesifo Forum, Vol.5, No.2, 2004, pp.3-7.

Carlsson J. Nordegren A. and Sjoholm F., "International Experience and the Performance of Scandinavian Firms in China", International Business Review, Vol.14, No.1, 2005, pp.21–40.

Casani F. Luque M. A. Luque J. and Soria P., "La Problematica del Outsourcing", Economistas, Vol.72, No.14, 1996, pp.86–98.

Coase R. H., "The Nature of the Firm", Economica, Vol.4, No.16, 1937, pp.386–405.

Chang Y. Y. Gong Y. and Peng M. W., "Expa-triate Knowledge Transfer, Subsidiary Absorptive Capacity and Subsidiary Performance", Academy of Management Journal, Vol.55, No.4, 2012, pp.927–948.

Cheon M. J. Grover V. and Teng J. T. C., "Theoretical Perspectives on the Outsourcing of Information Services", Journal of Information Technology, Vol.10, No.4, 1995, pp.209–210.

Cordella Tito and Isabel Grillo., "Globalization and Relocation in a Vertically Differentiated Industry", CEPR Discussion Paper, No. 1863, 1998.

Costa C., "Information Technology Outsourcing in Australia: A Literature Review", Information Management & Computer Security, Vol.9, No.5, 2001, pp. 213–224.

Crino R. and Crinā R., "Service Offshoring and Productivity in Western Europe", Rosario Crino, Vol.6, No.35, 2008, pp.1–8.

Daft R. L., "Orgnization Theory and Design", New York: West Publishing Company, 1992.

Deardorff Alan V., "Fragmentation in Simple Trade Models", North American Journal of Economics and Finance, Vol.112, No.2, 2000, pp.121–137.

—, "Fragmentation across Cones, Research Seminar", International Economics Discussion Paper, No.427, 1998.

Dixit A. K. and Grossman G. M., "Trade and Protection with Multi-Stage Production", Review of Economic Studies, Vol.49, No.4, 1982, pp.583–594.

Dossani R., "The Origins and Growth of the Software Industry in India", Stanford University Press, 2006.

Dossani R., "Globalization and the Offshoring of Service: The Case of India", Brookings Trade Forum, No.1, 2005, pp.241–267.

Douglas M. L. Margaret A. E. and John T. G., "Building Successful Logistics Partnership", Journal of Business Logistics, Vol, 20, No.1, 1999, pp. 165-180.

Easterby -Smith M. Lyles M. A and Tsang E. W. K., "Inter -organizational Knowledge Transfer: Current Themes and Future Prospects", Journal of Management Studies, Vol.45, No.4, 2008, pp.677-690.

Ernst D. and Kim L., "Global Production Networks, Knowledge Diffusion, and Local Capability Formation", Research Policy, Vol.31, No.8-9; 2002, pp.1417-1429.

Falk M. and Koebel B. M., "Outsourcing, Imports and Labour Demand", The Scandinavian Journal of Economics, Vol.104, No.104, 2002, pp.567-586.

Fresstra R. C. and Hanson G., "Foreign investment, outsourcing and relative wages", in Feenstra R. C. Grossman G. M. and Irwin D, (eds.) The Political Economy of Trade Policy: Essays in Honor of Jagdish Bhagwati, Cambridge, MA: MIT Press, 1995, pp.89-127.

Feenstra R. C. and Hanson G. H., "Globalization, Outsourcing, and Wage Inequality", American Economic Review, Vol.86, No.2, 1996, pp.240-245.

—, "The Impact of Outsourcing and High Technology Capital on Wages: Estimates for the United States, 1979-1990", Quarterly Journal of Economics, Vol.114, No.3, 1999, pp.907-940.

Feeny D. Willcocks L. P. and Lacity M. C., "Taking the measure of outsourcing providers", MIT Sloan Management Review, Vol.46, No.3, 2005, pp.41-48.

Fitzgerald G. and Willcocks L. P., "Contracts and Partnerships in the Outsourcing of IT", Proceedings of the 15th International Conference on Information Systems, Vancouver, Canada, 1994, pp.91-98.

Fresstra R. and Hanson G., "Foreign Investment, Outsourcing and Relative Wages", in Feenstra R. C. Grossman G. M. and Irwin D., (eds.) The Political Economy of Trade Policy: Essays in Honor of Jagdish Bhagwati, Cambridge, MA: MIT Press, 1995, pp.89-127.

Gereffi G., "The Organization of Buyer-driven Global Commodity Chains: How U. S. Retailers Shape Overseas Production Networks", in Gary Gerffi and Miguel Korzeniewicz, (eds.) Commodity Chains and Global Capitalism, London:

Praeger Press, 1994, p.97.

—, "A Commodity Chains Framework for Analyzing Global Industries", American Behavioral Scientist (1999), http: //www.ids.ac.uk/ids/global/pdfs/gereffi.pdf.

Girma G. and Gorg H., "Foreign Ownership, Returns to Scale and Productivity: Evidence from UK Manufacturing Establishments", Cepr Discussion Papers, Vol.12, No.5, 2003, pp.817–832.

Gorg H. and Hanley A., "International Outsourcing and Productivity: Evidence from the Irish Electronics Dndustry", The North American Journal of Economics and Finance, Vol.16, No.2, 2005, pp.255–269.

Grossman M. G. and Helpman E., "Outsourcing in a Global Economy", Review of Economic Studies, Vol.72, No.1, 2005, pp.135–159.

Grossman M. G. and Helpman E., "Integration versus Outsourcing in Industry Equilibrium", The Quarterly Journal of Economics, Vol.117, No.1, 2002, pp.85–120.

Grossman G. M., Helpman E. and Szeidl A., "Optimal Integration Strategies for the Multinational Firm", Journal of International Economics, Vol. 70, No. 70, 2004, pp.216–238.

Grossman G. M. and Rossi-Hansberg E., "Trading Tasks: A Simple Theory of Offshoring", American Economic Review, Vol.98, No.5, 2006, pp.1978–1997.

Hancox M. and Hackney R., "Information Technology Outsourcing: Conceptualizing Practice in the Public and Private Sector", Proceedings of the 32# Annual Hawaii International Conference on Systems Sciences, Hawaii, 1999, pp.183–191.

Helliwell J. F., "Economic Growth and Social Capital in Asia", Mathematical Methods in the Social Sciences, No.1049, 1996, pp.76–95.

Helpman E. and Krugman P. R., "Market Structure and Foreign Trade", MIT Press, Cambridge, 1985.

Henri L. E., "Macroeconomic Consequences of Outsourcing", De Economist, Vol.149, No.1, 1998, pp.33–51.

Hijzen A., Inui T. and Yasuyuki Todo., "Does Offshoring Pay? Firm-level Evidence from Japan", Discussion Papers, Vol.48, No.4, 2010, pp.880-895.

Javalgi R. G. Joseph W. B. Granot E. and Gross A. C., "Strageties for Sustaining the Edge in Offshore Outsourcing of Services: The Case of India", Journal of Business & Industrial Marketing, Vol.28, No.6, 2013, pp.475-486.

Jones R. W., "A Framework for Fragmentation", Tinbergen Institute Discussion Papers, 2000, pp.17-34.

Johanson J. and Vahlne J., "The Internationalization Process of the Firm: A Model of Knowledge Development and Increasing Foreign Commitments", Journal of International Business Studies, Vol.8, No.1, 1977, pp.23-32.

John H. and Hubert S., "Governance and Upgrading: Linking Industrial Cluster and Global Value Chain Research", IDS Working Paper, No.120, 2000.

Jones, R. W. and Kierzkowski, H. "The Role of Services in Production and International Trade: A Theoretical Frameword", in Jones, R. and Krueger, A. (Eds.), The Political Economy of International Trade: Essays in Honor of Robert E. Baldwin, Basil Blackwell, Oxford, 1990, pp.31-48.

Jones, R. W. and Kierzkowski, H. (2000). Globalization and the consequences of international fragmentation. In R. Dornbush, G. Calvo, & M. Obstfeld (Eds.), *Money, factor mobility and trade: A festschrifu in honor of Robert A. Mundell.* Cambridge, MA: MIT Press.

Kang M. Kim H. H. Lee H. and Lee J., "Regional Production Networks, Service Offshoring, and Productivity in East Asia", Japan & the World Economy, Vol.22, No.3, 2010, pp.206-216.

Karen T., "The Element of a Successful Logistics Partnership", International Journal of Physical Distribution & Logistics Management, Vol.26, No. 3, 1996, pp.7-13.

Karthik H., "Global Trends in Outsourcing/Offshoring", UNCTAD Meetings Presentation Panel A: Outsourcing Becoming a Necessity More than a Need, 2013.

Keiko Ito and Tanaka K., "Does Material and Service Offshoring Improve Domestic Productivity? Evidence from Japanese Manufacturing Industries", Discussion Papers, 2010, pp.49-99.

Klepper R. and Jones W. O., "Outsourcing Information Technology Systems &

Services", NJ: Prentice Hall, 1998.

Koh C. Ang S. and Straub D., "IT Outsourcing Success: A Psychological Contract Perspective", Information Systems Research, Vol.15, No.4, 2004, pp.356–373.

Kohli R. and Grover V., "Business Value of IT: An Essay on Expanding Research Directions to Keep Up with the Times", Journal of the Association for Information Systems, Vol. 9, No.1, 2008, pp.60–69.

Kotabe M. and Omura G. S., "Sourcing Strategies of European and Japanese Multinationals: A Comparison", Journal of International Business Studies, Vol.20, No.1, 1989, pp.113–130.

Kotabe M. and Swan K. S., "Offshore Sourcing: Reaction, Maturation, and Consolidation of U.S. Multinationals", Journal of International Business Studies, Vol.25, No.1, 1994, pp.115–140.

Karen T., "The Element of a Successful Logistics Partnership", International Journal of Physical Distribution & Logistics Management, Vol.26, No.3, 1996, pp.7–13.

Krugman P. R., "Scale Economics, Product Differentiation, and the Pattern of Trade", American Economic Review, Vol.70, No.5, 1980, pp.950–959.

Lacity M. C. and Hirschheim R. A., "Information Systems Outsourcing: Myths, Metaphors, and Realities", Chichester: Wiley, 1993.

Lacity M. and Willcocks L., "Global Information Technology Outsourcing: Search for Business Advantage", Chichester: Wiley, 2001.

Lee R. P., Johnson J. L. and Grewal R., "Understanding the Antecedents of Collateral Learning in New Product Alliances", International Journal of Research in Marketing, Vol.25, No.3, 2008, pp.192–200.

Leonardi P. M. and Bailey D. E., "Transformational Technologies and the Creation of New Work Practices: Making Implicit Knowledge Explicit in Task–Based Offshoring", Mis Quarterly, Vol.32, No.2, 2006, pp.411–436.

Levina N. and Ross J., "From the Vendor's Perspective: Exploring the Value Proposition in Information Technology Outsourcing", MIS Quarterly, Vol.27, No.3, 2003, pp.331–364.

Lewin A. Y., Perm–Ajchariyawong N. and Russell J., "Taking Offshoring to the

Next Level: The 2009 Offshoring Research Network Corporate Client Survey Report", Research Report R-1473-11-RR, 2009.

Levy D. L., "Offshoring in the New Global Political Economy", Journal of Management Studies, Vol.42, No.3, 2005, pp.685-693.

Loh L. and Venkatraman N., "Diffusion of Information Technology Outsourcing Influence Sources and the Kodak Effect", Information Systems Research, Vol.3, No.4, 1992, pp.334-358.

——, "Stock Market Reaction to IT Outsourcing: An Event Study", MIT Working Paper, 1992.

Long N., "Outsourcing and Technology Spillovers", International Review of Economics and Finance, No.14, 2005, pp.297-304.

Mann C. L., "Globalization of IT Services and White Collar Jobs: The Next Wave of Productivity Growth", International Economics Policy Briefs, No. PB03-11, 2003.

Markusen J. R., "Trade in Producer Services and in Other Specialized Intermediate Inputs", The American Economic Review, Vol.79, No.1, 1989, pp.85-95.

McLaren J., "Globalization and Vertical Structure", American Economics Review, Vol.90, No.5, 1996, pp.1239-1254.

Melitz M. J., "The Impact of Trade on Intra-industry Reallocations and Aggregate Industry Productivity", Econometrica, Vol.71, No.6, 2002, pp.1695-1725.

Mohiuddin M., "Towards Sustainable Offshoring Outsourcing: An Empirical Study on Canadian Manufacturing Small and Medium Size Firms", Laval University Doctorate Paper, Quebec, Canada, 2014.

Mol M. J., Tulder R. J. M. V. and Beije P. R., "Antecedents and Performance Consequences of International Outsourcing", International Business Review, Vol.14, No.5, 2005, pp.599-617.

Mohr J. and Spekman R., "Characteristics of Partnership Success: Partnership Attributes, Communication Behavior, and Conflict Resolution Techniques", Strategic Management Journal, Vol.15, No.2, 1994, pp.135-152.

Morris B. M., "A Handbook for Value-chain Research", MIMEO, International Development Research Centre. (Kimani P. M, 2001), http://www.ids.ac.uk/ids/ global/pdfs/vchnov01.pdf.

Mudambi R. and Swift T., "Multinational Enterprises and the Geographical Clustering of Innovation", Industry and Innovation, Vol.19, No.1, 2012, pp.1–12.

Ngo Van Long, "Outsourcing and Technology Spillovers", International Review of Economics and Finance, Vol.14, No.3, 2005, pp.297–304.

Nilay V. Tracy H. Austen R. and Susan G., "Trust in Software Outsourcing Relationships: An Empirical Investigation of India Software Companies", Information and Software Technology, Vol 48, No.5, 2006, pp.345–354.

Nunn N., "Relationship–specificity, Incomplete Contracts and the Pattern of Trade", The Quarterly Journal of Economics, Vol.122, No.2, 2007, pp.569–600.

Olsen K. B., "Productivity Impacts of Offshoring and Outsourcing: A Review", OECD Science, Technology and Industry Working Papers, No.1, 2006.

Pack H. and Saggi K., "Vertical Technology Transfer via International Outsourcing", Journal of Development Economics, No.65, 2001, pp.389–415.

Prahalad C. K. and Hamel., "The Core Competence of the Corporation", Harvard Business Review, 1990 (March–April), pp.79–91.

Quelin B. and Duhamel F., "Bringing Together Strategic Outsourcing and Corporate Strategy: Outsourcing Motives and Risks", European Management Journal, Vol.21, No.5, 2003, pp.647–666.

Robinson M. and Kalakota R., "Offshoring Outsourcing: Business, ROI and Best Practices", Mivar Press, 2004.

Rodriguez E. T. and Robaina P. V., "A Review of Outsourcing from the Resource-based View of the Firm", International Journal of Management Reviews, Vol.8, No.1, 2006, pp.49–70.

Rothery B. and Robertson I., "The Truth about Outsourcing", Design & Test of Computers IEEE, Vol.22, No.1, 1996, pp.12–13.

Sanchez R., "Strategic Product Creation: Managing New Interactions of Technology, Markets, and Organizations", European Management Journal, Vol.14, No.2, 1996, pp.121–138.

Shelp R., The Role of Service Technology Developments in Service Industries and Economic Development—Case Studies in Technology Transfer, New York: Praeger Publishers, 1984, pp.1–17.

Subhajyoti B. and Praveen P., "Knowledge Sharing and Cooperation in Outsourcing Projects: An Game Theoretic Analysis", Decision Support Systems, Vol.43, No.2, 2007, pp.349–358.

Sundbo J. and Gallouj F., "Innovation as a Loosely Coupled System in Services", International Journal of Services Technology and Management, Vol.1, No.1, 2000, pp.153–184.

Schwartz S. H., "A Theory of Culture Values and Some Implications for Work", Applied Psychology: An International Review, Vol.48, No.1, 1999, pp.23–47.

Teng J. Cheon M. and Grover V., "Decisions to Outsource Information Systems Functions: Testing a Strategy-theoretic Discrepancy Model", Decision Sciences, Vol.26, No.1, 1995, pp.75–103.

Tracy L. T. and David J. U., "An Expanded Model of Business-to-Business Partnership Formation and Success", Industrial Marketing Management, Vol. 30, No.2, 2001, pp.149–164.

Tyler B. B. and Steensma H. K., "Evaluating Technological Collaborative Opportunities: A Cognitive Modeling Perspective", Strategic Management Journal, Vol.16, No.16, 1995, pp.43–70.

Uffelen R. L. M. V. and Groot N. S. P. D., "Floriculture Worldwide; Patterns in Production, Trade and Consumption", Paper for Apo Seminar on Development of Sustainable Commercial Floriculture, 1998.

Vitasek K. and Manrodt K., "Vested Outsourcing: A Flexible Framework for Collaborative Outsourcing", Strategic Outsourcing: An International Journal, Vol.5, No.1, 2012, pp.4–11.

Yeats A. J., "Just How Big is Global Production Sharing?", in Arndt, S. W. and H. Kierzkowski, (eds.) Fragmentation, New Production Patterns in the World Economy, 2001, pp.108–143.

Zaheer S., "Overcoming The Liabilities of Foreignness", Academy of Management Journal, Vol.38, No.2, 1995, pp.341–363.

# 索　引

## 英文字母

**E**

俄罗斯　1，48，103，130，168，169，
170，171，183，187，188，189，190，
192

**F**

菲律宾　1，33，34，48，49，54，55，
72，80，82，86，117，155，168，169，
170，179，180，181，182，183，187，
188，190，192，212，222，224，272

服务贸易　1，4，8，15，19，24，25，
26，33，34，35，36，39，40，45，49，
57，60，62，63，64，65，86，87，93，
104，107，112，115，118，169，171，
176，184，199，200，213，217，223，
225，229，237，238，243，250，261，
263

服务外包　1，2，3，4，5，6，7，8，9，
10，11，12，13，14，15，16，17，18，
20，21，22，23，24，25，26，27，28，
29，30，31，33，34，35，36，37，39，
41，42，43，44，45，46，47，48，49，
50，51，52，53，54，55，57，58，59，
61，63，64，65，66，67，68，69，70，
71，72，73，74，75，77，78，79，80，
81，82，83，84，85，86，87，88，89，
90，91，92，93，94，95，96，97，98，
99，100，101，102，103，104，105，
106，107，108，109，110，111，112，
113，114，115，116，117，118，119，
120，121，122，123，124，125，126，
127，128，129，130，131，132，133，
134，135，136，137，138，139，140，
141，142，143，144，145，146，147，
148，149，150，151，152，153，154，
155，156，157，158，159，160，161，
162，163，164，165，166，167，168，
169，170，171，172，173，174，175，
176，177，178，179，180，181，182，
183，184，185，186，187，188，189，
190，191，192，193，194，195，196，
197，198，199，200，201，202，203，
204，205，206，207，208，209，210，
211，212，213，214，215，216，217，
218，219，220，221，222，223，224，
225，226，227，228，229，230，231，
232，233，234，235，236，237，238，
239，240，241，242，243，244，245，
246，247，248，249，250，251，252，
253，254，255，256，257，258，259，
260，261，263，264，265，266，267，
268，269，270，271，272

服务外包竞争力　3，4，5，6，7，8，49，
77，79，80，81，83，84，86，87，88，
89，90，91，96，97，99，100，101，
103，104，105，107，109，111，112，
168，184，187，188，190，191，192，
195，197，212，218，264，265，267，
269，272

服务外包率　227，228，229，230，250，
251，252，258

**G**

国际分工理论　15，16

## H

灰色关联　4，88，89，90，91，92，93，
94，95，96，97，197，199，200，201，
202，203，206，213，215，217，218，
265，268，270，272

## J

计量　4，5，6，8，105，109，111，224，
245，251，252，253，254，255，256，
267

技术进步　7，29，80，208，242，243，
245，248，252，253，254，255，256，
257，258，259，260，265，266，271

技术溢出　3，4，5，6，7，30，86，96，
104，144，173，208，243，244，245，
247，249，253，254，257，259，260，
265，266，269，272

交易成本理论　17，21

结构方程模型　6，147，148，149，150，
153，154

经济服务化　4，23，34，37，39，44，
47，60，93，96，175，179，242，257，
264

经济全球化　18，23，37，45，155，167，
168，171，172，182，205，238，242

经济效应　3，4，5，6，7，8，28，45，
125，139，181，229，243，265

竞争力　2，3，4，5，6，7，8，13，14，
19，21，23，28，34，35，36，49，51，
52，55，58，59，65，70，72，73，74，
77，78，79，80，81，83，84，85，86，
87，88，89，90，91，92，93，94，95，

96，97，98，99，100，101，102，103，
104，105，106，107，108，109，110，
111，112，113，114，115，116，117，
118，119，120，121，122，123，124，
125，126，127，128，129，130，131，
132，133，134，135，136，137，138，
139，140，141，142，143，144，145，
146，147，148，149，150，151，152，
153，154，157，162，164，167，168，
169，171，173，179，181，183，184，
187，188，189，190，191，192，193，
194，195，196，197，199，201，209，
210，212，218，221，238，242，245，
246，260，264，267，268，269，270，
271，272

就业流失　223，263

## L

离岸服务外包　2，3，6，13，14，16，22，
26，27，31，33，34，43，44，48，49，
55，59，70，71，72，73，74，75，76，
77，78，80，86，87，88，91，92，93，
95，96，97，98，99，100，101，102，
103，104，105，106，107，111，116，
119，122，128，129，130，156，162，
164，167，168，172，178，179，180，
181，184，199，200，201，202，203，
205，206，212，215，217，218，221，
224，225，227，228，229，232，234，
238，239，241，242，243，245，247，
248，249，251，253，254，255，257，
258，259，260，261，263，264，266，
267，268，269，270，272

# 后　记

　　时间转瞬，岁月匆匆，不觉间已近不惑之年。不知道以后还有多少次写致谢的可能，所以尽量抓住每一次机会展开内心表达。我于 1979 年出生于皖南小镇的一个六口之家，上面有两个姐姐、一个哥哥，我最小。由于有年龄优势，受到家里百般照顾。小时候有什么好吃的都尽量依着我，那时家里并不富裕，零食很少，于是"家庭战争"在所难免。现如今长年在外工作，通常每年只有过年的时候才回老家，但每次回家都感觉很好，那是一个让我不断重新找到生活信心的地方。家人中数我读书时间最长，之后又在学校教书，从七岁到三十七岁都在学校度过，家人一致认为我最幸福。但每一个在外漂过的人都有一些感慨唏嘘的经历。2003 年本科毕业去上海找工作，不怎么如意。那时候大学毕业后再也不好意思继续问家里要钱，只能省吃俭用，同时为考研做着准备。2004 年曾吃过好几个月的馒头与咸菜，过年回家时骨瘦如柴，父母看到心疼不已。当然这些不堪经历与真正吃过苦的父辈们相比真是小巫见大巫。

　　2008 年，来到首都北京，参加博士考试，考完留下来一边打工、一边等成绩公布，住了四个月的地下室，记忆深刻。可能是运气来了，考试通过，于是进入中国社会科学院研究生院攻读博士学位。读博期间，对我来说，印象最深的是和小伙伴们一起打篮球的时光，炎夏大中午的高温也阻挡不了我们在操场挥汗如雨。那时也不知道自己将来要做什么，对未来职业也没什么清晰的规划，走一步算一步，毕业后才发现自己成果太少，好一点的论文也拿不出来，几乎没什么竞争力。当时听老师们说要多读些经典，我也去图书馆借了几本经济学英文原著在宿舍"啃读"，比较完整地读了斯密的《国富论》和《道德情操论》，还对米塞斯通过人类行为分析阐述资本主义市场自由精神比较有印象。

　　对很多人来说，博士毕业论文的写作是日后研究生涯的基础。当时在博士论文开题报告中本想加入服务外包这一内容，但导师们认为服务外包与服务贸易毕竟是两回事，两者只能取一，否则文章内容不好掌控，题目最终定为《中国服务贸易外溢效应研究》，旨在研究服务贸易对中国经济增长的溢出效应及影响机制。那时对服务贸易、服务外包这两个概念还不是很了解，感觉没有把服务外包囊括进来还觉得有些可惜。但现在看来，这完全是两个不同的专题领域。虽有很多重叠，而且服务外包本身就是服务贸易的一种方式，但两者的微观运作机理的确有很大不同。服务贸易更多的是从宏观经济角度展开，而服务外包则需要深入到企业组织层面去剖析。幸好有导师的宏观把握，否则我的博士毕业论文不知会写成什么样。

2011 年正式进入高校工作，至今已有六年，在经历一些不愉快的事之后，自己的心态逐渐放平。有时反而会感谢曾经那些不愉快的经历。现在只想把自己该做的事尽力做好一点。2012 年在韩国做访问学者一年时间的切身感受，让我对经济基础与上层建筑之间的逻辑关系产生了不同常规的设想。2014 年 6 月进入特华博士后科研工作站开始研究服务外包问题并顺利出站。临近 2017 年新年时，这本书的写作也接近完成。2018 年 2 月 1 日，正式调离高校进入商务部研究院工作。

在本书出版之际，感谢家人始终如一的支持，感谢中国社科院导师们的指导与教诲，感谢原先学院领导与同事的殷切关怀和热心帮助，感谢朋友、同学等的无私奉献，感谢经济管理出版社的编辑老师们，感谢将来生命中遇到的各位，感恩所有。

# 专家推荐表

**第七批《中国社会科学博士后文库》专家推荐表 1**

| 推荐专家姓名 | 杨圣明 | 行政职务 | 原所长 |
|---|---|---|---|
| 研究专长 | 国际服务贸易 | 电 话 | |
| 工作单位 | 中国社科院财经战略研究院 | 邮 编 | |
| 推荐成果名称 | 全球价值链背景下中国服务外包产业竞争力测算及溢出效应研究 | | |
| 成果作者姓名 | 朱福林 | | |

　　（对书稿的学术创新、理论价值、现实意义、政治理论倾向及是否达到出版水平等方面做出全面评价，并指出其缺点或不足）

　　本书从服务外包含义剖析出发，论述了服务外包的产生过程、成因、作用及风险等基本问题，对世界经济服务化发展背景下国际服务外包发展趋势进行了分析。本书从宏观、城市及企业三个方面对中国服务外包竞争力进行了定性与定量研究。基于问卷调研数据对中国服务外包企业竞争力现状进行了分析与总结，并对相关问题运用实证方法进行了研究。在此基础上，本书对中国服务外包的经济效应进行了论述，运用实证方法对服务外包与就业促进、产业升级及技术溢出之间的影响关系进行了验证。最后，全书给出了总结论并提出相应的政策建议。综合来看，本书对服务外包相关问题进行了较为独到的论述，具有一定的学术创新价值与实践意义。但在一些方面论述还可以进一步拓展，比如服务外包技术溢出方面的探讨可增加企业微观层面的分析，案例分析部分应更好地结合前期研究发现。

　　总体来看，本书在查阅大量文献、收集与处理数据、实证分析方面均做出了不少尝试，就专题问题运用模型进行分析，具有良好的学术参考价值。全书内容安排合理，逻辑性强，文字流畅，数据来源清晰，实证分析严谨，政治倾向正确，达到学术著作出版要求。推荐其入选《中国社会科学博士后文库》。

签字：杨圣明

2018 年 1 月 20 日

---

**说明：**该推荐表由具有正高职称的同行专家填写。一旦推荐书稿入选《博士后文库》，推荐专家姓名及推荐意见将印入著作。

## 第七批《中国社会科学博士后文库》专家推荐表 2

| 推荐专家姓名 | 夏杰长 | | 行政职务 | 副院长 |
|---|---|---|---|---|
| 研究专长 | 服务经济学 | | 电　话 | |
| 工作单位 | 中国社科院财经战略研究院 | | 邮　编 | |
| 推荐成果名称 | 全球价值链背景下中国服务外包产业竞争力测算及溢出效应研究 | | | |
| 成果作者姓名 | 朱福林 | | | |

　　（对书稿的学术创新、理论价值、现实意义、政治理论倾向及是否达到出版水平等方面做出全面评价，并指出其缺点或不足）

　　本书对服务外包概念产生的缘由、服务外包的本质进行了较为系统的梳理，对服务外包的成因与作用及面对的风险进行了总结，对世界及中国服务外包发展趋势做了较为详细的介绍与分析。在此基础上，对中国服务外包竞争力从三个层次，即国家宏观、城市基地及企业，进行了实证定量研究，尤其通过第一手问卷调研数据对中国服务外包企业竞争力现状进行了阐述，并通过实证方法对服务外包竞争力与外包绩效之间的因果关系进行了研究。在完成中国服务外包竞争力的分析之后，本书通过数据整理及计量方法对中国服务外包的经济效应分三个方面分别论述，建立模型研究了服务外包与就业促进、产业升级及技术进步之间的实证关系，根据研究结论提出了一些较为务实的政策建议。总之，本书政治倾向正确，具有一定的学术创新价值与实践意义，对服务外包相关问题给出了很好的解释。但相关论述还须进一步深入，有些问题似乎还未十分充分地展开。

　　本书在文献综述及数据收集与处理方面均做出了较大努力，并对每一个关键问题运用模型展开分析，获得一些实证结论，足见本书作者做了不少较为扎实的工作。全书文字通顺、章节安排合理，具有较强的逻辑性，数据引用确凿，实证分析过程严谨，达到出版水平。推荐其入选《中国社会科学博士后文库》。

签字：夏杰长

2018 年 1 月 20 日

**说明：**该推荐表由具有正高职称的同行专家填写。一旦推荐书稿入选《博士后文库》，推荐专家姓名及推荐意见将印入著作。

# 经济管理出版社
# 《中国社会科学博士后文库》
# 成果目录

第二批《中国社会科学博士后文库》（2013 年出版）

| 序号 | 书 名 | 作 者 |
|:---:|:---|:---:|
| 1 | 《国有大型企业制度改造的理论与实践》 | 董仕军 |
| 2 | 《后福特制生产方式下的流通组织理论研究》 | 宋宪萍 |
| 3 | 《基于场景理论的我国城市择居行为及房价空间差异问题研究》 | 吴 迪 |
| 4 | 《基于能力方法的福利经济学》 | 汪毅霖 |
| 5 | 《金融发展与企业家创业》 | 张龙耀 |
| 6 | 《金融危机、影子银行与中国银行业发展研究》 | 郭春松 |
| 7 | 《经济周期、经济转型与商业银行系统性风险管理》 | 李关政 |
| 8 | 《境内企业境外上市监管若干问题研究》 | 刘 轶 |
| 9 | 《生态维度下土地规划管理及其法制考量》 | 胡耘通 |
| 10 | 《市场预期、利率期限结构与间接货币政策转型》 | 李宏瑾 |
| 11 | 《直线幕僚体系、异常管理决策与企业动态能力》 | 杜长征 |
| 12 | 《中国产业转移的区域福利效应研究》 | 孙浩进 |
| 13 | 《中国低碳经济发展与低碳金融机制研究》 | 乔海曙 |
| 14 | 《中国地方政府绩效评估系统研究》 | 朱衍强 |
| 15 | 《中国工业经济运行效益分析与评价》 | 张航燕 |
| 16 | 《中国经济增长：一个"被破坏性创造"的内生增长模型》 | 韩忠亮 |
| 17 | 《中国老年收入保障体系研究》 | 梅 哲 |
| 18 | 《中国农民工的住房问题研究》 | 董 昕 |
| 19 | 《中美高管薪酬制度比较研究》 | 胡 玲 |
| 20 | 《转型与整合：跨国物流集团业务升级战略研究》 | 杜培枫 |

第三批《中国社会科学博士后文库》（2014 年出版）

| 序号 | 书　名 | 作　者 |
|:---:|:---|:---:|
| 1 | 《程序正义与人的存在》 | 朱　丹 |
| 2 | 《高技术服务业外商直接投资对东道国制造业效率影响的研究》 | 华广敏 |
| 3 | 《国际货币体系多元化与人民币汇率动态研究》 | 林　楠 |
| 4 | 《基于经常项目失衡的金融危机研究》 | 匡可可 |
| 5 | 《金融创新及其宏观效应研究》 | 薛昊旸 |
| 6 | 《金融服务县域经济发展研究》 | 郭兴平 |
| 7 | 《军事供应链集成》 | 曾　勇 |
| 8 | 《科技型中小企业金融服务研究》 | 刘　飞 |
| 9 | 《农村基层医疗卫生机构运行机制研究》 | 张奎力 |
| 10 | 《农村信贷风险研究》 | 高雄伟 |
| 11 | 《评级与监管》 | 武　钰 |
| 12 | 《企业吸收能力与技术创新关系实证研究》 | 孙　婧 |
| 13 | 《统筹城乡发展背景下的农民工返乡创业研究》 | 唐　杰 |
| 14 | 《我国购买美国国债策略研究》 | 王　立 |
| 15 | 《我国行业反垄断和公共行政改革研究》 | 谢国旺 |
| 16 | 《我国农村剩余劳动力向城镇转移的制度约束研究》 | 王海全 |
| 17 | 《我国吸引和有效发挥高端人才作用的对策研究》 | 张　瑾 |
| 18 | 《系统重要性金融机构的识别与监管研究》 | 钟　震 |
| 19 | 《中国地区经济发展差距与地区生产率差距研究》 | 李晓萍 |
| 20 | 《中国国有企业对外直接投资的微观效应研究》 | 常玉春 |
| 21 | 《中国可再生资源决策支持系统中的数据、方法与模型研究》 | 代春艳 |
| 22 | 《中国劳动力素质提升对产业升级的促进作用分析》 | 梁泳梅 |
| 23 | 《中国少数民族犯罪及其对策研究》 | 吴大华 |
| 24 | 《中国西部地区优势产业发展与促进政策》 | 赵果庆 |
| 25 | 《主权财富基金监管研究》 | 李　虹 |
| 26 | 《专家对第三人责任论》 | 周友军 |

第四批《中国社会科学博士后文库》（2015 年出版）

| 序号 | 书 名 | 作 者 |
|---|---|---|
| 1 | 《地方政府行为与中国经济波动研究》 | 李 猛 |
| 2 | 《东亚区域生产网络与全球经济失衡》 | 刘德伟 |
| 3 | 《互联网金融竞争力研究》 | 李继尊 |
| 4 | 《开放经济视角下中国环境污染的影响因素分析研究》 | 谢 锐 |
| 5 | 《矿业权政策性整合法律问题研究》 | 郗伟明 |
| 6 | 《老年长期照护：制度选择与国际比较》 | 张盈华 |
| 7 | 《农地征用冲突：形成机理与调适化解机制研究》 | 孟宏斌 |
| 8 | 《品牌原产地虚假对消费者购买意愿的影响研究》 | 南剑飞 |
| 9 | 《清朝旗民法律关系研究》 | 高中华 |
| 10 | 《人口结构与经济增长》 | 巩勋洲 |
| 11 | 《食用农产品战略供应关系治理研究》 | 陈 梅 |
| 12 | 《我国低碳发展的激励问题研究》 | 宋 蕾 |
| 13 | 《我国战略性海洋新兴产业发展政策研究》 | 仲雯雯 |
| 14 | 《银行集团并表管理与监管问题研究》 | 毛竹青 |
| 15 | 《中国村镇银行可持续发展研究》 | 常 戈 |
| 16 | 《中国地方政府规模与结构优化：理论、模型与实证研究》 | 罗 植 |
| 17 | 《中国服务外包发展战略及政策选择》 | 霍景东 |
| 18 | 《转变中的美联储》 | 黄胤英 |

第五批《中国社会科学博士后文库》（2016年出版）

| 序号 | 书 名 | 作 者 |
|---|---|---|
| 1 | 《财务灵活性对上市公司财务政策的影响机制研究》 | 张玮婷 |
| 2 | 《财政分权、地方政府行为与经济发展》 | 杨志宏 |
| 3 | 《城市化进程中的劳动力流动与犯罪：实证研究与公共政策》 | 陈春良 |
| 4 | 《公司债券融资需求、工具选择和机制设计》 | 李 湛 |
| 5 | 《互补营销研究》 | 周 沛 |
| 6 | 《基于拍卖与金融契约的地方政府自行发债机制设计研究》 | 王治国 |
| 7 | 《经济学能够成为硬科学吗？》 | 汪毅霖 |
| 8 | 《科学知识网络理论与实践》 | 吕鹏辉 |
| 9 | 《欧盟社会养老保险开放性协调机制研究》 | 王美桃 |
| 10 | 《司法体制改革进程中的控权机制研究》 | 武晓慧 |
| 11 | 《我国商业银行资产管理业务的发展趋势与生态环境研究》 | 姚 良 |
| 12 | 《异质性企业国际化路径选择研究》 | 李春顶 |
| 13 | 《中国大学技术转移与知识产权制度关系演进的案例研究》 | 张 寒 |
| 14 | 《中国垄断性行业的政府管制体系研究》 | 陈 林 |

第六批《中国社会科学博士后文库》（2017 年出版）

| 序号 | 书　名 | 作　者 |
|------|--------|--------|
| 1 | 《城市化进程中土地资源配置的效率与平等》 | 戴媛媛 |
| 2 | 《高技术服务业进口技术溢出效应对制造业效率影响研究》 | 华广敏 |
| 3 | 《环境监管中的"数字减排"困局及其成因机理研究》 | 董　阳 |
| 4 | 《基于竞争情报的战略联盟关系风险管理研究》 | 张　超 |
| 5 | 《基于劳动力迁移的城市规模增长研究》 | 王　宁 |
| 6 | 《金融支持战略性新兴产业发展研究》 | 余　剑 |
| 7 | 《清乾隆时期长江中游米谷流通与市场整合》 | 赵伟洪 |
| 8 | 《文物保护经费绩效管理研究》 | 满　莉 |
| 9 | 《我国开放式基金绩效研究》 | 苏　辛 |
| 10 | 《医疗市场、医疗组织与激励动机研究》 | 方　燕 |
| 11 | 《中国的影子银行与股票市场：内在关联与作用机理》 | 李锦成 |
| 12 | 《中国应急预算管理与改革》 | 陈建华 |
| 13 | 《资本账户开放的金融风险及管理研究》 | 陈创练 |
| 14 | 《组织超越——企业如何克服组织惰性与实现持续成长》 | 白景坤 |

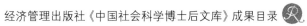

第七批《中国社会科学博士后文库》（2018 年出版）

| 序号 | 书　名 | 作　者 |
|---|---|---|
| 1 | 《行为金融视角下的人民币汇率形成机理及最优波动区间研究》 | 陈　华 |
| 2 | 《设计、制造与互联网"三业"融合创新与制造业转型升级研究》 | 赖红波 |
| 3 | 《复杂投资行为与资本市场异象——计算实验金融研究》 | 隆云滔 |
| 4 | 《长期经济增长的趋势与动力研究：国际比较与中国实证》 | 楠　玉 |
| 5 | 《流动性过剩与宏观资产负债表研究：基于流量存量一致性框架》 | 邵　宇 |
| 6 | 《绩效视角下我国政府执行力提升研究》 | 王福波 |
| 7 | 《互联网消费信贷：模式、风险与证券化》 | 王晋之 |
| 8 | 《农业低碳生产综合评价与技术采用研究——以施肥和保护性耕作为例》 | 王珊珊 |
| 9 | 《数字金融产业创新发展、传导效应与风险监管研究》 | 姚　博 |
| 10 | 《"互联网+"时代互联网产业相关市场界定研究》 | 占　佳 |
| 11 | 《我国面向西南开放的图书馆联盟战略研究》 | 赵益民 |
| 12 | 《全球价值链背景下中国服务外包产业竞争力测算及溢出效应研究》 | 朱福林 |
| 13 | 《债务、风险与监管——实体经济债务变化与金融系统性风险监管研究》 | 朱太辉 |

# 《中国社会科学博士后文库》
## 征稿通知

　　为繁荣发展我国哲学社会科学领域博士后事业，打造集中展示哲学社会科学领域博士后优秀研究成果的学术平台，全国博士后管理委员会和中国社会科学院共同设立了《中国社会科学博士后文库》（以下简称《文库》），计划每年在全国范围内择优出版博士后成果。凡入选成果，将由《文库》设立单位予以资助出版，入选者同时将获得全国博士后管理委员会（省部级）颁发的"优秀博士后学术成果"证书。

　　《文库》现面向全国哲学社会科学领域的博士后科研流动站、工作站及广大博士后，征集代表博士后人员最高学术研究水平的相关学术著作。征稿长期有效，随时投稿，每年集中评选。征稿范围及具体要求参见《文库》征稿函。

联系人：宋　娜　主任

联系电话：01063320176；13911627532

电子邮箱：epostdoctoral@126.com

通讯地址：北京市海淀区北蜂窝 8 号中雅大厦 A 座 11 层经济管理出版社《中国社会科学博士后文库》编辑部

邮编：100038

经济管理出版社